LEAN BUSINESS

melhoria contínua e transformação cultural
nas organizações

LEAN BUSINESS

melhoria continua e transformação cultural
nas organizações

JULIO ARAGON BRIALES

Rua Clara Vendramin, 58 . Mossunguê . CEP 81200-170
Curitiba . PR . Brasil . Fone: (41) 2106-4170
www.intersaberes.com
editora@intersaberes.com

Conselho editorial	Dr. Alexandre Coutinho Pagliarini
	Dr.ª Elena Godoy
	Dr. Neri dos Santos
	Dr. Ulf Gregor Baranow
Editora-chefe	Lindsay Azambuja
Gerente editorial	Ariadne Nunes Wenger
Assistente editorial	Daniela Viroli Pereira Pinto
Preparação de originais	Gilberto Girardello Filho
Edição de texto	Palavra do Editor
	Caroline Rabelo Gomes
Capa	Débora Gipiela (design)
	Abstractor e VectorMine/Shutterstock
Projeto gráfico	Stefany Conduta Wrublevski (design)
	Lais Galvão (adaptação)
Diagramação e designer responsável	Iná Trigo
Iconografia	Sandra Lopis da Silveira e Regina Claudia Cruz Prestes

Dados Internacionais de Catalogação na Publicação (CIP)
(Câmara Brasileira do Livro, SP, Brasil)

Briales, Julio Aragon
  Lean business: melhoria contínua e transformação cultural nas organizações/Julio Aragon Briales. Curitiba: InterSaberes, 2022.
  Bibliografia.
  ISBN 978-65-5517-402-1

1. Administração de empresas 2. Cultura organizacional 3. Eficiência organizacional 4. Sistemas de produção I. Título.

21-80359   CDD-658.001

Índices para catálogo sistemático:
1. Lean business: Transformação cultural: Administração de empresas   658.001

Cibele Maria Dias – Bibliotecária – CRB-8/9427

EDITORA AFILIADA

1ª edição, 2022.
Foi feito o depósito legal.
Informamos que é de inteira responsabilidade do autor a emissão de conceitos.
Nenhuma parte desta publicação poderá ser reproduzida por qualquer meio ou forma sem a prévia autorização da Editora InterSaberes.
A violação dos direitos autorais é crime estabelecido na Lei n. 9.610/1998 e punido pelo art. 184 do Código Penal.

Sumário

Prefácio 1 15

Prefácio 2 17

Apresentação 19

Introdução 23

Capítulo 1: Histórias e referências *lean*   27

1.1 História e origem do *lean* 29

1.2 Como o *lean* começou no Brasil 36

1.3 Empresas em que o *lean* foi implementado 38

Capítulo 2: Fundamentos *lean*   43

2.1 Conhecendo o *lean business* 45

2.2 *Just in time* (JIT) nos fundamentos *lean* 64

2.3 *Jidoka* 72

2.4 Nivelamento de produção em fundamentos *lean* 73

2.5 Agregando valor ao cliente 76

2.6 Tipos de desperdícios 89

Capítulo 3: Sistema estabilidade   109

3.1 Conceito de sistema estabilidade.. 111

3.2 Benefícios do sistema estabilidade.. 112

3.3 Ferramentas *lean* relacionadas ao sistema estabilidade... 113

Capítulo 4: Sistema fluxo   181

4.1 Conceito de sistema fluxo... 183

4.2 Benefícios do sistema fluxo... 184

4.3 Ferramentas *lean* relacionadas ao sistema fluxo............... 184

Capítulo 5: Sistema puxado   207

5.1 Conceito de sistema puxado.. 209

5.2 Benefícios do sistema puxado... 210

5.3 Ferramentas *lean* relacionadas ao sistema puxado........... 211

Capítulo 6: Conhecendo o terreno   221

6.1 Diagnósticos e mapeamentos... 223

6.2 Mapa de processos.. 224

6.3 *Value Stream Mapping* (VSM) – mapeamento
do fluxo de valor 225

6.4 *Value Stream Design* (VSD) – mapeamento do fluxo
de projeto/atividade.. 234

6.5 *Operational Due Diligence* (ODD) – diagnóstico
operacional 239

6.6 *Identify Business Opportunities* (IBO) – identificando
oportunidades de negócio 242

Capítulo 7: Preparando o terreno — 249

7.1 Treinamentos e capacitações 251

7.2 Visitas/avaliação comparativa (*benchmarking*) 262

Capítulo 8: Fazendo acontecer — 267

8.1 *Kaizen* 269

8.2 Seis sigma (*six sigma*) 288

8.3 Programa 5S 297

8.4 Gestão visual 311

8.5 Segurança e ergonomia 313

Capítulo 9: Sustentando a implementação — 319

9.1 Transformação cultural 321

9.2 Liderança *lean* 322

9.3 Escritório de melhoria contínua 329

9.4 *Obeya* (sala de controle) 332

9.5 *Gemba walk* e rotinas de gestão 336

9.6 Olimpíadas *lean* 339

Considerações finais 345

Lista de siglas 351

Glossário 353

Referências 357

Sobre o autor 361

Dedico este trabalho à minha esposa, Inês, que em todas as ocasiões em que estive ausente suportou todas as dificuldades e em nenhum momento deixou de me apoiar e de me incentivar na realização deste sonho, bem como aos meus filhos, Julio e Natan, que são minha razão de vida... *Los quiero mucho.*

Gracias!

Eu já sabia o significado da palavra *gratidão*, mas, nos últimos anos, aprendi a respeitar e admirar seu verdadeiro sentido, por isso, desculpem-me os leitores, mas esta é a oportunidade e o momento que tenho para demonstrar que sou grato.

Primeiramente, agradeço a Deus, por me dar grandes oportunidades na vida e me enriquecer com excelentes pessoas na minha jornada.

Ao meu irmão, Miguel, por ter sido parte da minha inspiração – aliás, concluí esta obra no prazo, justo no dia do seu aniversário.

Agradeço ao meu pai, Julio, por me dar forças e coragem de realizar este sonho, e à minha mãe, Francisca, por me ensinar a ser tudo o que sou.

Agradeço a todos os meus mestres e amigos da aprendizagem da Mercedes-Benz do Brasil, que foram a base da minha carreira sólida, em especial a José Claudio Cortez, que me apoiou e abriu as portas para meu crescimento profissional e pessoal.

Aos meus gestores (por sorte, todos), que me deram grandes exemplos de liderança: José Carlos, Anton Pohl, Rubens Giacon, Carlos Ferreira, Sergio Munhoz, Axel Weltzel e Izidro Penatti.

Aos consultores que me mostraram o caminho do *lean* e aos amigos com quem compartilhei inúmeras semanas *kaizen*: Sensei (Nakao, Iwata, Massuaoka), Mark Oakeson, Anand Sharma, Washington Kusabara, Carlos Louzada, Mario Fonseca, Marco Nascimento, José Suster, Roland Kronenberg, Aruam Fernandes, Rodrigo Souto, Soraya Mendes, Fabio Morelli,

Marcio Duarte, Paulo Grillo, Renato Sanctis, Jonas Andrey e Carlos Feitosa, meu mentor.

Aos meus parceiros Viviane Salyna, Boris Leite e Nara Litterio da Ekantika; Eduardo Spina, da TBM USA; Thiago Coutinho, da Voitto; Nelson Iglesias, da Commitment Uruguai; Fernando Maradiegue, da ESAN Faculdade de Lima; Daniela Libaneo, da Afferolab; e José Mario, da Faculdade Machado Sobrinho.

Falando em parceria, deixo aqui o meu agradecimento especial ao meu amigo Pedro Scuriatti Alves. Além de termos dividido várias semanas *kaizen*, ele teve uma participação muito importante nesta obra, fazendo a revisão técnica do livro.

Agradeço aos amigos que, direta ou indiretamente, mantiveram a chama acesa da motivação: Walter Guy, Claus Mojen, Herick Borges, Tarcísio Guimarães, Rafael Cardoso, Elder Pedrosa, Ronaldo Tonobohn, Claudio Gayer; em especial, ao amigo e irmão José Francisco de Almeida Leite.

Aos meus primos, Ana, Luiza, Miguel, Luiz e Isabel, ao meu tio José, melhor ferramenteiro que conheci e que aos 86 anos ainda está na ativa, e à minha querida tia Isabel, exemplo de bondade.

Também agradeço à minha amada sogra, Antônia, exemplo de humildade, e à minha cunhada e irmã, Girlaine, minha proteção divina.

Um agradecimento especial à minha esposa, Maria Inês, e aos meus filhos, Julio e Natan, que foram, sem dúvida, o combustível e a motivação para finalizar este meu sonho.

CUIDATE.

Francisca Briales Aragon

Prefácio 1

Conheci Julio Briales no começo dos anos 1990, quando eu era CEO do TBM Consulting Group, uma consultoria global sediada nos Estados Unidos, e estávamos empenhados em realizar uma transformação operacional da Mercedes-Benz Caminhões em São Bernardo do Campo, no Brasil. Desde o início, ficamos muito impressionados com sua diligência e a atenção que despendia aos detalhes. Posteriormente, já como um de nossos consultores seniores, Briales esteve envolvido na jornada *lean* de diversos clientes internacionais.

Agora, como fundador e CEO da Growth Advisory, LLC, tornei-me um forte defensor do modelo de crescimento e transformação contínua, uma abordagem holística para otimizar o potencial de crescimento organizacional e colocá-lo em prática de maneira sustentável e rentável, impactando positivamente a rotina dos colaboradores. Esse modelo se aplica igualmente às empresas manufatureiras e às de prestação de serviços, e muitos de seus fundamentos são abordados neste livro.

Cada organização é única em termos de identidade, objetivos e natureza. Essas características devem ser preservadas durante a implantação de mudanças que visam ao propósito organizacional, ou seja, o processo de transformação deve ocorrer sem comprometer os valores fundamentais da empresa, que definem o código de conduta institucional e norteiam a capacitação dos funcionários para o atendimento de clientes e da sociedade em geral. O propósito organizacional compreende a missão de criar valor de modo holístico na vida de clientes, colaboradores, parceiros de negócios e da sociedade, e não apenas ganhar dinheiro. Nesse contexto, o *lean* constitui a estratégia central quanto à utilização dos recursos, da energia, da experiência e da singularidade das organizações de maneira mais eficiente na busca de seus objetivos.

Esse processo inicia-se com a avaliação acurada dos êxitos e dos problemas da organização; com isso, é possível executar a estratégia de transformação para sistematicamente fortalecer as fraquezas identificadas e explorar os pontos fortes observados. Não é uma tendência passageira, e sim uma jornada de longo prazo, que demanda estabilidade e deve ser cultivada pela liderança. Em minha experiência, compreendi que é relativamente fácil implementar melhorias – o difícil é sustentá-las. A manutenção desse processo requer uma transformação cultural da organização, mediante explicações e práticas convincentes, de modo a inspirar seus colaboradores a reconhecer as mudanças como estratégias positivas de crescimento profissional e organizacional.

Cumprida essa etapa, a liderança deve estar ciente do ritmo acelerado da vida contemporânea, tornando-se ágil e adaptável às mudanças, a fim de manter-se relevante e alcançar o crescimento contínuo em vendas e ganhos, bem como o desenvolvimento pessoal e profissional de seu recurso mais valioso: as pessoas. Recomendo muito este livro para profissionais e líderes que realmente querem fazer a diferença e desejo-lhes sucesso.

24 de outubro de 2021.
Anand Sharma
Founder & CEO Growth Advisory, LLC

Prefácio 2

A ideia de criar algo revolucionário e divisor de águas sempre me fascinou. Então, quando fui incumbido de construir no Brasil a primeira fábrica de carros da Mercedes-Benz fora da Alemanha, vivenciei um empreendimento desafiador, mas também emocionante. Hoje, a fábrica da Mercedes-Benz Juiz de Fora, além de produzir carros de uso pessoal e veículos comerciais, desempenha um papel fundamental no atendimento de nossos clientes europeus.

Especialmente em nosso setor, é preciso atentar aos principais impulsionadores do negócio para alcançar o sucesso: clientes aos quais se deseja agregar valor; funcionários e parceiros com os quais se deve alinhar para otimizar os processos e torná-los eficazes; investidores cuja confiança e parceria se visa conquistar; e, por fim, a sociedade que se objetiva impactar de maneira positiva e significativa.

À medida que as economias avançam e os problemas decorrentes das mudanças climáticas se fazem presentes, o mundo enfrenta cada vez mais desafios, muitos deles sem precedentes. Assim, deparamo-nos com uma miríade de oportunidades de inovar produtos e serviços que beneficiarão os clientes e a sociedade, assegurar valor aos investidores e proporcionar aos funcionários um propósito para manter o mundo em movimento.

Atribuo o sucesso da Daimler à implementação bem-sucedida da filosofia *lean*, projetada como um esforço contínuo para melhorar constantemente, e não uma ação única e pontual.

Iniciamos nossa jornada *lean* quando convidamos Julio Briales para integrar o corpo executivo da Mercedes-Benz e implementar essa filosofia na fábrica, conduzindo todas as iniciativas de melhoria. Nesse processo, vi os efeitos positivos da metodologia. Desde o início, conseguimos transformar a mentalidade dos colaboradores para nos tornarmos ainda mais orientados ao cliente. Abolimos processos ineficazes e revisamos os demais, de modo que fosse possível tornar o fluxo de trabalho mais eficiente e eficaz.

Com o tempo, vi nos resultados positivos os benefícios da metodologia *lean*. Após 21 anos, a fábrica da Mercedes-Benz Juiz de Fora está prosperando e prestando bons atendimentos na região.

Este livro é uma boa leitura para qualquer empresa ou líder de negócios que queira transformar radicalmente sua organização, visando, além de aumentar a rentabilidade, incutir no local de trabalho a cultura e a mentalidade centradas na melhoria contínua. Por sua vasta experiência em diversas indústrias e seu notável trabalho no Grupo Daimler com iniciativas de melhoria, acredito fortemente que Julio seja a melhor pessoa para qualquer negócio que busca se transformar – seus *insights* têm valor inestimável.

Hartmut Schick
Presidente mundial da Mercedes-Benz Caminhões

Apresentação

*Custos não existem para serem calculados. Custos
existem para serem reduzidos.*

Taiichi Ohno

A competitividade entre as empresas está cada vez mais acirrada
e, com a globalização, o mercado atual ficou mais competitivo e
tem deixado bem claro que o mundo está em constante mutação,
haja vista o que estamos passando com a pandemia de Covid-19.
Observa-se que já não é considerada uma novidade a necessidade
de atualização tecnológica, da transformação digital, de garantia de
sustentabilidade e qualidade, de comportamentos e climas moti-
vacionais. A verdade é que as organizações têm de se adaptar ao
ambiente externo e se capacitar para um trabalho perfeito de planejamento tendo em vista projeções futuras, considerando fortemente
o cliente com todas as suas exigências e necessidades, o mercado,
produtos e serviços, as estratégias do negócio e seus colaboradores.

Dessa forma, os gestores devem estar preparados para reagir às
constantes modificações do mercado e devem produzir da melhor
forma, sob a demanda adequada, conforme os prazos estipulados
para a entrega, de modo a garantir uma boa percepção dos clientes.

As organizações devem estar constantemente atentas a cinco
direcionadores principais de suas atividades: clientes, colaboradores,
parceiros, investidores e sociedade. Nesse sentido, o grande passo a
ser dado se refere à adequada gestão desses direcionadores, focan-
do-se o atendimento das necessidades específicas dos clientes em
termos de qualidade, valor e capacidade de resposta e, em seguida,
alinhando-se os colaboradores e parceiros no alcance de tais objetivos. Consequentemente, se essa lógica for seguida de maneira
adequada, os investidores tenderão a demonstrar maior satisfação
com o desempenho da organização e, por meio da responsabilidade

social, será transmitida uma boa imagem da empresa perante a sociedade.

Uma interessante estratégia adotada por algumas empresas reside na aplicação da filosofia *lean* e de suas ferramentas de melhoria contínua. Entre elas, destaca-se a filosofia *kaizen*, pautada na eliminação de desperdícios com base no bom senso e no uso de soluções baratas que se apoiem na motivação e criatividade dos colaboradores para melhorar a prática de seus processos.

Esta obra foi elaborada com o objetivo de levar ao conhecimento do leitor uma explanação acerca da importância da filosofia *lean*, seus resultados, suas metodologias e sua implementação em busca da excelência operacional.

O livro está baseado em uma experiência de 20 anos de aplicação dessa metodologia em vários segmentos, produtos, serviços e países, com culturas distintas. Essa aplicação não se limitou apenas à indústria automotiva, estendendo-se também à construção civil, ao agronegócio, à saúde, ao setor alimentício, à manufatura, aos serviços e, mais recentemente, ao varejo.

Organizamos o conteúdo desta obra em uma sequência lógica para facilitar a implementação e a sustentação de uma jornada *lean* e incorporar a excelência operacional nas organizações.

Tendo isso em vista, estruturamos o livro em nove capítulos. O primeiro deles conta inúmeras histórias para mostrar a origem do *lean* e referências de *cases* de sucesso, para que o leitor possa entender a importância da filosofia e o quanto o *lean* vem contribuindo nas organizações.

No segundo capítulo, explicamos o que é o *lean* e seus fundamentos e apresentamos exemplos de sistemas de produção de sucesso de algumas empresas que são referência em implementação da excelência operacional, além dos principais elementos correlacionados e das respectivas ferramentas.

Do terceiro ao quinto capítulo, descrevemos as principais ferramentas *lean*, que foram distribuídas em sistemas, para facilitar sua compreensão e implementação (sistemas estabilidade, fluxo e puxado).

No sexto capítulo, apresentamos exemplos de tipos de mapeamentos e diagnósticos, os quais foram e são aplicados em inúmeras empresas para conhecer detalhadamente os processos e o negócio da organização antes de se começar a jornada *lean*.

No sétimo capítulo, enfocamos os primeiros treinamentos e capacitações para o alinhamento do conceito, que devem ser realizados antes e durante a jornada, considerando-se o público-alvo.

No oitavo capítulo, abordamos as principais filosofias da temática com diversos exemplos, que perfazem, certamente, o segredo do sucesso da jornada implementada. É por meio dessas filosofias que uma empresa consegue sair de seu estado atual para um estado futuro.

Consideramos o nono capítulo um dos mais importantes e, com certeza, o que traz as informações mais difíceis de serem apreendidas, principalmente por envolver a transformação cultural da organização, algo que não se faz do dia para a noite. Porém, ao longo dos anos, aprendendo com erros e acertos, chegamos ao que entendemos ser pertinente para sustentar a implementação de uma jornada *lean*.

Para encerrarmos nossa abordagem, nas "Considerações finais", apresentamos algumas informações adicionais para a aplicação da jornada.

Estimamos que este material possa contribuir com os que desejam incorporar a jornada *lean* à cultura organizacional da empresa em que atuam. Mediante o conhecimento das linhas de pensamento de diferentes autores, da visualização de sua aplicação em uma organização real, bem como da observação de críticas à sua implementação, o leitor poderá compreender adequadamente o *lean business* ou mesmo ampliar seus conhecimentos a respeito do tema.

Bons estudos!

Introdução

O que é *lean business*? Por que e como implementar o *lean*? Como sustentar o *lean*?

Em um cenário em que sua empresa não está bem, seu departamento constantemente está falhando, seus indicadores a cada dia estão piorando e seus superiores estão questionando os números negativos, o que fazer? Nessa situação, será que você vai continuar na empresa? Será que sua empresa vai sobreviver?

São perguntas curiosas e, ao mesmo tempo, duras, porém realistas no mundo dos negócios, e saber como respondê-las com exatidão é fundamental.

Mas antes de ajudá-lo a responder a essas questões e, consequentemente, resolver o problema do cenário exposto, vou contar a origem das respostas e de onde vem a inspiração deste livro.

Tudo começou há 40 anos, no dia 2 de junho 1980, na empresa Paes Esquadrias Metálicas Ltda., localizada em São Paulo, onde trabalhei em meu primeiro emprego, aos 14 anos. Já no primeiro dia, comecei a aprender uma parte do conceito *lean*. Nesse dia, em minha primeira atividade, o dono da empresa (Jose Carlos) solicitou que eu organizasse peças pequenas que estavam na bancada. Eu comecei a organizar conforme a orientação, mas achei melhor sentar na bancada para fazer a atividade. Nesse instante, apareceu o pai do dono da empresa, o qual me explicou que eu poderia seguir trabalhando sentado na bancada ou em pé, mas que ele me aconselhava a trabalhar em pé por questões de ergonomia, segurança e, principalmente, postura e comportamento. Ele me disse também que isso serviria para toda a minha carreira.

Entendi perfeitamente o que ele quis dizer. Dois meses depois, eu passei em um concurso para entrar na aprendizagem industrial da Mercedes-Benz do Brasil. Durante três anos, aprendi a trabalhar em muitas máquinas, fresas, tornos, plainas, dispositivos, muita tecnologia de ponta, muitos conceitos técnicos, e tudo isso com muita disciplina e excelentes exemplos dos professores, chamados de *mestres*. Esses três anos (sem uma falta ou atraso) foram uma ótima experiência também para adquirir habilidade manual e, principalmente, tempo de processamento (*lead time*).

Após três anos de aprendizagem, fui trabalhar na modelação/ferramentaria, em que continuei ganhando experiência em produtos e processos, porém agregando mais qualidade e produtividade. Todos esses bons exemplos de comportamento fizeram com que, em 1989, o diretor da Aprendizagem Industrial (Jose Claudio Cortez) me convidasse a retornar à aprendizagem para ministrar aulas. Aceitei o convite com muita satisfação.

No total, foram 26 anos de Mercedes-Benz no Brasil e na Alemanha, com uma carreira que considero curiosa, pois começar na empresa como aprendiz e terminar como executivo é, para mim, motivo de muito orgulho. Mas foi em 1995, há exatos 27 anos, que fui apresentado ao *lean manufacturing* (*kaizen*) por meio de inúmeros eventos na Mercedes, coordenados pela TBM Consulting Group. Em 2000, assumi o escritório de melhoria contínua na unidade de Juiz de Fora da Mercedes, para implementar a jornada *lean*.

Exemplos de comportamento continuaram norteando minha carreira. Em 2006, deixei a Mercedes e aceitei um convite da própria TBM para fazer parte do time no Brasil e, em 2007, tornei-me responsável pelo escritório em Barcelona, na Espanha, implementando o *kaizen* em várias empresas e países.

Em resumo, são 40 anos de indústria, dos quais 27 trabalhando com a filosofia *lean* e, de 2000 até a atualidade, auxiliando as empresas a implementar a jornada *lean*. Em todos esses anos de implementação, foram centenas de eventos *kaizen* realizados em 22 países, 150 cidades em 200 empresas diferentes, e mais de 900 voos.

E é por meio deste livro que posso compartilhar essas experiências e responder às três primeiras perguntas. Cada palavra, cada frase, cada ilustração e exemplo que cito nesta obra tem inspiração nas inúmeras implementações ocorridas nestes últimos 27 anos, mediante a análise do sucesso e do insucesso dos conceitos e das ferramentas aplicadas.

Se, ao final da leitura, existir alguma dúvida em relação ao que se pode ou não fazer com uma jornada *lean*, lembre-se da frase de Ohno que citei na "Apresentação" e que, em muitas ocasiões, tomo como base quando me perguntam onde se poderia aplicar o *lean*: onde existem pessoas trabalhando, existe um custo e, onde existe custo, existe uma oportunidade de implementar o *lean*.

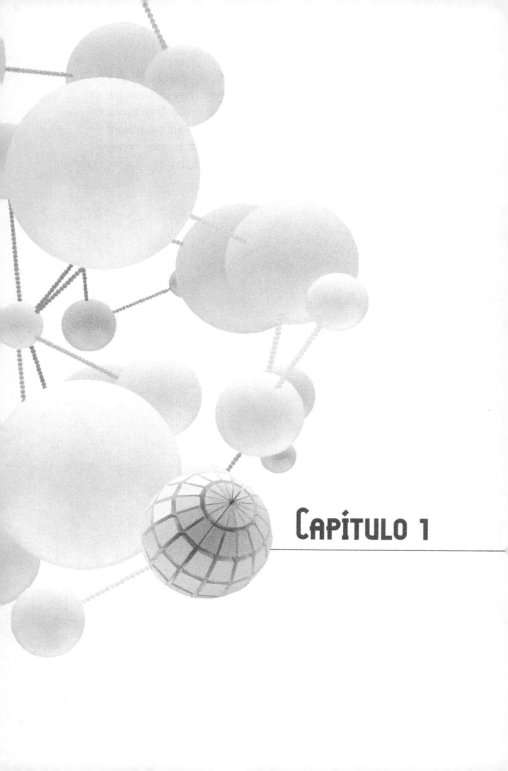

CAPÍTULO 1

Histórias e referências *lean*

Conhecer a história do *lean* é de extrema importância para termos a verdadeira noção do reflexo dos conceitos, das metodologias, da filosofia e das ferramentas aplicadas, mesmo em épocas distintas. Por isso, analisaremos a história e a origem do *lean*, destacando os respectivos personagens e seu início no Brasil. Também veremos algumas empresas que entenderam a relevância da filosofia e da implementação da jornada *lean*.

1.1 História e origem do *lean*

No Ocidente, em 1911, já era possível observar, ainda que indiretamente, parte da filosofia *lean* (enxuto) sendo gerada, mesmo sem se utilizar o termo *lean* nessa época. Foi quando Frederick Taylor (1856-1915), economista e engenheiro mecânico estadunidense, lançou seu livro *Princípios de administração científica*, e com isso o taylorismo começou a se difundir. Basicamente, esse método consiste em implementar na indústria um sistema de organização desenvolvido. Um dos principais objetivos dessa metodologia é otimizar as atividades realizadas pelos colaboradores nas empresas, mediante a organização e divisão de funções. Essa otimização se assemelha à busca pela produtividade por meio da redução de tempo, que é um dos principais desperdícios da filosofia *lean*.

Outro sistema que teve parte de seu método aproveitado pela comunidade *lean* foi o fordismo, do visionário Henry Ford (1863-1947), considerado o "pai da produção em massa". Esse sistema também é identificado hoje como Sistema de Produção de Henry Ford.

Se analisarmos os principais aspectos implementados por Ford, como produtos padronizados, produtos projetados para a manufatura, produtos lançados de acordo com a necessidade da demanda e carros apenas na cor preta (escolhida pelo fato de o pigmento preto secar mais rápido), perceberemos que naquele momento já se pensava em produtividade com a redução do tempo de ciclo do processo.

Isso demonstra como já naquela época se começava a ver indícios da filosofia *lean*, mesmo que esta não fosse implementada ou divulgada como filosofia.

Henry Ford demonstrou e implantou a competência de fluxo contínuo tanto de matérias-primas como de insumos para processos bem definidos, repetitivos e padronizados. Porém, não visualizou um dos principais vilões dos desperdícios: o *Work in Progress* (WIP) – "trabalho em progresso", em português –, conhecido também como *estoque em processo* ou *lotes intermediários*. Com esse estoque em processo, máquinas e equipamentos poderiam parar sem prejudicar a produção, mas, como consequência, encobriam muitos desperdícios incorporados em toda a cadeia de valor.

Em paralelo ao que estava acontecendo no mundo ocidental com o taylorismo, no Oriente, Sakichi Toyoda (1867-1930), empresário japonês, com veia de inventor, nascido em Kosai, Shizuoka, ficou famoso pelas suas invenções e foi intitulado de "pai da revolução industrial japonesa", pois criou inúmeros dispositivos de tecelagem. Em 1890, consagrou-se com sua invenção mais famosa: o tear mecânico automático.

Essa invenção teve seu início quando Sakichi, observando sua mãe trabalhar em uma máquina de tear manual, sem saber que já estava mapeando o processo, decidiu criar uma maneira de facilitar o trabalho manual dela, de modo a tornar a atividade mais automática e, consequentemente, mais produtiva. Essa invenção acabou colaborando para o delineamento de um dos mais importantes sistemas de produção até hoje encontrados, o Toyota Production System (TPS) – Sistema Toyota de Produção (STP) –, contribuindo com um dos dois pilares desse sistema: o *jidoka* (autonomação).

Por meio dessa metodologia, pode-se separar o homem da máquina, com o incremento da qualidade, por se trabalhar em dispositivos à prova de erros (*poka-yoke*) e com a capacidade de se parar a máquina imediatamente diante de uma anomalia. Assim, os colaboradores deixaram de estar 100% conectados às máquinas e passaram a ter mais tempo e liberdade para executar atividades de maior valor agregado.

Com essa observação do processo e a criação de dispositivos para facilitar a operação, essa invenção fez com que os teares se tornassem mais fáceis de manipular e quase 50% mais eficientes que as máquinas da época.

Depois, Sakichi começou a trabalhar em teares mecânicos e, em 1896, criou o primeiro tear mecânico no Japão. Contudo, continuou aperfeiçoando suas máquinas, aplicando o que os japoneses chamam de *kaizen* (melhoria contínua).

Um dos principais benefícios dessas invenções era que não se precisava mais de uma pessoa constantemente observando uma única máquina, fazendo com que o operador pudesse observar mais de 20 máquinas.

Com a melhoria da eficiência e a modernização das máquinas, em 1926, Sakichi e seu filho, Kiichiro Toyoda (1894-1952), criaram a empresa Toyota Automatic Loom Works, Ltd. Entretanto, as ideias de Kiichiro foram influenciadas por uma viagem de estudo feita quatro anos antes, em 1922, com o objetivo de conhecer as fábricas da Ford, em Michigan, nos EUA. O estudo dessa viagem influenciaria o STP, contribuindo para um de seus pilares: o JIT (*just in time*) – principal base para a filosofia *lean*.

Nessa visita à fábrica da Ford, Kiichiro observou um grande volume de produção e muitas oportunidades de melhoria. Mas, além dessa análise técnica da visita, ele percebeu o quanto esse volume poderia influenciar na economia japonesa, fato que o motivou a entrar no ramo automotivo. Esse desejo começou a se tornar realidade quando, em 1930, ele construiu seu protótipo de motor a gasolina. Em 1937, Kiichiro conseguiu produzir o primeiro protótipo de automóvel e estabeleceu as bases para fundar a Toyota Motor Company Ltd.

> *Seu tear "à prova de erros" tornou-se o modelo mais popular de Toyoda e, em 1929, ele enviou seu filho, Kiichiro, para a Inglaterra para negociar a venda dos direitos de patente para a Platt Brothers, a principal fabricante de fiação e equipamento de tecelagem. Seu filho negociou um preço de 100.000 libras inglesas, e, em 1930, ele usou esse capital para começar a construir o Toyota Motor Corporation.* (Fujimoto, 1999, p. 49, tradução nossa)

capítulo 1

Um terceiro personagem da família Toyoda que teve grande participação na empresa foi o sobrinho de Sakichi e primo mais novo de Kiichiro: Eiji Toyoda (1913-2013), o primeiro presidente da Toyota Motor Company, que também teve papel fundamental no STP. Foi por meio desse sistema que Eiji Toyoda trouxe para a Toyota Motor Company a lucratividade e o destaque mundial durante sua administração.

Em 1950, Eiji Toyoda e seus gerentes fizeram uma viagem de estudo aos EUA e se surpreenderam, pois achavam que encontrariam uma mudança no processo de produção em relação às primeiras visitas. No entanto, eles perceberam que o sistema de produção tinha muitas falhas, como muitos estoques de produto terminado e postos de trabalho desorganizados. Após o retorno de Eiji Toyoda dos EUA, ele chamou seu gerente de fabricação de eixos, Taiichi Ohno (1912-1990), e propôs-lhe o desafio de melhorar a *performance* da empresa.

Taiichi Ohno era chinês, nascido em Dalian, e não japonês, como a maioria acredita, e foi o principal responsável pela criação do STP, principalmente por colaborar também com um de seus principais pilares, o JIT. Ohno foi diretor da Toyota nos anos 1940, período ao longo do qual a empresa não estava bem economicamente, não sendo possível investir em equipamentos e novas tecnologias, ou seja, era necessário aproveitar os recursos internos (tema que está incorporado à filosofia *kaizen*), usando-se sempre em primeiro lugar o que havia dentro da empresa.

Foi quando, nos anos 1950, teve início uma grande e longa parceria com Shigeo Shingo (1909-1990), consultor de qualidade da Toyota. Ambos tinham o objetivo de criar uma estratégia que fizesse a empresa obter a excelência operacional para aumentar a qualidade, reduzir os custos e melhorar a entrega de seus produtos, com base em um pensamento de sustentabilidade para atingir o crescimento.

Foi dessa maneira que Taiichi Ohno contribuiu para criar o STP, que teve como inspiração dois bons exemplos para a formatação do JIT: o primeiro foi o livro publicado por Henry Ford, em 1926,

Today and Tomorrow (*Hoje e amanhã*), sobre o sistema fundamental de produção; o segundo foi a ocasião em que, ao visitar a Ford, em 1956, nos EUA, conheceu um supermercado e encantou-se com o sistema de reabastecimento de mercadorias nas gôndolas/prateleiras, à medida que cada cliente ia retirando o produto para compra. Ohno concluiu, então, que deveria estabelecer como objetivo melhorar a *performance* da empresa, e não competir com a Ford, mesmo porque o volume de produção da Ford era bem superior ao da Toyota, e o foco dele era trazer a excelência operacional para a organização e, assim, dar início à criação de várias ferramentas e filosofias que hoje são a base para o STP e, consequentemente, para o *lean*.

Contudo, o STP não é apenas um sistema de produção. Ohno confiava que poderia ser também um sistema gerencial adaptado à atualidade e aplicado a mercados globais.

Outro personagem fundamental nessa história foi William Edwards Deming (1900-1993), que teve muita influência na melhora da *performance* das indústrias japonesas, e com a Toyota não foi diferente. Deming era muito focado no respeito e entendimento das necessidades dos clientes, tanto internos como externos, bem como no fato de que toda organização deveria dedicar-se a entender tais necessidades.

No caso, o conceito de cliente interno remete à ideia de que o processo seguinte era o cliente e que o tempo de ciclo e a produtividade deveriam ser respeitados, ou seja, o processo anterior deveria fornecer a quantidade desejada, na qualidade exigida e dentro do tempo requerido. Isso faz parte da filosofia JIT, porque, para implementar um sistema puxado, a sincronização dos processos internos tem de estar no mesmo ritmo.

Segundo Liker (2004), cada pessoa ou etapa em uma operação ou em um processo de negócio deve ser tratada com um cliente. Essa foi a origem do princípio Deming, segundo o qual o próximo processo é o cliente. Essa frase, em japonês (*atokotei wa o-kyakusama*), é uma das mais usadas no JIT, pois, em um sistema puxado, representa o processo anterior.

Deming também contribuiu para que a Toyota utilizasse uma estratégia sistemática para a solução de problemas, que mais tarde ficou conhecida como PDCA (*Plan, Do, Check, Act*) – planejar, fazer, checar e atuar – ou Ciclo Deming, base forte para a melhoria contínua.

Já na década de 1960, o Sistema Toyota de Produção apresentava uma metodologia com resultados extraordinários, que poderia ser utilizada por outras empresas em diversos segmentos. Nessa década, a Toyota começou a dar explicitamente os primeiros passos para o *lean* em seus processos internos e com os fornecedores, atendendo, assim, toda a cadeia de valor.

Na década de 1970, a Toyota demonstrou mais uma vez que estava em outro nível de *performance*, pois na crise global de 1973 o governo japonês observou que a empresa havia ficado no vermelho por menos tempo e voltado à rentabilidade mais cedo que as demais.

A Toyota efetivamente chamou a atenção do mundo pela primeira vez na década de 1980, quando seus carros começaram a ser comparados com os carros dos concorrentes, principalmente pela qualidade na durabilidade do veículo. Nessa década, a exigência pela qualidade começou a ter mais importância, e gurus da qualidade como Deming, Joseph Juran e Kaoru Ishikawa passaram a contribuir com suas metodologias.

Em 1985, o International Motor Vehicle Program (IMVP) – Programa Internacional de Veículos Automotores – iniciou um estudo sobre a indústria automobilística, pesquisando mais de 90 empresas montadoras de veículos em 17 países.

Chegando à década de 1990, a Toyota deixou evidente que não era capaz apenas de produzir carros com boa durabilidade. O STP começou a demonstrar *performance* e ganhos extraordinários. Assim, muitas empresas passaram a querer conhecer mais sobre esse sistema a fim de incorporar sua *performance* aos negócios.

Essa necessidade de conhecer a riqueza do STP está viva até os dias atuais, porque a Toyota hoje é um dos maiores fabricantes do mundo e o maior em rentabilidade, superior a qualquer outro fabricante de automóveis.

Na década de 1990, com base nos resultados e nas análises da pesquisa iniciada em 1985, foi publicado o livro *A máquina que mudou o mundo* (Womack; Jones; Roos, 1990). Um dos pontos abordados nesse livro é como fazer a transição de uma empresa de produção em massa para uma empresa de produção enxuta, identificando-se aí a primeira aparição da palavra *lean*.

Em 1996, como resultado de estudos subsequentes, Womack e Jones publicaram o livro *Lean Thinking* (pensamento enxuto), que se refere a uma filosofia gerencial baseada nas práticas e nos resultados do STP. O lema é especificar o valor sob a ótica, o desejo e as necessidades do cliente, alinhando na melhor sequência as atividades que agregam valor e realizando-as sem interrupção, sempre que alguém as solicitar e de forma cada vez mais eficaz.

Em 2003, Anand Sharma e Patricia E. Moody publicaram o livro *A máquina perfeita*, com viés de aplicação na implementação da jornada *lean* com base em *kaizen* e em técnicas de sustentação. Anand, fundador da TBM Consulting Group, mais tarde foi eleito pela revista *Fortune* como um dos heróis da manufatura da América e um dos responsáveis por introduzir o *lean* no Brasil.

Tais livros são referências para o que hoje conhecemos como *lean manufacturing* ou *lean business*, tema desta obra.

Na Figura 1.1, a seguir, apresentamos um resumo da linha do tempo da história do surgimento das principais etapas da melhoria contínua.

capítulo

1

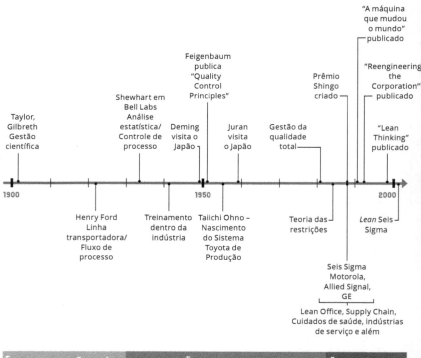

Figura 1.1 – Linha do tempo da melhoria contínua

Fonte: Bell; Orzen, 2011, p. 16, tradução nossa.

1.2 Como o *lean* começou no Brasil

Também na década de 1990, a Wabco, subsidiária da American Standard (empresa fornecedora de freios para a Mercedes-Benz do Brasil), começou a realizar os eventos *kaizen*, mais precisamente em maio de 1992. Tais eventos eram realizados com o apoio da empresa de consultoria americana TBM Consulting Group, em parceria com a consultoria japonesa Shingijutsu Global Consulting.

Com os resultados positivos alcançados por meio dos eventos *kaizen* pela Wabco, a empresa despertou o interesse de um de seus principais clientes, a Mercedes-Benz, cujos executivos, em especial Karsten Weingarten, mostraram muito interesse no método que se estava aplicando.

Quando a Mercedes visitou a Wabco para ver os resultados, levou vários colaboradores e executivos para conferir de perto a metodologia sendo implementada. Isso foi crucial para convencer a todos de que o *kaizen* poderia ser aplicado na Mercedes. E assim foi feito. Sob o comando de Weingarten e com o apoio da TBM e da Shingijutsu, a Mercedes investiu pesado na implementação, com a realização de inúmeros *kaizen breakthrough*, tornando-se uma grande referência de implementação no Brasil.

A denominação *kaizen breakthrough* começou a ser utilizada pela TBM em 1990, nos Estados Unidos, para designar um evento de três a cinco dias, realizado no chão de fábrica ou em ambiente administrativo, de intensa atividade para a obtenção de resultados imediatos e, sem dúvida, caracterizou o espírito e o sentido do *kaizen* como filosofia.

Grandes empresas com sede na Europa e nos EUA preferiram começar com o *lean* em suas filiais. Essa foi uma forma estratégica de verificar se a metodologia realmente funcionava ou não antes de ser implementada na matriz. Isso aconteceu, por exemplo, com a Mercedes-Benz do Brasil e com a Nestlé Planta de Marília. Como resultado, o país se tornou um grande seleiro de especialistas *lean* e com grande experiência na metodologia *kaizen*.

Atualmente, o *lean* está implementado em muitas empresas, de diversos segmentos, e aplica-se tanto a processos produtivos como a processos administrativos, além de estar presente em diversos países. No entanto, ainda existem muitas organizações que não conhecem a filosofia *lean*. Infelizmente, tais empresas ainda estão aplicando a produção em massa, técnicas que funcionaram bem para Henry Ford na década de 1920, quando flexibilidade e escolha do cliente não eram importantes. Hoje, porém, é necessário enxergar o cliente com outros olhos.

capitulo

1

1.3 Empresas em que o *lean* foi implementado*

Toda essa experiência com o *lean* começou na Mercedes-Benz do Brasil e da Alemanha. Por sorte, a empresa é uma referência em se tratando de implementação *lean* e de indústria 4.o. A Mercedes, como descrito na história do *lean* no Brasil, foi uma grande protagonista no que se refere ao investimento na cultura *lean*, trazendo rapidamente os benefícios da metodologia para a organização. A vantagem da Mercedes nesse caso é que já existia um sistema de produção (serão apresentados alguns exemplos de sistema de produção na sequência), principalmente na planta de Juiz de Fora, o que facilitou a implementação e, principalmente, a sustentação do *lean*. Por isso a importância de se incorporar um sistema de produção nas organizações.

Assim, a implementação da jornada *lean* na Mercedes foi pautada pela disciplina e pelo respeito que a empresa teve com a metodologia e com os colaboradores. Esses fatores, somados à dedicação, fizeram com que a Mercedes tivesse muito êxito nessa implementação.

A TBM, uma consultoria que desde a década de 1990 ensinou e ajudou muitas organizações a implementar jornadas *lean*, mas que também aprendeu muito com ótimos exemplos apresentados nas empresas, foi atualizando seus materiais de treinamento e divulgação da metodologia, os quais foram adaptados às novas realidades e tendências do mercado. A grande vantagem da TBM é sua atuação em todo o mundo, no âmbito de diversos segmentos (processos, produtos e serviços etc.), com excelente material de comparação entre culturas e processos.

A Colfax/ESAB também é um bom exemplo de empresa que acreditou na filosofia *lean*. Quando a Colfax adquiriu a ESAB, umas das primeiras estratégias que deveriam ser adotadas era aplicar

---

* Esta seção apresenta experiências do próprio autor, relatadas na primeira pessoa do singular.

as iniciativas *kaizen* em todas as unidades, principalmente com o objetivo de redução de inventário, seja na matéria-prima, seja no estoque em processo, seja no produto terminado, pois foi percebida uma grande oportunidade de redução de custos mediante a aplicação da filosofia *lean*.

A Nestlé também representa um excelente exemplo de aplicação da filosofia *lean*. Trata-se de uma organização que investiu e investe fortemente na implantação e na sustentação da jornada. A empresa promove a divulgação da jornada por meio do que chamam de *pilares*, que são funcionários responsáveis por treinar, multiplicar e sustentar os fundamentos *lean* e suas ferramentas.

O que me impressionou na Nestlé foi a qualidade do conteúdo do material didático usado para os treinamentos, as guias de referência para a aplicação das ferramentas e das estratégias de implementação, muito bem fundamentadas. Lembro-me também de minha primeira semana de atividade na Suíça, quando fui chamado para a primeira reunião com o diretor Renato Sanctis (um dos responsáveis pela implementação do *lean* na Nestlé). Sua secretária entrou em contato comigo e me informou que eu teria uma reunião às 17h, em um espaço de conveniência perto do lago. Quando Renato chegou, disse-me que a reunião seria rápida, pois ele apenas gostaria de me informar que, se um dia eu quisesse deixar a organização, deveria começar a tratar mal os colaboradores da empresa, principalmente os da produção. Naquele instante, percebi por que a Nestlé se tornou uma das maiores empresas alimentícias do mundo: porque desde o princípio teve profundo respeito por aqueles que estão à frente das atividades que agregam valor. Grande parte dessa experiência e dos exemplos vividos na Nestlé está também refletida nesta obra.

Nas faculdades em que lecionei, como São João del Rei, Estácio de Sá, Vianna Júnior e, mais recentemente, Faculdade Machado Sobrinho, em Juiz de Fora, também tive experiências interessantes, pois o mundo acadêmico fornece a oportunidade de ensinar, mas também de aprender. Ter de preparar um material para a aula e mostrá-lo aos alunos obrigatoriamente demanda pesquisa e aprendizado, e isso é muito importante também para aumentar o conhecimento na hora de implementar uma jornada *lean*, por exemplo.

capítulo

Isso sem contar o enorme prazer de poder compartilhar com os alunos toda a experiência adquirida durante os anos, colaborando com quem ainda não começou sua carreira profissional.

Na Voitto, sob o comando de Thiago Coutinho, promovemos uma consultoria que visou deixar os treinamentos de *lean* tradicionais e presenciais em todo o Brasil, com inúmeros problemas de logística e de recursos, para adotar treinamentos *on-line* com uma abrangência ainda maior no Brasil, e com menos problemas de logística (nenhum). Nesse contexto, é interessante observar como muitas pessoas buscam se aprimorar nos conceitos *lean* para aumentar o conhecimento e, consequentemente, sua empregabilidade interna e externa. Assim, este livro também tem o objetivo de propiciar ao leitor um conhecimento que possa ser utilizado em sua carreira e que lhe permita explorar novas oportunidades.

Já a Ekantika é um exemplo de consultoria no que diz respeito ao qualitativo do entregável, principalmente quanto aos materiais utilizados para suporte e implementação das jornadas *lean*. Merecem destaque o carinho e o cuidado da empresa com a elaboração customizada dos materiais, para deixá-los o mais próximo possível da identidade visual das empresas, melhorando a comunicação promovida. O intuito por trás dessa estratégia do qualitativo do entregável é estabelecer uma excelente relação baseada na parceria e no dever cumprido. Muito disso se deve a Viviane Salyna, sócia-fundadora que teve seu primeiro contato com o *lean* na Whirlpool Brasil e que, depois, nunca mais deixou de adotá-lo.

Por fim, nos últimos anos, como sócio-fundador da Sembrar, estou tendo a oportunidade de reunir toda essa experiência para transformar o negócio das organizações por meio do *lean*, tornando-as mais competitivas e lucrativas, pois, por meio do *lean business*, as ajudamos a implementar uma cultura de melhoria contínua e inovação, de modo a transformar as pessoas, elevar a produtividade, ampliar a qualidade e reduzir os custos. A Sembrar, assim, surgiu desses anos de experiência, aprendizado e muito trabalho. A cada projeto, presenciamos a mudança de empresas – de diversos portes, segmentos e realidades – e de pessoas – em diferentes cargos hierárquicos –, com o objetivo final de impulsionar a excelência operacional e empresarial por meio de um pensamento enxuto, que semeia a transformação cultural.

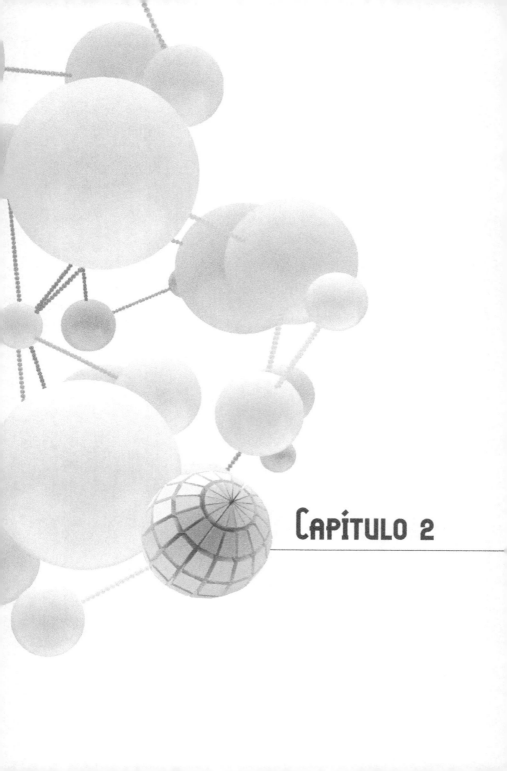
Capítulo 2

Fundamentos *lean*

Neste capítulo, abordaremos casos de sistemas de produção implementados e seus resultados em grandes empresas. Além disso, apresentaremos a importância do *just in time* (JIT), com as respectivas ferramentas e competência, bem como a relevância de um bom nivelamento de produção com a incorporação da agregação de valor para o cliente. Por fim, discutiremos um dos grandes impulsionadores da melhora da *performance* da Toyota: a identificação dos tipos de desperdícios.

2.1 Conhecendo o *lean business*

Lean business (negócio enxuto), *lean production* (produção enxuta), *lean manufacturing* (manufatura enxuta) ou simplesmente *lean* (enxuto, magro, sem desperdícios). O termo *lean* foi cunhado pelo pesquisador John Krafcik, do International Motor Vehicle Program (IMVP). Segundo Womack, Jones e Ross (1990), Krafcik empregou a palavra *lean* para fazer referência à utilização de menores quantidades de tudo, ou seja, menos colaboradores para produzir a mesma quantidade de produtos (produtividade), menos espaço para produzir a mesma quantidade, menos custos para produzir (custo), menos tempo de planejamento para desenvolver novos produtos e serviços, menos quantidade de estoque (matéria-prima ou produto terminado) e com menos defeito (qualidade).

Já a expressão *lean manufacturing*, como mencionado na história do *lean*, foi criado pelos autores James P. Womack, Daniel T. Jones e Daniel Roos no livro *A máquina que mudou o mundo*, publicado em 1990. O sentido e a essência da manufatura enxuta (*lean manufacturing*) derivam dos conceitos de Taiichi Ohno, que tinha como propósito fazer mais com menos.

Alguns autores também reforçam essa teoria e defendem que o *lean* é exatamente o Sistema Toyota de Produção (STP). Liker (2004) comenta que o STP é conhecido como *lean* ou *lean production* porque estes foram os termos popularizados nos livros *A máquina que mudou o mundo* (Womack; Jones; Roos, 1990) e *Lean Thinking* (Womack; Jones,

capítulo
2

1997). Os autores deixam claro, no entanto, que a base de suas pesquisas sobre o *lean* foi o STP.

Werkema (1995, p. 48) define *lean* como uma filosofia que busca a eliminação de desperdícios, ou seja, de tudo que não agrega valor ao cliente, reduzindo o *lead time*. O *lean manufacturing* ou *lean business* se expandiu para outros segmentos (produtos e serviços) e, por esse motivo, o conceito se estendeu ao *lean operations* ou *lean enterprise* (operações enxutas ou empreendimento enxuto). A autora explica também que o *lean* compreende a redução dos sete desperdícios identificados por Ohno: defeitos, excesso de produção, estoques, processamento, movimento, transporte e espera, os quais serão abordados detalhadamente em seção específica.

Womack e Jones (1997) definem o *lean manufacturing* como um processo de cinco passos: (1) definir o valor do cliente; (2) estabelecer fluxo; (3) fazê-lo fluir; (4) ter um sistema puxado, conforme a necessidade do cliente interno ou externo; e (5) buscar a excelência operacional. Portanto, para ser uma indústria enxuta, é imprescindível pensar enxuto, fazer o produto fluir por meio de processos ininterruptos, ter "estabilidade" focada na agregação de valor (fluxo unitário de peças, quando o produto/processo permitir), ter um sistema puxado, conectado com as necessidades dos clientes, aplicar os conceitos JIT, entregando somente o que a operação seguinte for consumir, e explorar a transformação cultural, pela qual todos devem visar ao mesmo objetivo: a excelência operacional.

Por fim, cabe ressaltar que o "pensamento enxuto", que é a melhor tradução e interpretação da palavra *lean* e que está muito relacionado com os conceitos descritos nesta obra, não é uma ferramenta, mas uma filosofia, que deve ser utilizada não somente no âmbito operacional, mas também em áreas administrativas, em serviços, ou seja, em todo um sistema de negócios das organizações, tornando evidente o valor agregado de um produto ou processo. Isso ocorre por meio da realização de atividades sem interrupções (estabilidade), alinhando-se as atividades na melhor sequência (fluxo), todas as vezes que alguém as solicitar (cliente), de forma cada vez mais eficaz, segundo as premissas do JIT, na intenção de oferecer aos clientes o que eles precisam, na quantidade e no local corretos e no tempo requisitado.

O *lean* pode ter muitas interpretações e definições, em função até mesmo da característica do produto, do segmento do negócio, do processo ou até mesmo da cultura. Porém, de forma geral, tanto o STP como o *lean* têm em comum dois fatores importantes: a excelência operacional e a transformação cultural. Sem esses dois elementos, a mudança dos ponteiros não seria possível, e os resultados nas organizações seriam os mesmos, por não terem incorporado uma jornada de mudança de mentalidade.

Na sequência, apresentaremos bons exemplos de implementação dessa mudança de mentalidade e da incorporação de uma jornada *lean* nas organizações, ou seja, de como aplicar a excelência operacional e a transformação cultural.

Para implementar uma jornada *lean*, primeiramente é preciso entender alguns sistemas, conceitos, metodologias e ferramentas. Tais temas serão abordados na sequência, com as respectivas definições, propósitos, benefícios e forma de implementação:

- sistemas de produção;
- agregação de valor ao cliente;
- tipos de desperdícios;
- sistema estabilidade;
- sistema fluxo;
- sistema puxado.

2.1.1 Exemplos de sistemas de produção

Neste capítulo, apresentaremos um resumo de alguns sistemas de produção implementados, com os respectivos resultados, e que foram referência para a construção desta obra. São eles o próprio STP, que é o pilar para a maioria dos sistemas de produção existentes, e também os sistemas da TBM Consulting Group, da Mercedes-Benz do Brasil e da Alemanha, da Colfax/ESAB e do Nestlé Continuous Excellence (NCE).

2.1.1.1 Sistema Toyota de Produção

O Sistema Toyota de Produção (STP) pode ser considerado um marco na história dos sistemas de produção convencionais. Conforme Shingo (1996), a Toyota transformou um sistema de produção passivo e conciliatório em um novo sistema, calcado em conceitos que jamais tinham sido utilizados.

O STP foi desenvolvido pela Toyota Motor Corporation para melhorar a qualidade, o custo e a entrega, reduzindo o *lead time* por meio da eliminação do desperdício e separando atividades que agregam valor das que não o fazem. De acordo com Ohno (1996), o sistema é formado sobre dois pilares, ***just in time*** (JIT) e ***jidoka***, sendo normalmente ilustrado pela estrutura de uma casa. O STP é mantido e melhorado por interações entre várias ferramentas, entre elas *kaizen* e trabalho padronizado.

Os dois pilares mencionados estão ilustrados na Figura 2.1, que mostra um dos símbolos mais emblemáticos do STP: o diagrama Casa STP, criado por Fujio Cho, discípulo de Ohno.

Figura 2.1 – Exemplo do diagrama Casa Sistema Toyota de Produção (STP)

Fonte: Liker, 2004, p. 51.

O JIT significa que, em um processo de fluxo, as partes necessárias para a montagem em determinado ponto alcançam a linha de montagem no momento necessário e na quantidade adequada. Essa mudança ocorreu com base em estudos investigatórios das origens da produção convencional, derrubando-se crenças anteriormente aceitas. Esse sistema parte do princípio do não custo (minimização de custos) como diretriz do estilo gerencial. Ao contrário do princípio de custos tradicional, que parte do pressuposto de que o preço de venda é formado pela soma do custo de produção ao lucro (custo + lucro = preço de venda), o STP tem como base a premissa de que é o consumidor o determinante do preço de venda dos produtos. Dessa forma, a organização só obterá lucros quando baixar seus custos de produção por meio da eliminação de perdas (preço – custo = lucro). Conclui-se, assim, que, consequentemente, a redução de custos deverá ter alta prioridade, tornando-se um meio para manter ou aumentar lucros e motivando a organização e buscar a eliminação total de desperdícios.

Segundo Shingo (1996), podemos caracterizar alguns princípios básicos desse sistema. O primeiro a ser considerado se refere à questão das perdas por superprodução, que pode ser estudada em duas vertentes: a superprodução quantitativa e a antecipada. A superprodução quantitativa ocorre quando peças excedentes são produzidas para garantir um adequado fornecimento, mas acabam sendo desperdiçadas. Já a superprodução antecipada se caracteriza por uma decisão de produção antes da entrega. Ambas têm de ser evitadas, garantindo-se, dessa maneira, a eliminação do desperdício.

Outro princípio do sistema é, como informado, o JIT, que consiste no processo de abastecimento com os itens em quantidades e nos momentos necessários à produção. Conforme Shingo (1996, p. 103), "em japonês as palavras para just-in-time significam no momento certo, oportuno". Trata-se de um método utilizado para evitar a produção antecipada. Esse princípio será abordado em mais detalhes posteriormente.

O princípio da separação entre máquina e trabalhador também é uma característica relevante desse sistema. Tal separação tem por objetivo aumentar a eficiência da produção e promover um melhor

capítulo 2

aproveitamento dos recursos humanos. Essa transformação envolve seis diferentes estágios, que vão do inicial, caracterizado pelo trabalho manual, ao mais elevado, caracterizado pela autonomação (que apresentaremos posteriormente), ou seja, processamento, detecção e correção de problemas feitos de forma automática.

Dependendo do processo, o STP é adepto da adoção de um maior número de máquinas para realizar o trabalho com altas taxas de utilização, o que garante ao operador um ritmo de trabalho, evitando a ociosidade. Em termos de custos, é preferível uma máquina parada a um operador ocioso, pois a máquina sofre depreciação, e o operador deve manter um ritmo de trabalho para garantir a continuidade de seu desenvolvimento.

O STP ainda contempla a adoção de um planejamento de equipamentos por parte da organização, pois, com baixas taxas de operação, os equipamentos mais baratos e menores podem ser planejados e aperfeiçoados conforme as necessidades da empresa. Entretanto, destacamos que tais adaptações podem ser feitas internamente na organização. Os equipamentos novos devem ser evitados, pois requerem altos investimentos, devendo-se priorizar a aquisição de máquinas usadas. Outro benefício da operação de máquinas a baixas taxas é a possibilidade de a organização atender rapidamente às flutuações de demanda simplesmente com a contratação de colaboradores temporários.

Outra questão a ser considerada diz respeito à utilização de controles visuais, como um *andon* (painel indicador), por exemplo, que indica, por meio de luzes, qual é o tipo de problema ocorrido e onde se localiza. Esse controle visual informa e sinaliza a necessidade de uma ação imediata por parte dos responsáveis. Contudo, o mais importante não é somente a rapidez com que o problema é apontado, e sim as soluções que serão implementadas.

O STP é um sistema de administração da produção que contou com a criação de métodos que garantissem a manufatura, com base no objetivo de eliminação de desperdícios, para gerar queda de custo e aumento de lucratividade para a organização. Assim, tem foco na eliminação do que é desnecessário, evitando-se a superprodução. Para isso, o JIT é adotado, de modo a garantir uma utilização adequada de recursos e de tempo, otimizando-se o aproveitamento do trabalhador, criando-se máquinas capazes de trabalhar sozinhas e fornecendo-se um ritmo de produção pela adoção de máquinas a baixos índices de operação, com planejamento de equipamentos e controle visual para otimizar as ações produtivas.

De acordo com Shingo (1996, p. 246),

> *O Sistema Toyota de Produção rejeita as ideias convencionais a respeito da produção baseada em projeções e realizada em grandes lotes, em favor da produção contrapedido e executada com lotes pequenos. Além do mais, isso exige uma rígida fidelidade aos princípios da produção com estoque zero.*

Pela adoção do princípio do não custo, o fundamento de eliminação de perdas foi o responsável pela origem dos demais princípios do STP. Ainda conforme Shingo (1996, p. 110), "A perda é qualquer atividade que não contribui para as operações, tais como espera, acumulação de peças semiprocessadas, recarregamentos, passagem de materiais de mão em mão etc.".

Entre as possíveis perdas a serem eliminadas, destaca-se o estoque, que durante muito tempo foi considerado necessário. O questionamento de sua necessidade revelou que mantê-lo era um grande desperdício. A existência de estoques garante a produção, pois, se uma das peças utilizadas estiver defeituosa, o problema poderá ser facilmente resolvido, já que o colaborador poderá trocá-la por outra que se apresente em conformidade com as especificações. Assim, a existência de estoques encobre todos os possíveis problemas que ocorrem na organização, como produtos defeituosos, excesso de movimentação, excesso de produção, tempo de espera, transporte, entre outros.

Na busca pela eliminação de desperdícios, também foi observada a existência de estoques de produtos acabados, gerados pela produção de grandes lotes, adotada no sistema de produção convencional.

capítulo
2

Para otimizar essa prática, foi desenvolvida a produção contrapedido, ou seja, a produção passou a ser gerada a partir do pedido do cliente como uma forma de melhor atender à demanda, a qual passou a determinar a produção. Com a adoção dessa prática, tornou-se necessário produzir em lotes pequenos e diversificados em ciclos de produção altamente reduzidos, já que os clientes esperam variedade nos produtos oferecidos.

Segundo Corrêa e Gianesi (1996), existem diversas diferenças entre o STP e o sistema de produção em massa, mas a principal característica é a introdução do conceito de puxar a produção. Com a aplicação desse conceito, o nível de estoque em processo é reduzido, pois somente são feitos os produtos que realmente foram vendidos.

Observamos, inicialmente, como o estudo da eliminação de desperdícios gerou diversos conceitos que não eram adotados. Os princípios do STP foram um desdobramento de conceitos que surgiram em consequência de outros.

Steven Spear e H. Kent Bowen, em seu artigo "Decodificando o DNA do Sistema Toyota de Produção" (1999), comentam como as atividades, as conexões, os fluxos e a melhoria contínua estão incorporados ao DNA do STP. Os autores descrevem o conhecimento tácito que fundamenta o STP por meio de algumas regras:

As Quatro Regras

O conhecimento tácito que fundamenta o Sistema Toyota de Produção pode ser descrito em quatro regras básicas. Essas regras orientam o projeto, a execução e a melhoria de todas as atividades, conexões e fluxos relacionados a todos os produtos e serviços. As regras são as seguintes:

Regra No. 1: Todos os trabalhos devem ser minuciosamente especificados em termos de conteúdo, sequência, tempo e resultado.

Regra No. 2: Todas as conexões cliente-fornecedor devem ser diretas, e deve existir um caminho inequívoco de "sim ou não" para enviar solicitações e receber respostas.

Regra No. 3: *Todos os fluxos dos produtos e serviços devem ser simples e diretos.*

Regra No. 4: *Todas as melhorias precisam ser feitas em conformidade com o método científico, sob a orientação de um professor e no nível hierárquico mais baixo possível da organização.*

Essas regras exigem que as atividades, as conexões e os fluxos contenham testes para sinalizar os problemas automaticamente. É a reação contínua aos problemas que torna esse sistema aparentemente rígido tão flexível e adaptável a circunstâncias mutáveis. (Spear; Bowen, 1999, p. 3, grifo do original)

2.1.1.2 TBM Consulting Group

Quando Taiichi Ohno visitou a fábrica da Ford em River Rouge, ficou realmente bastante impressionado, tanto em relação ao nível de qualidade do produto quanto em relação ao volume de produção, principalmente no tocante ao *lead time* da construção dos veículos. Naquela época, para fabricar o modelo "T" (nome do veículo Ford), eram necessários três dias, desde a transformação da matéria-prima até o produto terminado. Ohno trabalhou nos 20 anos seguintes para desenvolver um sistema que pudesse se assemelhar ao Sistema de Produção de Henry Ford.

O sistema de produção enxuta desenvolvido pela TBM Consulting Group, juntamente com a Shingijutsu Company do Japão (consultoria formada por alguns funcionários da Toyota), durante as décadas de 1980 e 1990 baseia-se nos princípios do STP adaptados para a aplicação em todos os tipos de indústria, processos, produtos e culturas. Várias ferramentas foram atualizadas e novas foram incorporadas com o objetivo de atender a todos os segmentos, não apenas no chão de fábrica, mas também em processos administrativos e estratégicos do negócio.

De acordo com Sharma e Moody (2003), o sistema de produção enxuta, que depois foi renomeado como *sistema lean de produção*, é muito rápido na geração de resultados, quando aplicado com disciplina e energia.

Figura 2.2 – Casa Sistema *Lean* de Produção da TBM Consulting Group

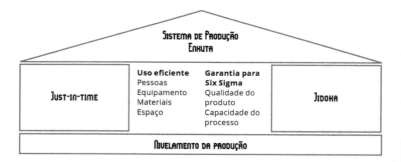

Fonte: Sharma; Moody, 2003, p. 105.

O sistema de produção enxuta tem as mesmas características do STP, como mostra a figura anterior, em que podemos observar os mesmos pilares: JIT e *jidoka*. Porém, como comentamos, esse sistema tem a intenção de replicar e enfatizar não só as áreas produtivas, mas também as áreas administrativas, sem perder a essência da busca pela excelência operacional e com uma abordagem atualizada nos conceitos e nas ferramentas, tais como:

- sincronização da produção ao tempo *takt*;
- fluxo de peça única (*one-piece flow*);
- sistema puxado.

O tempo *takt* tem como objetivo principal sincronizar a demanda do cliente com a produção, ou seja, balancear recursos (máquinas, mão de obra, matéria-prima etc.) para produzir um produto ou serviço dentro de um ritmo/cadência conforme a necessidade do cliente.

Já o fluxo de peça única consiste na produção segundo a necessidade do cliente externo, refletida no cliente interno, sem que seja necessário produzir grandes lotes (de peças ou informações), mantendo-se dentro do fluxo a passagem unitária, e não de grandes quantidades.

Por fim, quanto ao sistema puxado, entre todos os sistemas (estabilidade, fluxo e puxado), este é o mais difícil de ser implementado nas empresas, pois requer muita disciplina, gestão visual, rotinas incorporadas etc. para que a necessidade do cliente seja disparada/ comunicada em sincronia com a operação de forma efetiva. Tanto o tempo *takt* como o fluxo de peça única e o sistema puxado serão abordados a seguir em detalhes.

2.1.1.3 Sistema de Produção Mercedes-Benz do Brasil e da Alemanha

Vejamos, agora, um bom exemplo de um sistema de produção que foi implementado não apenas em uma empresa já constituída e tradicional como a Mercedes-Benz da Alemanha, mas também em uma empresa totalmente elaborada para absorver um sistema de produção próprio e adaptado à realidade da cultura do país: a Mercedes-Benz do Brasil. Nesse sentido, cabe lembrar que o *benchmarking* é uma "Prática adotada por diversas organizações para comparar suas operações com aquelas de outras companhias, para verificar o quão bem vai a organização. Trata de proporcionar um estímulo que possibilite às operações entenderem como elas poderiam melhor servir seus clientes" (Slack et al., 1996, p. 590).

Para a implantação do sistema de produção na fábrica de Juiz de Fora, foi criada a área de projetos estratégicos da produção, respondendo diretamente à diretoria. Essa área preparou a fábrica para a adoção do novo Sistema de Produção Mercedes-Benz (Figura 2.3), de maneira que os ganhos obtidos por meio do Sistema de Produção Juiz de Fora (SPJ) inicial não fossem perdidos.

capítulo 2

Figura 2.3 – Estrutura do Sistema de Produção Mercedes-Benz de Juiz de Fora

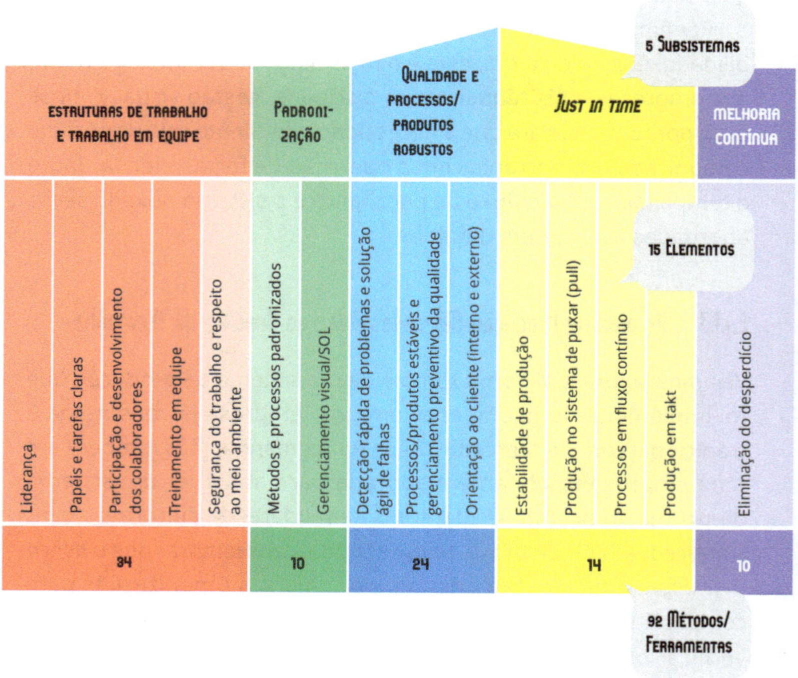

ESTRUTURAS DE TRABALHO E TRABALHO EM EQUIPE					PADRONI-ZAÇÃO		QUALIDADE E PROCESSOS/ PRODUTOS ROBUSTOS			JUST IN TIME				MELHORIA CONTÍNUA
														15 Elementos
Liderança	Papéis e tarefas claras	Participação e desenvolvimento dos colaboradores	Treinamento em equipe	Segurança do trabalho e respeito ao meio ambiente	Métodos e processos padronizados	Gerenciamento visual/5OL	Detecção rápida de problemas e solução ágil de falhas	Processos/produtos estáveis e gerenciamento preventivo da qualidade	Orientação ao cliente (interno e externo)	Estabilidade de produção	Produção no sistema de puxar (pull)	Processos em fluxo contínuo	Produção em takt	Eliminação do desperdício
34					10		24			14				10

5 Subsistemas

92 Métodos/ Ferramentas

Fonte: Briales, 2005, p. 62.

O sistema em questão é composto por cinco subsistemas: (1) estrutura e trabalho em equipe; (2) padronização; (3) qualidade e processos/produtos robustos; (4) *just in time*; e (5) melhoria contínua.

Tal sistema representou um dos caminhos que levaram a concretizar a visão para a fábrica de Juiz de Fora, com produtos de alta qualidade, inovação, valor ao cliente e lucratividade, conquistando novos mercados na América Latina. O subsistema *estrutura de trabalho em equipe* define as regras básicas para as funções, além da estrutura da organização e da liderança. Tais regras devem enfatizar a participação de todos os colaboradores para o alcance dos objetivos empresariais. Já o subsistema *padronização* foca a determinação de procedimentos referentes ao modo de execução de processos de trabalho.

Cada padrão individual representa o mais seguro e adequado caminho para a execução de tarefas em determinado momento. O subsistema *qualidade e processos/produtos robustos* visa desenvolver produtos que possam ser elaborados dentro dos limites de tolerância especificados e assegurar que os processos estejam capacitados para atingir resultados previsíveis, estáveis e controláveis. O subsistema *just in time* objetiva garantir a produção daquilo que o cliente deseja, na quantidade requerida e no momento em que é solicitado. Nesse processo, deve ser utilizada somente a quantidade necessária de material, equipamento, força de trabalho e área. O subsistema *melhoria contínua* visa assegurar análises sistemáticas e soluções criativas que fixam e ancoram o sistema de produção, para que as condições econômicas e trabalhistas estejam em processo constante de aprimoramento.

Esses subsistemas se desdobram em 92 ferramentas, que foram criadas para colaborar com a implantação e o alcance de objetivos do sistema. Observamos, pela Figura 2.3, que os elementos desdobrados em cada subsistema apresentam grande similaridade com os princípios do STP, como no caso de trabalho em equipe, gerenciamento visual, detecção rápida de problemas e solução ágil de falhas, estabilidade de produção, ritmo de manufatura, eliminação de desperdícios, entre outros.

Cada subsistema se divide em diversas ferramentas, entre as quais há uma considerável interação, conforme podemos visualizar na Figura 2.4, a seguir.

Figura 2.4 – Representação simbólica da interação entre os subsistemas do Sistema de Produção Juiz de Fora (SPJ)

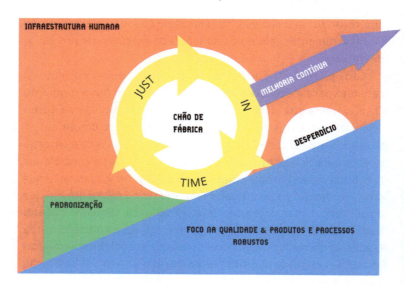

Fonte: Sampaio; Zago, 2002, p. 23.

Como explicam Sampaio e Zago (2002),

> o objetivo é o de que a fábrica "rode" em Just in Time, e de que a melhoria contínua acelere o seu movimento. A padronização é a "cunha" que impede que a fábrica perca os ganhos que alcançou. Quanto maior a qualidade e a robustez dos processos e dos produtos menos íngreme será a subida e consequentemente mais rápido poderá subir a "roda" (fábrica). O desperdício é a "pedra no caminho" que deve ser eliminada. As estruturas de trabalho e o trabalho em equipe são o ambiente em que a fábrica deve atuar. (Sampaio; Zago, 2002, p. 23-24)

Assim, o SPJ foi implementado no Brasil, com toda a preconização da Alemanha, buscando garantir processos padronizados, com uma produção livre de falhas, mediante a participação e o envolvimento dos colaboradores.

É importante ressaltar que, no âmbito do subsistema voltado à melhoria contínua, com elementos focados na eliminação de desperdícios, foi implementada a metodologia *kaizen* para auxiliar no alcance dos objetivos do SPJ.

2.1.1.4 Sistema de Produção Colfax/ESAB

O Sistema de Produção da Colfax (Figura 2.5) está direcionado para pessoas, ferramentas e processos, com base em cinco valores (ESAB, 2021):

1. Os clientes falam, nós ouvimos.
2. A melhor equipe vence.
3. A melhoria contínua (*kaizen*) é o nosso modo de vida.
4. A inovação define o nosso futuro.
5. Conquistamos acionistas com base em nosso desempenho.

Figura 2.5 – Representação do Sistema Colfax/ESAB de produção

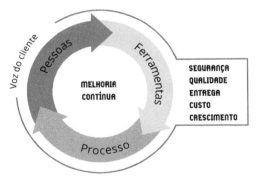

Fonte: Colfax, 2021.

Os clientes falam, nós ouvimos

"A voz do cliente sempre vai direcionar o desenvolvimento das nossas ações e planos estratégicos" (ESAB, 2021). Trata-se de manter um foco constante na qualidade e na rapidez, criando soluções únicas, diferenciadas e com valor agregado e executando processos sólidos capitulo 2

e reproduzíveis, que consistentemente satisfaçam ou excedam as expectativas do cliente, de modo a promover uma resolução positiva dos problemas.

A melhor equipe vence

"Empregados comprometidos e que sabem trabalhar em equipe são o nosso recurso mais valioso, e nós somos entusiastas em atrair, desenvolver e reter os melhores talentos" (ESAB, 2021), demonstrando integridade e respeito pelos outros, na busca por identificar soluções baseadas em fatos e análises de causa raiz, e não culpados. O objetivo não é ser político nem burocrático, e sim demonstrar alto senso de urgência, com alto nível de responsabilidade. Pretende-se trabalhar por um ambiente seguro e sentir satisfação por ser um membro valorizado de uma equipe ganhadora.

A melhoria contínua (*kaizen*) é o nosso modo de vida

"Definir objetivos ousados, experimentar e aprender todos os dias, eliminar o desperdício dos nossos processos de negócio e comparar-nos com o melhor, para depois superá-lo" (ESAB, 2021).

Trata-se de sair da zona de conforto estabelecendo objetivos desafiadores/inovadores e de demonstrar domínio das ferramentas CBS para otimizar os processos.

A inovação define o nosso futuro

"A criatividade individual e organizacional vai gerar ideias ousadas em tecnologia, produtos e processos. Nós vivemos este valor ao oferecer soluções diferenciadas aos clientes, ao criar produtos e serviços que melhorem a qualidade de vida e a gestão ambiental" (ESAB, 2021), proporcionando um crescimento acima da média do mercado.

Conquistamos acionistas com base em nosso desempenho

"Para atrair e manter acionistas fiéis, de maneira consistente, temos que proporcionar os melhores resultados nos lucros, capital de giro e fluxo de caixa" (ESAB, 2021), desenvolvendo planos estratégicos sólidos e abrangentes por meio da criação de planos operacionais efetivos.

2.1.1.5 Nestlé Continuous Excellence

O Nestlé Continuous Excellence (NCE) – em português, Excelência Contínua Nestlé – é a iniciativa que a Nestlé está tomando mundialmente para garantir os 3 Cs – *consumers, competitive advantage* e *compliance* (consumidores, vantagem competitiva e conformidade). Esses três pilares estão estampados na logomarca da Nestlé, conforme pode ser visualizado na Figura 2.6.

Figura 2.6 – Representação do Nestlé Continuous Excellence (NCE)

Fonte: Lopez, 2011, p. 2.

O objetivo do NCE é obter zero perdas relacionadas às atividades da empresa, trabalhando-se com equipes em que todos tenham comprometimento (0 perdas, 1 time e 100% de comprometimento). Trata-se de um modelo operacional da Nestlé que traduz uma linguagem e uma maneira comum de fazer as coisas.

O NCE é formado por cinco elementos:

1. NIMS – sistema de gestão integrada;
2. *leadership development* – desenvolvimento da liderança;
3. *goal alignment* – alinhamento de metas;
4. *lean supply chain* – cadeia de suprimentos enxuta;
5. TPM – manutenção preventiva total.

A seguir, vamos abordar brevemente cada um desses elementos.

capítulo
2

NIMS – sistema de gestão integrada

NIMS é a unificação de quatro sistemas de gestão em um sistema de gestão integrada (SGI): Qualidade ISO 9001; Segurança dos Alimentos Isso 22000; Meio Ambiente ISO 14001; e Segurança e Saúde OSHAS 1001. A sigla NIMS refere-se a Nestlé Integrated Management System, ou seja, Sistema Nestlé de Gestão Integrada, que nada mais é do que o SGI que já conhecemos.

Leadership development – desenvolvimento da liderança

É focado no desenvolvimento da liderança, com uma abordagem das operações em três módulos principais:

1. **Perfil de sucesso**: definir o perfil das posições-chave de gestão e avaliar e desenvolver os líderes dessas posições.

2. **Talentos e plano de sucessão**: planos de carreira e garantia de talentos no processo de sucessão.

3. **Liderança e acompanhamento**: garantia de líderes capacitados em todos os níveis, para melhorar as competências e os aspectos comportamentais.

Goal alignment – alinhamento de metas

Tem como objetivo promover a integração e o alinhamento dos objetivos do negócio de forma cascateada para todos os níveis de gestão da organização.

O *goal alignment* é composto por três módulos fundamentais:

1. **Objetivos e metas**: tem como propósito o desdobramento e a gestão dos objetivos, para facilitar a visualização e o desenvolvimento dos indicadores e dos objetivos alinhados às necessidades do negócio.

2. **Revisão da operação:** apresenta a gestão da operação e dos indicadores por níveis, com estrutura de gestão e 100% de envolvimento.

3. **Solução de problemas:** adota a metodologia de resolução de problemas padronizados, com formação de grupos, projetos DMAIC e plano de ações.

Lean supply chain – cadeia de suprimentos enxuta

Trata-se da busca contínua pela excelência dos processos administrativos e da manufatura, desde o fornecedor até o cliente, integrando-se todas as áreas da companhia (compras, vendas, marketing, fabricação, manutenção e engenharia).

TPM – manutenção preventiva total

A manutenção preventiva é uma metodologia de trabalho que busca zero defeitos, zero acidentes e zero quebras, na qual há uma participação de todos os colaboradores da empresa.

Entre os principais ganhos com a implantação do TPM, citamos:

- buscar a máxima eficiência do sistema de produção;
- eliminar todas as perdas;
- maximizar o ciclo total de vida útil dos equipamentos;
- abranger todos os departamentos da empresa;
- envolver todos os colaboradores, não apenas os colaboradores da manutenção.

A Figura 2.7, a seguir, indica os respectivos pilares como estratégia adotada pela Nestlé a fim de implementar um sistema de produção e uma filosofia de excelência operacional.

Figura 2.7 – Representação dos pilares do Nestlé Continuous Excellence (NCE)

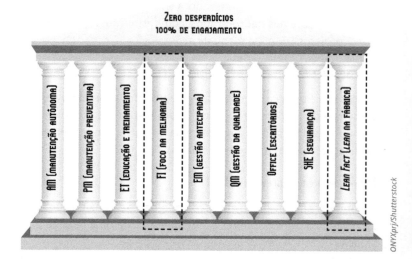

Fonte: Ngwendu, 2010, p. 14.

2.2 *Just in time* (JIT) nos fundamentos lean

O texto a seguir, extraído de Shingo (1996, p. 235), servirá como base para apresentarmos, de forma resumida, o conceito do *just in time* (JIT):

> *Just-in-time, segundo me dizem, significa simplesmente "a tempo" ao passo que, para transmitir o sentido de "no momento exato", dever-se-ia dizer apenas just on time. Qualquer que seja a diferença entre os dois significados, a meta do Sistema Toyota de Produção é clara: efetuar as entregas no momento exato, com o propósito de eliminar o estoque. Esse objetivo é controlado em*

grande parte pela relação entre o prazo de entrega (E) e o tempo de ciclo de produção (P). Como mencionado anteriormente, se o prazo de entrega é maior que o ciclo de produção (E>P), a produção iniciada após um pedido firme será recebida exatamente no prazo marcado, sem geração de estoque. A pesquisa de mercado pode tornar as previsões de demanda mais precisas, mas também necessitaria de políticas para estender o prazo de entrega, e que essas estratégias podem ser usadas não só na indústria automotiva como também em bens de consumo comuns tais como, por exemplo, eletrodomésticos.

Sharma e Moody (2003), no livro *A máquina perfeita*, mencionam que mesmo a adoção de partes do STP, *kanban* e JIT, principalmente depois de um abandono completo das iniciativas de *software* MRP, representava uma visão distorcida e incompleta para transformar todo um sistema de produção. O JIT se tornou uma técnica de gerenciamento de estoque, e as empresas se apressaram em adotar sua abordagem simples para repor o movimento de estoque.

Era necessário dispor de um sistema perfeito de demanda (como também comentado por Shingo), mas o que muitas empresas e gurus pregavam era uma ênfase errada no controle de estoque. Acreditava-se que, eliminando-se e expondo-se os obstáculos, mesmo dentro de um sistema empurrado dirigido de MRPL, muitas falhas do processo seriam detectadas e sanadas.

A ênfase no controle do estoque foi mal colocada; era preciso, em vez disso, perceber que era realmente necessário livrar o sistema de desperdícios e torná-lo robusto, de modo que as empresas pudessem atender os clientes com rapidez, confiabilidade e valor, a fim de realmente fazê-los superar suas expectativas.

Atualmente, o JIT é interpretado como um sistema de administração da produção. Porém, guardadas as devidas proporções, também é incorporado em processos administrativos como um conjunto de ferramentas *lean* com metodologias aplicadas que permitem produzir e entregar a clientes (externos e internos) o que eles realmente solicitam (necessidades específicas), isto é, produzir, transportar ou comprar na hora exata e adaptar-se às mudanças constantes dos clientes.

capítulo 2

O JIT pode ser aplicado em qualquer organização que busque implementar a excelência operacional, pois melhora a qualidade, reduz os estoques e os custos decorrentes, além de aumentar a produtividade e a entrega. Com o JIT, a matéria-prima, o trabalho em processo (WIP), o produto terminado ou até mesmo os serviços só chegam ao seu ponto de uso no momento e na quantidade exata e somente quando disparados pelo sistema puxado. Em outras palavras, os produtos e os serviços somente são executados conforme a demanda e a especificação dos clientes internos e externos.

Vale a pena reforçar que o JIT é um sistema de manufatura que produz:

- o que o cliente deseja (por exemplo, o cliente quer pães com qualidade);
- na quantidade que o cliente deseja (ele precisa de seis pães);
- quando o cliente deseja (ele precisa agora).

Isso vale para qualquer produto ou serviço que o cliente desejar. Para realizar as três exigências recém-descritas, normalmente as empresas não têm muitas dificuldades, mas isso não as torna 100% JIT, pois, para alcançar esse feito, elas devem utilizar o mínimo de matéria-prima, equipamentos, mão de obra, espaço e recursos. Essa é a essência da filosofia JIT.

Elementos JIT

- Processo organizado com máquinas pequenas e baratas, tornando o *layout* mais flexível, o que possibilita a formação de células de trabalho para melhorar o fluxo, obter custos de manutenção reduzidos e organizar melhor o posto de trabalho.
- Produção com fluxo de uma peça, em sentido anti-horário, a fim de facilitar a manipulação do produto, uma vez que a maioria dos colaboradores é destra, e isso faz reduzir o tempo de ciclo do operador e, consequentemente, o tempo de atravessamento (*lead time*) do produto.

- Operações ergonomicamente corretas e melhora das condições de trabalho do operador, evitando-se fadiga no processo e problemas de lesões no futuro.

- Operadores em pé, movimentando-se enquanto trabalham – justificando o item anterior –, para não gerar problemas de saúde, de modo a assegurar a qualidade de vida do colaborador durante a operação.

- Produção sincronizada com a necessidade do cliente (disciplina do sistema de puxar a produção). Para isso, a filosofia *takt time* (apresentada na sequência) tem de ser implementada e seguida conforme as regras estabelecidas do negócio.

- Operações *standard*, definidas e implantadas com a finalidade de fazer com que todos os colaboradores possam executar a atividade do mesmo modo, obtendo-se o benefício de identificar uma anormalidade no processo.

Benefícios do JIT

- Cria um sistema intolerante às anomalias da produção, pelo fato de produzir o que o cliente necessita, no momento desejado e na quantidade requerida.

- Elimina o desperdício dos processos de produção, por meio da aplicação de ferramentas *lean* conectadas com as atividades e com a sincronização da demanda.

- Reduz os prazos de entrega, minimiza os custos e aumenta a qualidade do produto e dos serviços.

Implementação do JIT

Existem várias interpretações do conceito JIT e formas diferentes de implementá-lo, mas isso se deve à necessidade de adaptar a filosofia JIT ao produto, ao processo e à cultura da empresa, ou seja, cada organização deve customizar o JIT para sua cultura sem perder sua essência. Várias ferramentas e metodologias passaram por essa adaptação e modernização, e as que mais impactam rapidamente o momento de implementar essa jornada são as seguintes:

- sincronização da produção com o tempo *takt*;
- fluxo de uma peça ou serviço/projeto;
- sistema puxado.

2.2.1 Tempo *takt* e sincronização com a produção

Os principais objetivos do tempo *takt* são sincronizar operações com a demanda do cliente, prevenir a superprodução, implementar ferramentas para criar fluxo, determinar as equipes adequadas e conduzir a análise de capacidade e a utilização dos equipamentos. Para isso, deve ser atualizado periodicamente conforme as mudanças da demanda. O tempo *takt* ou ritmo (sempre ilustrado como a batuta do maestro, na sincronização das notas musicais durante um concerto) de uma operação é determinado pela taxa real de demanda dos clientes e é calculado da seguinte forma: divide-se o tempo líquido disponível pela necessidade do cliente durante o período de trabalho.

A seguir, apresentamos um exemplo de como fazer o cálculo do tempo *takt*.

EXEMPLO DE TEMPO *TAKT*

Tempo operacional líquido por turno:	Turno: 480 minutos	480
	Intervalos: 2 de 10 minutos	−20
	Limpeza: 1 de 4 minutos	−10
	Tempo oper. líquido por turno	**450**
Necessidades do cliente:	Necessidade mensal (unidades)	4.500
	Dias úteis de trabalho por mês	÷20
	Unidades por dia	**225**

$$\text{Tempo } \textit{takt} = \frac{\text{Tempo oper. líquido/período}}{\text{Necessidades do cliente/período}} \times 60$$

Para 1 turno / dia: tempo *takt* = **120"/unid.**

Fonte: Sharma; Moody, 2003, p. 108.

Em resumo, vemos que um período tem 480 minutos, que representam um turno de 8 horas de trabalho. Para obtermos o tempo líquido disponível, devemos deduzir dois intervalos de descanso de 10 minutos, mais 10 minutos de limpeza. Como resultado, temos 450 minutos disponibilizados para operação (tempo líquido disponível).

Todo processo é oriundo de uma demanda. Nesse caso, a demanda mensal é de 4.500 peças. Ao dividirmos essa quantidade por 20 dias úteis de trabalho, vamos precisar, para um turno, de 225 peças (necessidade do cliente). Com isso, já obtemos as informações necessárias para calcular o tempo *takt*: dividir o tempo líquido disponível (450 minutos) pela necessidade do cliente por turno (225 peças). O resultado é 2, ou seja, deve-se produzir o produto, a peça ou o serviço a cada 2 minutos ou 120 segundos.

2.2.2 Fluxo de uma peça ou serviço/projeto

Implementar o fluxo de peça única representa uma grande quebra de paradigma nas organizações. Sair de um processo tradicional de produzir em lote, com um WIP elevado, para produzir em peça única não é uma tarefa fácil. Trabalhar em lote dá mais segurança em relação à entrega do produto ao cliente, pois possíveis paradas de máquinas não afetam a entrega da demanda, justamente pelo fato de que se dispõe de um estoque intermediário. Porém, quando se começa a mostrar os números negativos desse estoque e os números positivos de se trabalhar com o conceito de peça única, as coisas passam a fazer sentido para as empresas. O problema é sair de um sistema empurrado para um sistema puxado, e esse conceito é um dos mais desafiadores do sistema de produção enxuta.

A esse respeito, vale destacar o comentário de Sharma e Moody (2003, p. 106): "A Black & Decker descobriu o poder do fluxo de uma peça quando desfez suas linhas de montagem de ferros de passar roupa e introduziu múltiplas células de fluxo de uma peça, com um aumento de quatro vezes na produtividade".

A seguir, na Figura 2.8, observe os benefícios e os problemas encontrados em três fases distintas de aplicação: fabricação em lote, com lote falso e fluxo de uma peça.

Figura 2.8 – Fluxo de produção contínua *versus* produção por lote e fluxo falso

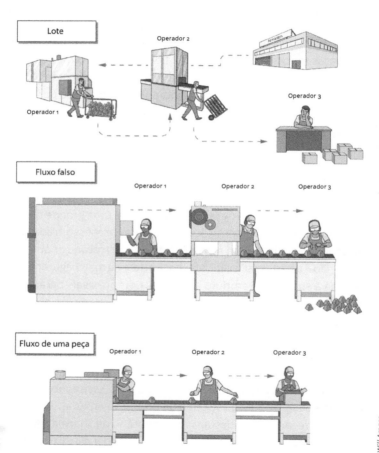

Fonte: Sharma; Moody, 2003, p. 107.

Na primeira simulação, observamos grandes máquinas, em um *layout* em que se notam grandes distâncias entre elas, o que exige uma longa movimentação de transporte. Os produtos são gerados em grandes quantidades, resultando em um estoque em processo excessivo (WIP – produto em processo), e, no final, o operador 3 ainda fica em espera. Essa é uma situação típica em empresas que adotam o sistema empurrado, encobrindo falhas durante a operação, em virtude da grande quantidade de estoque em processo.

Quando se implementa o processo de melhoria contínua, distinguem-se as atividades que agregam valor das que não agregam, evidenciando-se onde estão os desperdícios. Tais desperdícios são evidentes na primeira simulação.

Na segunda simulação, há um *layout* alterado, eliminando-se um dos desperdícios evidentes: os excessos de transporte. Porém, ela pode ser considerada um fluxo falso, pois ainda se refere a um processo de lote em um sistema empurrado, no qual fica mais evidente que a qualidade do posto de trabalho do operador 3 fica comprometida, em razão do desbalanceamento da produção.

Outro grande problema encontrado nas duas primeiras simulações diz respeito ao fato de que, quando ocorre uma falha no produto, isso não é percebido de imediato. Logo, o lote pode ser perdido, por não existir um controle da qualidade do produto durante o processo.

Na terceira simulação, podemos observar alguns benefícios aparentes: a troca de máquinas grandes por máquinas pequenas (isso facilita a manutenção e diminui os custos dos ativos) ajustadas para a demanda do cliente, produzindo peças em um sistema puxado, em que o colaborador só produz quando é solicitado; a melhora do posto de trabalho, com gestão visual do processo; e, principalmente, a detecção de um produto, que ocorre imediatamente.

Resumindo, a terceira simulação indica grandes benefícios para o processo, o que é facilmente percebido pelas empresas. O desafio é tornar isso realidade, uma vez que a grande dificuldade reside em aplicar o sistema puxado, pois, para que ele funcione corretamente, é preciso que todo o processo esteja estável, sem interrupções e sem falhas.

2.2.3 Sistema puxado

O sistema puxado é fácil de ser compreendido mas difícil de ser implementado. Requer muita disciplina e é totalmente dependente dos sistemas estabilidade e fluxo. Ambos precisam estar conectados com o sistema puxado, que significa nada mais que atender às necessidades do cliente quando isso for requerido. É importante que os disparos dos gatilhos das necessidades, externas ou internas, sejam transparentes e evidentes.

A grande diferença está na precisão de tais gatilhos para informar corretamente as demandas. Existem várias maneiras e metodologias para fazer esses disparos, desde uma caixa que se encontra na linha de produção, exigindo a reposição de matéria-prima e, consequentemente, o início da operação, até um sistema de TV interno vinculado a uma pesquisa de mercado ou a um pedido de compras confirmado.

O sistema puxado será abordado detalhadamente em capítulo específico.

2.3 Jidoka

O *jidoka* também é um dos pilares do STP e foi idealizado principalmente para sanar as anormalidades expostas no JIT. Para tornar isso possível e resolver as anormalidades ou evitá-las, foi implementada a ferramenta *poka-yoke*, nome que, traduzido para o português, significa "à prova de erros". Assim, caso um produto ou serviço não esteja em conformidade com as necessidades do cliente, o processo é parado imediatamente, o que impede que a falha encontrada avance para os processos posteriores da operação.

Na sequência, na Figura 2.9, observe que a prensa é equipada com um sensor ótico para detectar a presença da folha de aço, enquanto um segundo sensor, acima da pilha de produção, detecta quanto a bandeja está cheia.

Figura 2.9 – Exemplo de atuação do *jidoka* em uma máquina

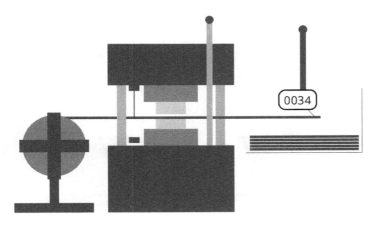

Fonte: Sharma; Moody, 2003, p. 110.

O *jidoka* também será abordado em mais detalhes no capítulo dedicado ao sistema estabilidade.

2.4 Nivelamento de produção em fundamentos *lean*

O nivelamento de produção implica alinhar os volumes de produção às necessidades do cliente, levando-se em conta as variações de tipos de produtos e serviços *versus* quantidades solicitadas. Na Figura 2.10, a seguir, fica evidente a necessidade do nivelamento de produção em face das flutuações de volume *versus* tempo.

Figura 2.10 – Flutuações na demanda do cliente

VARIAÇÃO NO VOLUME

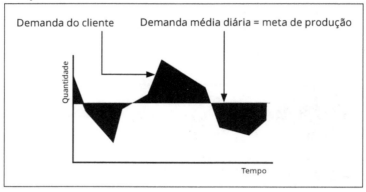

Fonte: Sharma; Moody, 2003, p. 112.

Essa demanda média diária só é possível porque se calcula o tempo *takt* baseado na média diária, mas com a visão da demanda mensal.

Segundo Sharma e Moody (2003), todo item ou serviço em demanda diária tem de ser fabricado e entregue todos os dias. Se a demanda total de determinado item é menor que a taxa de produção diária, o saldo dessa taxa deve ser preenchido com os demais itens, considerados mais comuns. Dessa maneira, o excesso de fluxo estará pronto para ser usado quando a demanda estiver mais alta.

Para controlar as flutuações na produção, é preciso avaliar a demanda mensal por produto e criar um programa diário de produção sincronizado com as demandas do cliente, conforme ilustrado na Figura 2.11.

Figura 2.11 – Programação mensal por lote *versus* programação diária com *mix*

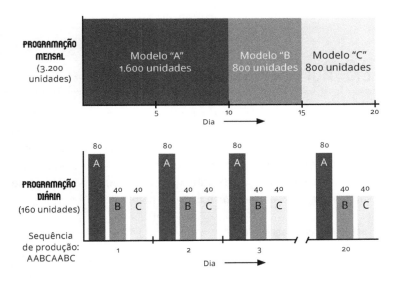

Fonte: Sharma; Moody, 2003, p. 112.

Como podemos observar na figura, na primeira situação há uma programação mensal com três produtos – "A", "B" e "C" –, os quais são fabricados em três períodos durante um mês. Esse estilo de produção pode até trazer alguns benefícios, mas, se analisarmos a questão de estoque parado em processo, veremos que não é bem assim. Além disso, não há uma produção flexível, como mostra a segunda situação, a qual ilustra que é possível entregar os três produtos no mesmo dia. Isso impacta também a necessidade do cliente, pois, se ele precisar mudar seu pedido para o produto "C" e o produto "A" estiver sendo fabricado, ele terá de esperar o processamento total do produto "A" para depois receber seu produto. No *mix* de produção, tais flutuações de alterações de pedido podem ser amenizadas.

Também é necessário levar em consideração uma série de aspectos para se obter uma produção com *mix* de produto, tais como tempos baixos de preparação de máquinas (*setup*), estabilidade nos processos, fluxos bem definidos e ajustados a essas variações, além de um sistema puxado bem controlado.

2.5 Agregando valor ao cliente

O conceito de valor agregado é extremamente importante para a filosofia *lean*, pois se trata da principal base dessa metodologia. Muitas jornadas foram implementadas com sucesso quando se identificou de forma correta o valor do produto ou serviço, já que o verdadeiro valor dentro do processo é obtido quando o cliente paga por esse valor, ou seja, o valor no *lean* é definido pelo cliente.

Conceito do valor agregado

No mundo *lean*, o valor agregado (VA) deve sempre ser considerado a partir da ótica do cliente interno, para processos e clientes, e dos consumidores externos, para valor. O VA pode ser definido para produtos, serviços ou informações conforme os desejos do cliente. Portanto, trata-se de fazer o que o cliente está disposto a pagar.

É importante lembrar que todo trabalho ou atividade é a somatória do VA mais perdas, como mostra a Figura 2.12. Os clientes e consumidores exigem valor em sua totalidade, 100% conforme o desejado. Abaixo disso, o percentual de insatisfação dispara e, se a organização não estiver atenta a essa diferença, poderá perder muitos clientes, o que impactará os objetivos do negócio.

Figura 2.12 – Definição de trabalho

Objetivo de valor agregado

O objetivo do *lean* é sempre criar mais valor para os clientes e consumidores, otimizando recursos, reduzindo custos, melhorando a qualidade e a entrega dos produtos e dos serviços, por isso a importância de saber primeiramente o que é VA e onde estão os desperdícios. Isso é essencial para uma boa implementação de uma empresa enxuta.

Exemplo

Após oito dias esperando, você vai até a concessionária no sábado de manhã para retirar seu carro, que, aparentemente, está com o funcionamento em dia. Porém, na primeira vez que você vai sair à noite, percebe que o farol do carro não está funcionando. Você procura um eletricista de plantão, mas ele não consegue resolver o problema, e por isso você precisa cancelar seu compromisso. Perguntamos: Como fica a imagem da concessionária ou da empresa para esse consumidor? Será que ele vai comprar um carro dessa marca ou vai falar bem dessa empresa para outras pessoas?

Esse é um exemplo clássico de não agregação de valor. O cliente esperou pelo produto, pagou pelo produto e, mesmo assim, teve um custo para tentar resolver o problema – pior, não resolveu.

Em suma, valor é aquilo que o consumidor realmente deseja, precisa e está disposto a pagar. Quando uma organização tem uma central de atendimento ao cliente e recebe uma reclamação desse tipo, ela deve mapear seus processos, identificar a causa raiz e impedir que isso aconteça novamente, observando qual é a atividade que agrega valor nesse processo *versus* a atividade que não agrega valor – nesse caso, produzir com falha zero.

Quando você chegar a um nível em que pode mapear seus processos, você terá condições de saber quais atividades agregam valor ao produto ou serviço e quais não agregam e geram desperdícios. Para isso, é importante diferenciar as atividades que não agregam valor, mas que são necessárias, dos desperdícios, chamados de *desperdícios puros*. Por exemplo, buscar o farol a 4 metros do ponto de montagem do veículo é uma atividade que não agrega valor, mas é necessária, porém instalar um farol com defeito no veículo é um desperdício (puro).

Valor agregado *versus* desperdícios

Para fazer a separação entre VA e desperdício, o mapeamento e a cronoanálise devem estar concentrados no tempo de ciclo dos operadores (TC), sendo possível classificar três situações:

1. Não agrega valor, desperdício puro: consome recursos, mas não contribui diretamente para o produto ou serviço, não influi no estado do produto final e poderia ser eliminado sem afetar o processo.
2. Não agrega valor, mas é necessário: é uma tarefa que não influi no estado do produto final, mas que é necessária para poder realizar as tarefas de VA (processo).
3. Agrega valor: é uma tarefa que transforma materiais e informação em produtos e serviços que o cliente deseja e pelos quais está disposto a pagar.

Observe a seguir, na Figura 2.13, que, em uma empresa que nunca implementou a filosofia *lean*, tipicamente apenas 1% de seu processo agrega valor ao produto. Quando as organizações descobrem isso, começam a fazer a melhoria justamente na parte que agrega valor. Com isso, o resultado acaba sendo inferior. Caso se iniciasse pelos processos sem valor agregado, o resultado seria maior, como mostra a imagem.

Figura 2.13 – Companhia típica e etapa de agregação de valor

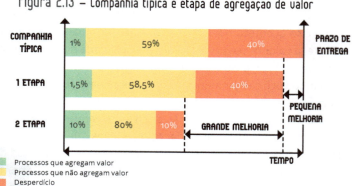

Fonte: Coutinho, 2020.

Ao se realizar um *Value Stream Mapping* (VSM) – em português, "mapa do fluxo de valor" – em uma empresa tradicional, observa-se que apenas 1% dos processos gera valor agregado ao produto, enquanto 99% dos processos estão divididos em: atividades que não agregam valor, mas são necessárias (59%) e desperdícios (puros) (40%). Nesse caso, 1% do tempo é dedicado a transformar a necessidade do cliente, 59% a buscar um subproduto ou matéria-prima para dar continuidade ao processo, e 40% são desperdícios puros – por exemplo, espera e produtos com defeitos.

Como mencionamos, uma melhoria no processo sem uma base *lean* implementada pode levar muitas empresas a cometer o grave erro de começar a melhorar o processo que agrega valor – que, nesse caso, contribui com apenas 1% do processo. O correto é atacar os desperdícios puros (40%) primeiro, pois eles impactam negativamente o processo, para depois avançar às atividades que não agregam valor, mas são necessárias (59%), buscando-se eliminá-las ou reduzi-las o máximo possível. Com esse conceito, o percentual de melhoria será superior, sobrando mais tempo para atividades que agregam valor.

Exemplos de valor agregado e desperdícios no processo

Para ficar ainda mais claro, nos exemplos a seguir, apresentamos algumas situações que permitem observar atividades que agregam valor *versus* desperdícios em um mesmo ambiente de trabalho.

- **Valor agregado**: atividades em que se objetiva transformar a matéria-prima em produto terminado ou informações em serviços pelos quais o cliente está disposto a pagar.
  - **Áreas produtivas:**
    - solda, pintura e montagem de um veículo;
    - polimento da pintura de um veículo;
    - máquinas usinando, estampando, injetando uma peça;
    - em um processo contínuo, transformação da matéria-prima em produto – por exemplo, esmagar a soja para fazer óleo; prensar a laranja para fazer suco;
    - embalagem de um produto.

capítulo 2

- **Áreas administrativas:**
  - no momento em que o projeto de uma casa está sendo desenhado em um programa de computador;
  - quando um profissional está prestando um serviço, ou seja, passando uma informação para orientar o processo seguinte;
  - quando um professor começa a dar a aula aos alunos;
  - quando um administrativo começa a fazer um relatório;
  - quando alguém do setor de compras está planejando a compra da matéria-prima ou o setor de vendas está negociando com o cliente a venda do produto terminado.

- **Não agrega valor, mas é necessário:** atividades que devem ser eliminadas quando possível. Caso isso não possa ser feito, por se tratar de atividades indiretas na elaboração do produto ou serviço, devem ser minimizadas.
  - **Áreas produtivas:**
    - *setup* (TRF) – troca rápida de ferramentas ou moldes;
    - deslocamento excessivo do operador para buscar matéria-prima, peças e produtos semiacabados para a montagem do carro;
    - buscar máquinas, cera e insumos para começar o polimento do carro;
    - preparação/parametrização da máquina para fazer o produto;
    - buscar caixas para fazer a embalagem do produto.
  - **Áreas administrativas:**
    - preparar o posto de trabalho, o computador ou o programa para começar a fazer o projeto da casa;
    - quando um profissional está prestando um serviço, não dispõe de todas as informações e tem de fazer uma consulta extra no banco de dados;

- quando um professor vai buscar o projetor ou insumos para começar uma aula;
- quando um administrativo vai buscar folhas para a impressora a fim de imprimir um relatório;
- quando alguém do setor de compras está procurando a lista de materiais para serem comprados ou alguém do setor de vendas busca pela lista de possíveis clientes para começar a negociação comercial.

Não agrega valor, desperdício puro: atividades que não influenciam o estado do produto ou serviço final e que poderiam ser eliminadas sem afetar o processo.

- **Áreas produtivas:**
  - manutenção corretiva de uma máquina que está parada;
  - checar duas vezes o produto para verificar se o dimensional está correto antes de enviar para o cliente;
  - descartar um produto terminado ou retrabalha em razão de uma avaria ou da falta de conformidade com os parâmetros exigidos pelos clientes;
  - esperar que o fornecedor entregue a matéria-prima ou as peças para iniciar a operação;
  - grandes deslocamentos, seja de transporte, seja de movimentação, por não haver um fluxo coerente de entrada e saída de produtos.
- **Áreas administrativas:**
  - quando o projeto da casa não atende às necessidades do cliente e deverá ser descartado;
  - quando um profissional está prestando um serviço e passa informações irrelevantes para o processo seguinte;

capítulo

2

- quando um professor interrompe a aula e dispensa os alunos por falta de insumos;
- quando um administrativo faz o relatório que já não tem mais utilidade em virtude do tempo de realização;
- quando alguém do setor de compras planeja de forma descontrolada e adquire um produto que não tem mais serventia para a empresa porque não verificou a necessidade do cliente interno ou produziu o serviço sem atender às exigências do cliente externo.

Benefícios:

Um dos principais benefícios quando se identificam e se separam as atividades que agregam valor dos desperdícios é o incremento da produtividade e, indiretamente, a entrega, a melhora da qualidade, seja do produto, seja do serviço, seja do posto de trabalho. Com a redução dos desperdícios, ganha-se na produtividade sem necessariamente aumentar o volume de trabalho. Em outras palavras, o aumento das atividades que agregam valor somente ocorre por meio da eliminação dos desperdícios.

Quando a organização segue a metodologia *lean*, que prioriza a eliminação das atividades que não agregam valor e que são um desperdício para o produto ou serviço, sobra mais tempo para atividades que agregam valor e, ao se manterem os mesmos recursos (mão de obra, por exemplo), obtém-se um incremento da produtividade.

A seguir, na Figura 2.14, observe a ilustração que mostra a diferença entre aumentar as atividades que justamente agregam valor (aumento de volume de trabalho, e não de agregação de valor) e eliminar desperdícios, o que resulta efetivamente em atividade de agregação de valor.

Figura 2.14 – Exemplo de como aumentar o percentual de agregação de valor

Aumento de trabalho = Aumento das atividades que agregam valor = Aumento da demanda

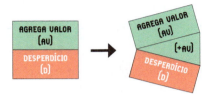

Melhorias = Substituir os desperdícios por atividades que agregam valor = Produtividade

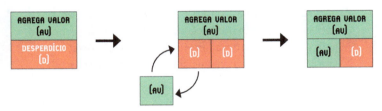

Em síntese, a primeira coisa a ser feita é identificar as atividades que agregam valor e separá-las dos desperdícios, respeitando-se a sequência lógica de eliminação: primeiro, as atividades que não agregam valor puro (desperdício), que, na maioria das vezes, são os desperdícios relacionados a defeitos e espera; depois, as atividades que não agregam valor, mas são necessárias; por último, as atividades que agregam valor.

Parece coerente falarmos em melhorar uma atividade que agrega valor porque podemos ganhar tempo, qualidade etc. Mas a percepção é diferente quando falamos em eliminar uma atividade que agrega valor, não é mesmo? Para entender melhor essa ideia, imagine que polir a pintura de um carro agrega valor, pois o cliente quer um carro com a pintura brilhando e está disposto a pagar por isso. Então, podemos analisar o processo, melhorar a forma de polimento – por exemplo, utilizando um equipamento mais moderno,

capítulo 2

com melhor *performance* – e, com isso, ganhar tempo na operação. A fim de eliminarmos essa atividade de polimento, podemos investir no tipo de tinta (automotiva brilhante) para não precisar polir, isto é, eliminamos a atividade de polimento e ganhamos produtividade.

Para facilitar a identificação dos desperdícios atrelados a atividades que não agregam valor, os japoneses os classificam de três formas: *muri*, *mura* e *muda*.

- *Muri*, em japonês, significa **"sobrecarga"** e refere-se a prazos irreais de entrega, à atitude de se comprometer com mais do que se pode cumprir, horas extras etc.

- *Mura*, em japonês, significa **"variação"** e pode ser observado por ineficiência na variabilidade do processo, em paradas e retomadas, mudanças de contexto, multitarefas, priorizações, gargalos, tempo de ciclo imprevisível etc.

- *Muda*, em japonês, significa **"desperdício"** e diz respeito a atividades que não agregam valor, como funcionalidades não usadas, atrasos, reuniões, burocracias, WIP, portfólios, erros e devoluções.

Na Figura 2.15, a seguir, observe um exemplo que comumente acontece nas organizações. A situação ilustrada nos permite visualizar facilmente os erros de um processo. Embora a imagem retrate um exemplo de transporte de carga, a analogia com um processo administrativo pode ser feita – carga de informação em um banco de dados, por exemplo.

A figura mostra a situação de uma empresa que precisa transportar seis toneladas de produto, mas o recurso tem a capacidade de transportar apenas três. Nesse caso, qual seria a melhor solução para reduzir os custos, *muri*, *mura* ou *muda*?

Figura 2.15 – Exemplo de aplicação do *muri, mura, muda*

Fonte: Coutinho, 2020.

Os três casos mostram uma maneira errada de transportar a carga e a não utilização correta da capacidade do equipamento, no caso, o caminhão. No primeiro caso, vemos o *muri*, que evidencia uma sobrecarga do equipamento. Em uma analogia com o mundo administrativo, o mesmo pode acontecer com o profissional que está sobrecarregado de atividades, gerando horas extras, ou com os recursos atrelados à administração ou ao serviço.

No segundo caso, o *mura* indica que a carga não respeita um padrão e existe um desbalanceamento do equipamento – mais carga do que permite a capacidade ou subutilização do equipamento. Novamente, fazendo-se uma analogia com o mundo administrativo, isso acontece com o desbalanceamento de carga de trabalho entre os colaboradores: uns com muitas atividades, outros com poucas, por exemplo.

No último caso, o *muda* denota uma subutilização do equipamento – no universo logístico, é o mesmo que "transportar ar". Esses três casos relativos a um ambiente de operação podem ser identificados no ambiente administrativo, tanto no que se refere à utilização de equipamentos como em relação aos operadores, ou seja, funcionários podem estar sobrecarregados de atividades para executar no dia a dia, enquanto outros estão com tempo ocioso ou mal utilizado.

Na Figura 2.16, a seguir, podemos observar o que seria um contexto ideal no transporte de carga, empregando-se a capacidade máxima do equipamento sem sobrecarregar com mais carga e sem desperdiçar a capacidade – nesse caso, os espaços são ocupados com a carga permitida.

Novamente, em uma analogia com o universo administrativo, a relação é a mesma: má utilização de equipamentos ou da mão de obra (*muri*) com sobrecarga de atividades; variação de atividades, muitas coisas a fazer e tempo desperdiçado sem atividade (*mura*); e desperdício de tempo em atividades que não agregam valor ao produto (*muda*) – refazer um relatório, por exemplo.

Figura 2.16 – Exemplo correto de transporte de carga de equipamento

Não há *muri*, *mura* ou *muda*

Fonte: Coutinho, 2020.

Ferramentas *lean* para eliminar *muri*, *mura* e *muda*

No universo *lean*, existem várias ferramentas que podem ser aplicadas a diversas situações para eliminar ou minimizar *muri*, *mura* e *muda* e, consequentemente, melhorar o processo, trazendo mais produtividade, qualidade, entrega e segurança.

A seguir, apresentamos dois exemplos clássicos utilizados para essa finalidade:

- **Cinco porquês:** técnica simples, muito utilizada pelos japoneses na Toyota, que tem a finalidade de buscar a causa raiz para a resolução dos problemas encontrados na operação. Atualmente, também é empregada na administração e nos negócios. A técnica consiste em fazer perguntas não para identificar a solução imediata de problemas, mas com o objetivo de fazer tantos questionamentos quantos forem necessários até se chegar à causa raiz. Nesse caso, não é necessário limitar-se a cinco perguntas

- **A3:** modelo muito utilizado nas organizações por resumir em uma página (*one page*) toda a estratégia do negócio. Também ajuda a encontrar as causas dos problemas, focando a estabilidade do processo e os fluxos orientados à necessidade do cliente. Desde sua origem, o A3 passou por várias evoluções e aplicações e, atualmente, existem várias versões no mercado. O ideal é sempre buscar um modelo que mais se adapte ao negócio e à identidade da empresa. O A3 (Figura 2.17) é dividido em quadrantes/elementos fundamentais. Cada quadrante traz uma informação relevante ao processo/problema, mas, basicamente, existe um contexto do problema, bem como condições atuais, objetivos e metas, análise de causa raiz, contramedidas, cronograma, acompanhamento e aprovação.

Figura 2.17 – Exemplo de A3

DETECÇÃO / INFORMADO POR:

TEMA:		DATA:		OBJETIVOS:	
RESPONSÁVEL:		GESTOR:			

1. DEFINIÇÃO DO PROBLEMA (Contextualização do cenário)

2. CONDIÇÃO ATUAL (Mapeamento: situação atual da organização)

3. OBJETIVOS E METAS (Mapeamento: situação futura da organização)

4. ANÁLISE DO PROBLEMA (Causa raiz)

5. PLANO DE CONTENÇÃO/AÇÃO PARA O ESTADO FUTURO

Item	Problema	Ação	Benefício	Responsável	Data	Status

6. ACOMPANHAMENTO (Principais KPIs – Key Performance Indicators)

2.6 Tipos de desperdícios

Primeiro, precisamos definir *desperdício*. Resumidamente, trata-se de atividades que não agregam valor para o cliente. Ele não está disposto a pagar por uma atividade que não está vinculada diretamente ao seu produto ou serviço. Para ilustrar, um exemplo de desperdício seria comprar um produto e ele estar com defeito, ou seja, pagar por algo cuja qualidade está comprometida. Outro exemplo seria pagar por um produto ou serviço a um custo maior porque, durante o processo, houve retrabalho.

No *lean manufacturing/business*, um dos principais objetivos é eliminar os desperdícios. Porém, em muitas situações, não é possível eliminá-los, principalmente no início de uma implementação *lean*, pois o conceito ainda está sendo incorporado e compreendido. Assim, a solução é tentar diminuir os desperdícios até que se possa eliminá-los.

A importância de abolir de forma contínua os desperdícios está diretamente ligada à busca pela excelência operacional, para melhorar a qualidade dos produtos e dos serviços, reduzindo-se os custos e melhorando a produtividade.

Outro forte motivo para buscar a eliminação de desperdícios é que, indiretamente, essa prática vai colaborar com a transformação cultural da empresa, pois todos dentro do negócio estariam focados naturalmente em uma rotina para melhorar a *performance* dos processos produtivos ou administrativos. Vale a pena lembrar que, em muitos casos, pode existir apenas um desperdício, mas isso seria suficiente para que outros surgissem, acarretando, com efeito, menos *performance* nos processos da empresa.

Na sequência, apresentamos oito tipos de desperdícios, os impactos que trazem ao processo, suas possíveis causas e alguns exemplos e soluções para eliminar ou diminuir esses desperdícios.

▓ **Os oito desperdícios do *lean*:**

1. Superprodução
2. Processo desnecessário
3. Inventário

capítulo 2

4. Transporte
5. Movimento
6. Defeitos
7. Espera
8. Inutilização do conhecimento/desperdício de intelecto

1. Superprodução

Consiste em produzir mais produtos, serviços ou informações do que o necessário (aquilo de que o cliente interno, o processo seguinte ou o cliente externo precisa), mais rápido do que o necessário ou antes que seja necessário; são trabalhos não requisitados entregues antes da hora. A superprodução acaba impactando diretamente o estoque, trazendo uma série de problemas para o processo.

- Impactos:
  Podemos citar a utilização do espaço físico (o metro quadrado na indústria tem um alto valor agregado zero, capital de giro parado e estoque excessivo, que acaba escondendo os problemas por existir um pulmão de produtos (estoque intermediário); consequentemente, precisa-se de mais transporte e mais movimentação, o que exige mais manipulação, gera mais riscos de avaria do produto e prejudica a qualidade.

- Causas:
  - Falta de planejamento e comunicação deficiente.
  - Processos que não podem consistentemente produzir na quantidade ou na qualidade requeridas.
  - Altos tempos de ciclo e *setup* (tempo para fazer troca de molde ou ferramental).
  - Otimização do local (produção que beneficia, sobretudo, o interesse de um único departamento).
  - Baixa confiabilidade de equipamentos, informações e fornecedores.

- Tamanho grande de lote, seja do fornecedor externo, seja do interno.
- Configuração do *layout* dos equipamentos ou de postos de trabalho.
- Nivelamento da produção.

- Exemplos:
  - Produtos que foram produzidos antecipadamente em relação à demanda futura são frequentemente destruídos, em virtude de alterações ou por data de validade vencida.
  - Produtos alocados em armazéns para a demanda futura ocupam espaço de armazenamento valioso e podem ser danificados durante a armazenagem ou a movimentação, exigindo retrabalho ou destruição.
  - Quando a produção não está balanceada (tempo de ciclo *versus* processo), gera-se a necessidade de produzir mais para suprir esse desbalanceamento.

- Soluções:

  - Para contornar esse problema, algumas empresas usam o sistema JIT, que produz o que o cliente quer, na quantidade desejada e no momento requerido.
  - Pode-se implementar o conceito de *takt time* para sincronizar o ritmo de produção com o ritmo da demanda do cliente.
  - Outra ferramenta para diminuir o estoque excessivo é o *Single Minute Exchange of Die* (SMED), também conhecida como *troca rápida de ferramentas ou moldes* (TRF), que consiste em uma prática empregada para reduzir o tempo gasto com *setup*.
  - Pode-se utilizar o sistema *kanban* para amenizar a quantidade de produtos no processo como um todo.
  - Diminuir o lote, fracionando-o em pequenas partes, pode facilitar o processo produtivo e não gerar grandes estoques.

capítulo
2

2. Processo desnecessário

Exemplos de processos desnecessários são: processamento de mais do que o cliente quer (ou precisa); aprovação de etapas subsequentes; retrabalho de material e informações; realização de vários testes; verificação do trabalho de outra pessoa; obtenção de várias assinaturas; redigitação; sistemas duplicados; e revisões excessivas.

O processo desnecessário ou processamento excessivo fica mais evidente quando a empresa não está organizada e, com isso, acaba produzindo além do que o cliente necessita, isto é, observa-se a falta do cumprimento de uma sequência lógica de funcionamento do processo.

- Impactos:
  Tais processos criam atrasos na entrega e aumentam o *lead time* do produto ou serviço. Assim, há a probabilidade de surgirem defeitos e de o cliente ficar insatisfeito, pois se trata de uma atividade que não agrega valor e o cliente não está disposto a pagar por isso. Para suprirem essa ineficiência e evitarem o atraso, normalmente as empresas superdimensionam as máquinas ou, até mesmo, os serviços, gerando também mais estoques de produtos e de informação, o que impacta os custos do processo.

- Causas:
  - Decisões do projeto do equipamento tomadas em níveis inadequados.
  - Processos e documentos catalogados de forma inadequada.
  - Falta de requisitos claros dos clientes, sem compreender o valor agregado.
  - Falha de controle dos produtos e dos serviços (ou causas de defeitos).

- Exemplos:
  - Tempo gasto para produzir características do produto ou serviço que são irrelevantes para os clientes.

- Trabalhos que podem ser combinados dentro de outro processo.
- Linha de produção em que o operador transforma a matéria-prima em produto terminado e, ao final da linha, vários colaboradores fazem a inspeção.

- Soluções:
  - Padronizar os processos, atrelados a uma boa gestão visual.
  - Identificar a real necessidade dos clientes interno e externo para evitar retrabalhos e ter cuidado com atividades desnecessárias, implantando dispositivos à prova de erros (*poka-yoke*).
  - Utilizar máquinas pequenas e adequadas onde for necessário para não gerar instabilidade, de modo a não interromper o fluxo e não prejudicar o sistema puxado.

3. Inventário

É importante ressaltar que o estoque puro não é desperdício; é o excesso ou a falta de estoque que gera o desperdício. Existe um descontrole de material e de informação entre processos que encobre os problemas a serem resolvidos, além de gerar peças semiacabadas ou informações incompletas entre as operações.

O estoque extra pode obstruir outros processos, como a procura por um documento ou sua priorização. Está ligado diretamente ao armazenamento excessivo de insumos, matérias-primas, produtos intermediários, WIP e produtos terminados, tanto na operação quanto em áreas administrativas.

- Impactos:
  Bloqueia o capital de giro; ocupa espaço tanto na operação quanto na administração; tem risco de obsolescência; acarreta acúmulo de materiais e insumos entre os processos; gera tempos de atravessamento (*lead time*) acima do tempo exigido, distribuição de capital ineficaz,

capítulo
2

maior incidência de defeitos e inconsistência nos serviços ou danos nos produtos.

O inventário tem um custo, tanto na matéria-prima como em produtos terminados. O estoque em processo tem um valor alto para a operação. Resumindo, trata-se de dinheiro parado. Logo, mais estoque = mais para gerenciar.

- Causas:
  - Processo de previsão de vendas ineficaz.
  - Grandes tempos de fabricação (tamanhos de lote) e tempos de *setup* (troca rápida).
  - Processo de planejamento e controle de estoques.
  - Processos desbalanceados (produção *versus* demanda).
  - Processos ou fornecedores que não conseguem (ou não podem) consistentemente produzir na quantidade ou na qualidade requeridas.

- Exemplos:
  - Grandes lotes de compra de matérias-primas precisam ser estocados por semanas ou meses até que venham a ser utilizados totalmente pela produção.
  - Quanto mais estoque existir, mais espaço será necessário, o que aumenta a movimentação e o transporte e, consequentemente, gera maior manipulação dos produtos, causando mais avarias.
  - Se existe mais estoque do que se necessita, a gestão correta desses materiais pode ficar comprometida, acarretando como consequência materiais vencidos no armazém.

- Soluções:
  - Sincronizar a produção e a compra de matéria-prima com os pedidos dos clientes, aplicados de acordo com o sistema puxado.
  - Criar um sistema de produção puxado e alinhado com a demanda.

- Diminuir os *buffers* (armazenamento) e os WIPs entre as etapas do processo.
- Mesmo se existir um sistema puxado de produção, será necessário melhorar a comunicação da produção e da logística. Para isso, pode-se utilizar o *kanban* como ferramenta para organizar o transporte e a movimentação e fazer a gestão da estocagem de materiais no processo, levando em conta a preconização do JIT.

4. Transporte

Refere-se a materiais, peças e suprimentos que geralmente são movidos várias vezes antes de serem colocados em um local definitivo; informações e documentos que são levados para vários departamentos; transferência entre diferentes bases de dados.

Assim como o estoque, o transporte não é exatamente um desperdício, e sim o excesso ou a falta de transporte, pois, se algo é produzido, precisa ser transportado para algum lugar. A diferença, nesse caso, reside em quebrar o fluxo lógico desse transporte, fazendo com que a carga vá para diversos lugares desnecessários, sem agregar valor ao produto. O cliente não está disposto a pagar por uma atividade no processo que não contribui diretamente para a transformação, embora seja necessária por colaborar no processo. Por isso, o objetivo, por vezes, não é eliminar o transporte, e sim diminuí-lo, por ser um mal necessário.

- Impactos:
  O excesso de transporte significa que uma carga está sendo manipulada mais vezes do que o necessário, o que aumenta a possibilidade de avarias tanto nos equipamentos, por desgaste de utilização excessiva, como nos produtos.

  O desperdício de transporte impacta diretamente os custos e é sempre considerado um dos mais severos dentro do processo, pois é necessário contar com grandes equipamentos, como caminhões, empilhadeiras

capítulo 2

e gruas, bem como com pessoas que normalmente são especializadas para operá-los.

Por fim, um dos grandes impactos do excesso de transporte está relacionado à segurança. Ao movimentar uma carga demasiadas vezes, aumenta-se a circulação interna de equipamentos *versus* colaboradores, e essa combinação de forma desordenada pode causar acidentes.

- Causas:
  - *Layout* impróprio e má organização do local de trabalho.
  - Grandes *buffers* (esteiras, acumuladores, dados, informações) e estoques em processo.
  - Grande lote de produção.
  - Grande lote de compra, para aproveitar a redução do valor do produto.
  - Planejamento de produção ineficaz, principalmente por não estar conectado com a necessidade dos clientes interno e externo.
  - Falta de agendamentos.

- Exemplos:
  - Muitas empresas, para tentarem diminuir os custos logísticos, erroneamente trabalham com grandes cargas, produzindo grandes lotes no processo, os quais, indiretamente, acabam prejudicando a operação, transferindo-se os custos da logística para a produção.
  - Lotes de produção que são enviados para o outro lado da fábrica para integrar as próximas etapas do processo.
  - Como mencionado anteriormente, manipular esses grandes lotes, por meio de equipamentos caros, de um lado para o outro prejudica a operação, contribui para a baixa segurança e aumenta os custos.

- Soluções:
  - Uma das maneiras de evitar esse desperdício é implementar a competência fluxo, respeitando uma padronização de processos.

- O *layout* é uma das principais soluções para eliminar ou minimizar o excesso de transporte. Postos de trabalho em forma de U são exemplos clássicos que ajudam a reduzir os deslocamentos.

- No planejamento da compra de materiais, é necessário estar alinhado com a demanda do cliente externo e conectado com o cliente interno. Logo, de nada adianta aproveitar uma promoção de compra de matéria-prima e prejudicar a operação. O espaço físico pode ficar comprometido com o excesso de materiais, elevando a necessidade de transporte, cascateando uma série de custos e gerando *performance* baixa, como mencionado.

5. Movimentação

Qualquer movimento excessivo que não esteja associado ao transporte de um produto ou informação, dentro de um departamento ou de uma estação de trabalho, e que não agrega valor é considerado um desperdício. Porém, podemos considerar que a movimentação, embora não agregue valor, é necessária. Nesse sentido, o objetivo é tentar eliminar os movimentos excessivos ou minimizá-los, por serem inadequados às características da produção.

Outra característica do desperdício do deslocamento excessivo diz respeito aos movimentos dos colaboradores ou das máquinas que, apesar de parecerem pequenos, quando acumulados no dia a dia da operação e ao longo do ano, acabam se tornando demasiados para o processo.

- Impactos:
  Podemos citar riscos de ergonomia e segurança decorrentes de movimentos inadequados pela ineficiência da operação, bem como tempo de ciclo ineficiente, isto é, pode parecer que os operadores estão com muita produtividade, mas na realidade não estão agregando valor ao produto. Normalmente, nessas situações, os funcionários não têm à sua disposição todos os materiais e informações de que necessitam para executar a atividade.

capítulo 2

Assim, perdem muito tempo procurando materiais ou deslocando-se para acessá-los.

Todos esses movimentos desnecessários geram desperdício de tempo e causam estresse nos colaboradores, aumentando ainda mais os custos da operação.

- Causas:
  - *Layout* do equipamento/escritório/linhas que não favorece a praticidade para que os itens sejam alcançados e acessados com facilidade.
  - Falta de gestão visual (agendamentos, planos de produção etc.).
  - Documentação de processo ineficiente.
  - Organização inadequada do local de trabalho.
  - Falta de padronização e de rotinas de gestão.
  - Deslocamento de pessoas entre áreas da empresa.

- Exemplos:
  - Durante o processo de fabricação ou da prestação de serviço, os colaboradores necessitam de materiais ou informações para executar sua atividade. Se tais elementos não estiverem próximos e, por isso, eles tiverem de fazer movimentos ou se deslocar, isso não agregará valor ao produto e acarretará desperdício.
  - Operadores precisam se deslocar várias vezes para buscar ferramentas, matérias-primas, produto terminado, informações, aprovações etc.
  - Operadores perdem muito tempo deslocando-se entre estações de trabalho ou departamentos distantes.

- Soluções:
  - Aplicar a filosofia 5S para organizar o ambiente de trabalho e colocar à disposição e/ou próximo do colaborador tudo aquilo de que ele precisa para executar sua atividade.

- Modificar o *layout* da área em sintonia com o fluxo, para evitar perda de tempo com os deslocamentos.
- Organizar os fluxos de entrada e saída de material ou de informações para minimizar movimentações e deslocamentos.
- Organizar o posto de trabalho da mesma maneira que um cirurgião faz – trabalha com tudo próximo à mão.

6. Defeitos

Incluem perdas na produção por produtos defeituosos, peças, projetos, informações e serviços que demandam retrabalho ou, até mesmo, que são descartados; perda de produtividade associada a um processo instável; correções; documentos mal elaborados; não cumprimento do procedimento estipulado; perda de produtividade pelo desvio do processo normal de trabalho; e falhas em atender às especificações acordadas no processo.

Trata-se do mais evidente dos oito desperdícios, embora nem sempre seja o mais fácil de detectar antes de chegar aos clientes internos e externos. Erros comuns de qualidade, decorrentes da falta de atenção do colaborador, do tipo de dispositivo usado ou, como na maioria das vezes, de perdas por conta do sistema, custam muito mais do que se imagina.

- Impactos:
  O defeito gera grande insatisfação nos clientes, colocando em risco a recompra. Ainda, consome recursos, interrompe o processo e acarreta custos associados à seleção e/ou ao retrabalho de produtos ou serviços, além de gastos com materiais, horas extras ou, em um pior cenário, destruição de projetos em decorrência de defeitos e irregularidades. Cada vez que um produto, projeto ou serviço apresenta defeitos e exige retrabalho, substituição ou descarte, recursos e materiais são desperdiçados, criando-se um processo burocrático que pode levar à perda do cliente por conta da insatisfação com a falta de qualidade. Logo, retrabalhar em defeitos é desperdício, mas enviá-los aos clientes é vergonhoso.

- Causas:
  - Grande quantidade de *stock keeping unit* (SKU) – em português, "unidade de manutenção de estoque" –, projetos e serviços, mais do que o processo ou cliente necessita.
  - Altos níveis de inventário.
  - Ferramentas e equipamentos inadequados.
  - Falta de formação dos colaboradores.
  - *Layouts* ruins e manuseio desnecessário (danos de transporte).
  - Documentação de processo antiga e desatualizada.
  - Processos que não podem produzir de forma consistente na quantidade ou na qualidade exigidas.

- Exemplos:
  - Qualquer produto, projeto ou serviço defeituoso que precise ser destruído ou retrabalhado porque não atende às normas técnicas ou às exigências do cliente.
  - Colaboradores desperdiçando tempo ao terem de distinguir entre unidades boas e ruins ou entre informações certas e erradas.
  - Quando o cliente recebe o produto ou serviço e este não está de acordo com suas necessidades, existe um custo alto associado à devolução do produto ou ao ressarcimento pelo inconveniente, o que impacta negativamente a imagem da empresa.

- Soluções:
  - Para evitar falhas no processo e não gerar produtos e serviços com defeitos, a melhor ferramenta e filosofia é o *poka-yoke*, que tem como principal finalidade ajudar a executar a atividade sem falhas, por acoplar ao processo dispositivos à prova de erros.

- Em muitos processos não é possível aplicar o *poka-yoke*, principalmente na área de serviços e em alguns processos administrativos. Nesse caso, o controle estatístico de processo (CEP) é fundamental para minimizar ou prevenir os defeitos.

- É preciso criar ferramentas específicas para trabalhar de forma preventiva no defeito, e não de forma corretiva. O *kaizen* pode auxiliar na procura pela melhor solução para esse desperdício.

7. Espera

Esse desperdício faz referência à inoperância por liberações, máquinas, fornecedores, abastecimento, ferramentas, materiais, informações, colaboradores etc.

O desperdício relativo à espera é muito evidente. Basta ver um operador parado, uma máquina que não está funcionando ou, simplesmente, a espera por uma assinatura. Isso literalmente interrompe o fluxo, que é um dos importantes princípios do *lean*. Quando falamos em agregação de valor, *lead time*, tempo de ciclo, preparação e execução etc., estamos nos referindo a tempo e, quando todos esses elementos estão estagnados enquanto as horas vão passando, há um grande desperdício no processo.

É um desperdício fácil de ser detectado, mas nem sempre de ser corrigido, pois estamos acostumados a perder esse tempo não só no âmbito profissional como também no pessoal. Assim, mudar radicalmente o conceito de não perder tempo, por vezes, requer muita disciplina.

- Impactos:
  Podemos citar: aumento do tempo de ciclo e, consequentemente, do *lead time*; aumento do WIP; trabalho em processo; resposta lenta para os clientes interno e externo; desbalanceamento dos operadores, acarretando horas extras para a entrega do produto enquanto alguns colaboradores ficam à espera; produtos parados por não existir uma sincronização (balanceamento) entre processo

e demanda; planejamento deficiente ou não conectado com as necessidades dos clientes interno e externo. É importante lembrar que, quando o produto espera, o cliente também espera.

- Causas:
  - Problemas na manutenção dos equipamentos.
  - Falta de equipamento/material adequado.
  - Tempo alto de *setup* ou TRF.
  - Falta de treinamento ou qualificação da mão de obra não adequada para a atividade.
  - Métodos de trabalho não documentados ou não padronizados.
  - Gargalos de produção (desbalanceamento da linha de produção).
  - Formação não coerente com as funções.

- Exemplos:
  - Um operador chega a uma estação de trabalho e precisa esperar porque alguém está usando o equipamento que ele utilizará.
  - Um lote de produção chega a uma etapa do processo e a pessoa qualificada para realizar a operação não está disponível.
  - Um equipamento quebra e o operador deve esperar a manutenção chegar para consertá-lo.
  - A espera de uma assinatura para liberar um equipamento ou projeto que também está aguardando para ser liberado.
  - Esperar o fornecedor entregar o produto ou a matéria-prima para continuar produzindo porque no planejamento ocorreram equívocos de agendamento.
  - Esperar a logística para transportar a matéria-prima ou o produto terminado até o cliente.

- Esperar por participantes de uma reunião que está atrasada, o que ocorre muito em escritórios e setores administrativos.

- Soluções:
  - Implementar a competência estabilidade e suas ferramentas, como 5S, *poka-yoke* e gestão à vista.

  - Implementar a competência fluxo e suas ferramentas, como ponto de uso e ponto logístico, para gerar um processo de fluxo contínuo ou de poucas etapas.

  - Padronizar os processos e implementar a instrução de trabalho padrão (ITP), dividindo o trabalho em equipes multifuncionais.

  - Efetivar uma matriz de habilidades e investir em treinamentos e capacitação para obter uma equipe multifunção.

  - Contar com os conceitos de *takt time* e JIT para auxiliar na organização dos processos e produzir e entregar o que os clientes querem, na hora em que necessitam e na qualidade exigida.

  - Para eliminar o tempo perdido ou minimizá-lo, também é possível utilizar a ferramenta SMED, que, como já informado, consiste em uma prática empregada para reduzir o tempo gasto com *setup*.

8. Inutilização do conhecimento/desperdício de intelecto

O STP e o *lean* envolvem apenas os sete tipos de desperdícios que citamos até agora. No entanto, o desperdício de intelecto também é considerado um dos oito desperdícios do *lean*. Já no *lean construction* (*lean* na construção civil), são dez os tipos de desperdícios.

Não utilizar a capacidade de criação e empreendedorismo das pessoas da organização é desperdício de talento. A tendência ainda é concentrar-se em comando e controle, por isso acaba-se desperdiçando a criatividade dos colaboradores voltada à solução de problemas, por exemplo.

capítulo 2

▨ Impactos:
Quando uma organização não aproveita o intelecto ou as habilidades dos colaboradores e lhes impõe atividades, perde o que existe de mais rico nesse contexto: a boa comunicação.

Muitas filosofias e metodologias têm sua jornada interrompida pelo insucesso que elas trazem. Contudo, por vezes, esse problema não está relacionado ao conteúdo da filosofia ou à forma como foi implementada, mas ao fato de que ela não foi sustentada por outras pessoas, o que está diretamente ligado ao desperdício intelectual, por não envolver os colaboradores.

▨ Causas:

▨ Não contar com as habilidades e o intelecto dos colaboradores.

▨ Deixar de promover, patrocinar e explorar as habilidades e os conhecimentos dos colaboradores.

▨ Perda, para o mercado externo, de um colaborador treinado, habilitado e preparado para executar as funções – pior se for para a concorrência.

▨ Falta de reconhecimento para manter o nível de participação e explorar ao máximo as habilidades dos colaboradores.

▨ O pior exemplo ocorre quando a organização não sabe qual é a habilidade que o colaborador tem e esta é desperdiçada porque o funcionário não trabalha em um cenário no qual pode render mais.

▨ Exemplos:

▨ Muitos colaboradores começam nas empresas como estagiários, aprendizes, *trainees* etc., mas poucos têm a oportunidade de mostrar seu talento. Em diversas vezes, colaboradores apresentam certas habilidades que permitiriam resolver muitos problemas das organizações, mas, como isso não é explorado, estas recorrem a entidades externas, e pagam caro por isso.

- As empresas costumeiramente se surpreendem quando, por exemplo, um colaborador que era da área produtiva começa a trabalhar em áreas administrativas.

- Muitos colaboradores são demitidos por baixa *performance*, mas, em algumas situações, o problema não estava com o colaborador ou com sua competência, e sim com o perfil do profissional para a atividade em que foi requisitado.

- Soluções:
  - Primeiramente, é preciso mapear as habilidades de todos os colaboradores e introduzir esse resultado em uma matriz de habilidades.

  - Com uma matriz de habilidades, pode-se treinar e capacitar todos os colaboradores que tenham a necessidade de se aprimorar para executar suas funções com qualidade.

  - Incentivar o intelectual humano e suas habilidades é uma estratégia importante das organizações para manter o nível de motivação profissional.

  - Cada gestor tem um papel fundamental para que as habilidades dos funcionários sejam bem aproveitadas e para que perfil seja compatível com as atividades desenvolvidas. Caso esse gestor não tenha essa habilidade, ele também deverá ser preparado e treinado para isso.

  - A organização deve ter atenção com os colaboradores nos quais investiu tempo e recurso, na intenção de não perdê-los para o mercado e muito menos para a concorrência. Nesse sentido, deve-se atentar ao nível de satisfação de tais colaboradores, o qual pode ser mensurado considerando-se o que ele faz e o que ele pode executar com perfeição.

  - Por meio da gestão por competências, as organizações conseguem motivar mais os colaboradores e explorar

capitulo
2

suas habilidades, incentivando-os a propor soluções para os problemas e, assim, diminuindo o impacto do desperdício intelectual.

Saber como identificar os desperdícios é um passo importantíssimo para a implantação da jornada *lean*. Ter habilidade e conhecimento para reconhecê-los e eliminá-los é o caminho para a excelência operacional. Por esse motivo, esse detalhamento de informações acerca dos desperdícios é fundamental para que a implementação dessa filosofia seja mais rápida e consistente.

Além disso, envolver a equipe nesse processo é também é essencial para o êxito da implantação. Quando a equipe entende o propósito e começa a reduzir os desperdícios na rotina diária, vai adquirindo mais confiança e capacidade para a aplicação da filosofia *lean*, sua metodologia e suas ferramentas.

Logo, é importante observar qualquer tipo de relação que existe entre o processo e o desperdício, como no caso do desperdício de recursos, que hoje estão cada vez mais atrelados à atenção e à preocupação com o meio ambiente, como o desperdício de água, de gás, de combustível e de eletricidade. Também é necessário considerar a gestão dos resíduos do processo, como sobra de materiais usinados, metais, papéis, plásticos, madeiras e outros subprodutos que não são reutilizados e são descartados. Todos esses desperdícios estão direta ou indiretamente conectados ao produto ou ao serviço em questão.

Sob essa perspectiva, uma jornada bem implementada não diz respeito somente à eliminação dos desperdícios, mas também à aplicação dos princípios de uma empresa enxuta, à identificação das necessidades do cliente em toda a cadeia de valor e, em paralelo, à transformação cultural da organização. Nesse sentido, a implementação da jornada *lean* se torna mais robusta, e a eliminação dos desperdícios ocorre naturalmente, aumentando o valor agregado nos processos.

A seguir, na Figura 2.18, Shingo (1996) ilustra quais são as sete perdas em um processo produtivo *versus* operações e seu comportamento dentro das atividades.

Figura 2.18 – O STP e os sete tipos de perdas

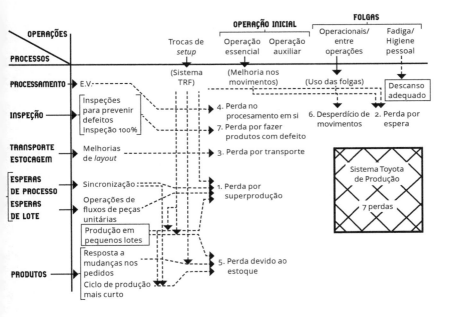

Fonte: Shingo, 1996, p. 227.

Em 1995, em Valledupar, na Colômbia, Renato Sanctis (*head* da Nestlé) me explicou a sequência lógica de cascateamento dos desperdícios. Segundo ele, se produzíssemos mais (superprodução), poderíamos gerar retrabalho ou operações desnecessárias de inspeção, armazenamento etc. por conta de superprocessamento, e isso poderia aumentar o estoque e, consequentemente, gerar maior transporte e movimentação. Esse excesso de manipulação do produto poderia prejudicar a qualidade, gerando espera pelo processo ineficaz. Conclusão: o desperdício não tem uma ordem e pode surgir isoladamente, disparando uma sequência negativa de problemas para o processo. Por isso, deve haver um empenho contínuo para eliminar ou diminuir desperdícios.

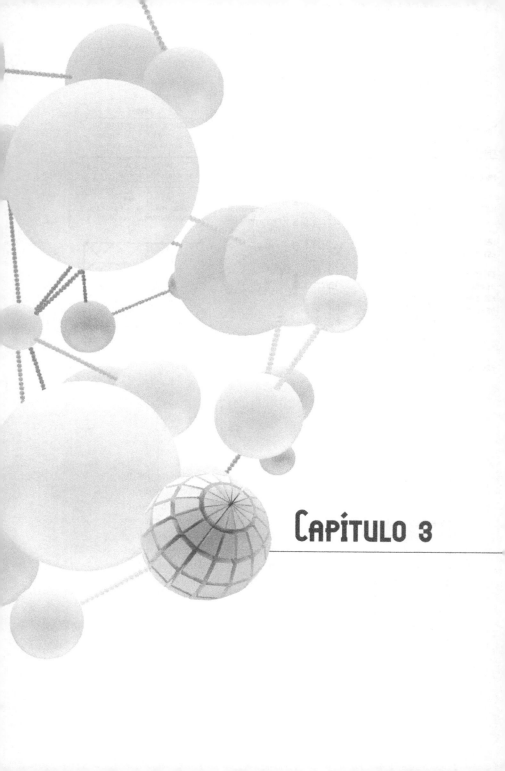

Capítulo 3

Sistema estabilidade

Quando se inicia uma implementação ou jornada *lean,* o ideal é começar com a estabilidade do processo. A referência é a mesma que construir uma casa: não se começa pelo telhado, e sim pela base. Assim é a filosofia *lean*: primeiro se elimina ou diminui a instabilidade do processo, para depois gerar a competência fluxo e sistema puxado, como será demostrado neste capítulo.

3.1 Conceito de sistema estabilidade

O sistema estabilidade tem como principal objetivo diminuir ou eliminar as variações dos processos, atendendo às necessidades dos clientes internos e externos e melhorando os níveis de satisfação dos respectivos consumidores, a fim de sempre entregar produtos ou serviços livres de defeitos mediante um processo robusto, previsível e confiável. Existem várias maneiras e estratégias para implementar um bom sistema estabilidade. Uma delas é ter a habilidade e a visão correta para identificar as anomalias, encontrar a causa raiz e eliminá-las, para melhorar os indicadores de *performance* (qualidade, custo e entrega) e, ao mesmo tempo, maximizar o uso dos recursos (esforço e tempo).

Na Figura 3.1, a seguir, observe um exemplo de processo de captura de anomalias durante 60 dias. O quadro à esquerda representa uma instabilidade no processo acima do tolerado, e o quadro à direita, após a aplicação de ferramentas *lean* específicas do sistema estabilidade, mostra o processo ainda com instabilidade, porém dentro dos limites aceitáveis para o processo.

Figura 3.1 – Representação da instabilidade e da estabilidade em um processo

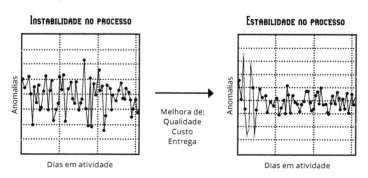

Com o resultado da melhora da estabilidade no processo, vários benefícios são obtidos, como a qualidade do produto ou serviço, a redução de custo e a pontualidade na entrega.

3.2 Benefícios do sistema estabilidade

Entre os benefícios da implementação do sistema estabilidade estão a redução da variação de equipamentos e processos (produtivos, administrativos ou nos segmentos de serviços) e o aumento de sua previsibilidade (da produção/administração), com a capacidade de implementar os métodos e as ferramentas que proporcionam maior estabilidade à produção de determinado processo. Isso ajuda a combater os dois principais fatores que contribuem para o desperdício – variação em forma de instabilidade do processo e sobrecarga (produzir mais do que necessário ou além da capacidade normal) – e permite que, por meio de atividades que não agregam valor ao processo, formas mais sutis de desperdício sejam identificadas e possam ser removidas posteriormente.

3.3 Ferramentas *lean* relacionadas ao sistema estabilidade

No universo *lean*, há uma série de ferramentas que, de forma conjunta ou isolada, se bem aplicadas, proporcionam estabilidade ao processo e, consequentemente, excelência operacional. Para implementar o sistema de estabilidade, as principais ferramentas são:

- trabalho padronizado;
- cronoanálise e gráfico de balanceamento operacional (GBO);
- cadeia de ajuda;
- identificação de anormalidades;
- *jidoka* e *poka-yoke*;
- *centerlining*;
- fundamentos de manutenção;
- SMED.

3.3.1 Trabalho padronizado

O trabalho padronizado surgiu com a ideia de projetar e unificar elementos de trabalho em uma operação, fazendo com que cada operador, em sua atividade repetitiva, trabalhe da mesma maneira que outros operadores que executam a mesma atividade.

Na administração científica, qualquer operação pode ser incrementada, buscando-se sempre obter melhores resultados de *performance* e melhores indicadores. Para isso, deve-se desdobrá-la em componentes e estudar seu conteúdo, a fim de aprimorá-la dentro da cadeia de valor.

Henry Ford, fundador da Ford Motor Company, criou a primeira linha de montagem automatizada, fixando a distribuição do tempo

capítulo

3

de trabalho (ou trabalho combinado), o que foi uma grande descoberta. Assim, o trabalho era entregue ao operário, em vez de ele ter de ir buscá-lo, eliminando-se os excessos de movimentos. Nesse sentido, podemos identificar os primeiros indícios da filosofia *lean* ao se eliminar um dos sete tipos de desperdícios: movimentação.

Por outro lado, na Toyota pós-Segunda Guerra Mundial, os japoneses conviviam com uma escassez de recursos e um mercado consumidor reduzido. Nesse cenário, era preciso eliminar desperdícios, trabalhar com lotes de produção menores, contar com uma variedade de produtos e trabalhadores multifuncionais. Dessa forma, foram surgindo os primeiros passos para as ferramentas *lean*, pois existia uma grande preocupação com a qualidade dos produtos e com a maneira como eles estavam sendo produzidos.

O trabalho padronizado é a maneira mais segura, fácil e eficaz de realizar um trabalho com segurança, com excelente ergonomia, qualidade e produtividade, mediante métodos claros e condensados entre turnos pelos colaboradores.

Sob essa ótica, ele conta com um conjunto de procedimentos precisos para que a atividade de cada operador seja realizada sem interrupções e de forma adequada às necessidades do cliente. Para isso ocorrer, são necessários três elementos vitais para a estabilidade do processo: tempo *takt*, sequência de trabalho e estoque padrão em processo.

1. **Tempo *takt*** (palavra alemã que significa "ritmo"): é a taxa em que os produtos devem ser produzidos para atender à demanda do cliente, entregando-se exatamente o que ele necessita e no tempo estabelecido. Para isso, existe uma fórmula pela qual se calcula exatamente o *takt* (ritmo) imposto pelo cliente (esse tema será abordado mais adiante).

2. **Sequência de trabalho**: o operador realiza suas tarefas dentro do tempo *takt*, respeitando o fluxo do processo, o consumo de insumos, além da segurança, da ergonomia e das atividades estabelecidas com os próprios colaboradores.

Na Figura 3.2, a seguir, apresentamos um exemplo de sequência de trabalho, com passos preestabelecidos de acordo com o processo, atribuída a um único operador e balanceada conforme o tempo *takt*.

Figura 3.2 – Ilustração de sequência de atividade por operador

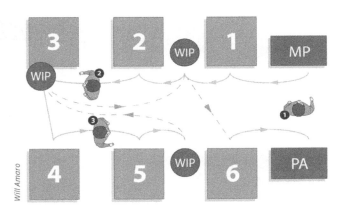

Nota: WIP – *Work in Process* (trabalho em processo); MP – matéria-prima; PA – produto terminado.

Fonte: Sharma; Moody, 2003, p. 117.

3. **Estoque padrão em processo** (*Standard Work in Process* – SWIP): é o estoque preestabelecido para respeitar a quantidade mínima de insumos necessários a fim de realizar as atividades, incluindo os itens nas máquinas exigidos para manter o processo operando corretamente, com a quantidade mínima de WIP (produto) requerida para completar a sequência de trabalho em andamento.

Na sequência, a Figura 3.3 mostra um diagrama com os locais onde devem ser colocadas as peças que compõem o estoque padrão em processo, os pontos de contato entre os operadores em cada máquina automática e os pontos onde podem existir quaisquer operações com restrição de tempo, como secagem ou cura.

Figura 3.3 – Sequência de atividade por operador com estoque padrão

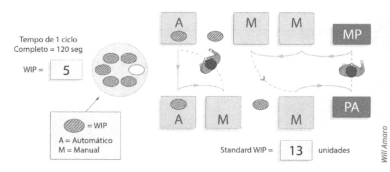

Nota: WIP – *Work in Process* (trabalho em processo); MP – matéria-prima; PA – produto terminado.

Fonte: Sharma; Moody, 2003, p. 120.

Por que padronizar?

O trabalho padronizado fornece uma referência inicial para a atividade, necessária para o melhor desempenho. Trata-se de um procedimento operacional padrão que confere uma plataforma estável para as medições de desempenho.

É uma referência para os colaboradores, sendo a base para bons programas de treinamento. Ainda, padroniza uma atividade entre colaboradores e turnos. Dessa forma, possibilita a identificação e a eliminação de variações no trabalho e o gerenciamento de anormalidades.

Logo, o trabalho padronizado consiste em uma excelente ferramenta, quando bem aplicada e explorada, para sustentar as melhorias alcançadas nas atividades *kaizen* anteriores, proporcionando referências a futuras atividades de *kaizen* (melhoria contínua).

Segundo Ohno (1996, p. 88), "Os padrões não devem ser estabelecidos de cima para baixo, e sim pelos próprios operários da produção. Somente quando o sistema da planta é considerado como um todo que os padrões para cada departamento de produção tornam-se livres de defeitos e flexíveis".

Benefícios do trabalho padronizado

O trabalho padronizado tem como benefícios a eliminação dos desperdícios e a segurança do trabalho, o qual se torna mais fácil de ser realizado, suavizando o fluxo e a realização das atividades e melhorando a qualidade do produto/serviço por meio de uma correta gestão visual de padrões. Como consequência, obtém-se um aumento de produtividade e de produção, bem como da motivação e da moral dos colaboradores, eliminando-se os problemas identificados.

Benefícios para os colaboradores

São vários os benefícios do trabalho padronizado para os colaboradores. Entre os principais estão: qualidade para o ambiente de trabalho, que se torna mais agradável, limpo, seguro e com carga justa; eliminação/redução de desperdícios mortais, como excessos de movimentos e transporte, e, com efeito, menos cansaço e lesões.

Além disso, há um rodízio nas atividades entre os operadores, fato que colabora para aprimorar a visão holística do processo, pois assegura maiores oportunidades para aprender e crescer na empresa, mantendo e sustentando a filosofia de melhoria contínua em evidência.

Benefícios para a empresa

Para as empresas, os principais benefícios são: melhores índices de qualidade/produtividade, tanto para produto como para serviços; e padronização das atividades, sejam produtivas, sejam administrativas, com processos estáveis e confiáveis e rastreabilidade elevada.

Outros benefícios que a organização obtém são a facilidade de distribuição dos colaboradores, por terem uma visão holística do processo, e a facilidade no treinamento de novos colaboradores, por terem uma referência de sequência de trabalho. Existem benefícios adicionais para a empresa, como a satisfação do cliente e consumidor, graças à qualidade dos produtos/serviços (com poucas ou nenhuma falha), e a satisfação dos colaboradores, por trabalharem em um ambiente seguro e ergonomicamente correto. Um ambiente assim aumenta a qualidade de vida dos colaboradores e reduz o *turnover* (índice de rotatividade dos funcionários nas empresas), gerando impacto direto e positivo na saúde e na produtividade dentro das organizações.

Instrução de trabalho padrão (ITP)

A ITP é um documento que mostra a sequência dos passos de produção ou processos administrativos (evidenciando o tempo de ciclo atrelado ao tempo *takt*) atribuída a somente um colaborador, em que se faz constar a melhor combinação entre operador e máquina ou colaborador e serviço, por meio de um *layout* bem definido e apresentado. Nesse documento, também são evidenciados os pontos de verificação de qualidade e segurança. Ainda, a ITP documenta as ferramentas e os equipamentos de proteção individual, serve como base de treinamento para novos colaboradores e proporciona uma base para adesão às operações padronizadas.

Perguntas pertinentes na elaboração da ITP

- Onde será feita a atividade dentro do processo?
- Por que faço esta atividade (qual é o produto final ou o serviço prestado)?
- Como faço a atividade em relação a aspectos como sequência, tempo, dispositivos, ferramentas, programas etc. de maneira segura, com qualidade e entrega?
- Como sei que está bem-feito? O que verificar? (controle de qualidade)?
- O que faço quando acontece alguma anormalidade no processo e o colaborador precisa de ajuda?

A ITP deve ser de fácil acesso enquanto o operador executa a atividade – o acesso não deve interromper a operação (é importante que ele possa, se necessário, lê-la ao mesmo tempo que trabalha) – e apresentar uma boa gestão visual atrelada a uma gestão de rotina.

Como os líderes devem apoiar o trabalho padronizado

- Certificar-se de que a ITP seja feita para cada atividade do processo em questão, atendendo aos critérios recém-mencionados.

- Certificar-se de que cada ITP seja exibida em local correto, respeitando as características da gestão visual (de preferência, em A3 colorida).

- Certificar-se de que todos os colaboradores que tenham uma ITP sejam treinados e respeitem as normas estabelecidas.

- Estimular experimentos e revisões da ITP para aperfeiçoamento e atualizar o treinamento dos colaboradores.

- Em sua rotina de controle de produção, a liderança deve verificar se as ITPs estão atualizadas e, principalmente, se os colaboradores estão respeitando as sequências estabelecidas nos tempos acordados.

Exemplo de ITP

Na Figura 3.4, a seguir, observe que há espaços (quadrantes) nos quais se pode introduzir a sequência das atividades, com os respectivos tempos e informações sobre o processo, além de uma breve descrição das atividades e de fotos para ilustrar como realizá-las.

Figura 3.4 – Modelo de instrução de trabalho padrão (ITP)

Capaz de ensinar

Conhece / Está treinando

Espaço para a logo da empresa ou do programa	Instrução de Trabalho Padrão				Área	Área	Linha	Produto ou atividade	
	EPIs necessários				Ferramentas e equipamentos				

1	2	3	4	5
Espaço para foto da atividade				
Breve descrição da atividade Tempo: (___)	Breve descrição da atividade Tempo: (___)	Breve descrição da atividade Tempo: (___)	Breve descrição da atividade Tempo: (___)	Breve descrição da atividade Tempo: (___)
6	**7**	**8**	**9**	**10**
Breve descrição da atividade Tempo: (___)	Breve descrição da atividade Tempo: (___)	Breve descrição da atividade Tempo: (___)	Breve descrição da atividade Tempo: (___)	Breve descrição da atividade Tempo: (___)

Número emergência	Inspeção necessária	Monitorar qualidade	Meio ambiente	Risco de acidente	Tempo de ciclo	PROCEDIMENTO DE ALERTA
XXX						Cadeia de ajuda (*help chain*)

Documento	Revisão	Data	Descrição da modificação	Cópia	Aprovação			
ITP n.					Criado por:	Coordenador:	Segurança:	Gerente:

Pratica com autonomia

Pratica com auxílio

Essa folha de trabalho está totalmente baseada em princípios e desempenhou um papel importante no sistema de controle visual da Toyota. Ela lista com clareza os três elementos do procedimento de trabalho padrão: tempo de ciclo, sequência do trabalho e estoque padrão.

3.3.2 Cronoanálise e gráfico de balanceamento operacional (GBO)

Para poder fazer uma ITP, é necessário separar as atividades repetitivas de uma maneira simples e com uma boa gestão visual (isto é, com uma foto da atividade o mais detalhada possível). Isso é fundamental para que o colaborador possa entender rapidamente a forma de execução das atividades.

Outras informações complementares também podem ser de suma importância, tais como o tempo para a execução da atividade. Para isso, é preciso contar com bons conhecimentos de cronoanálise.

A função tempo descrita na ITP é relevante porque está conectada com o tempo *takt* e consiste em um dos meios de garantir o ritmo e, consequentemente, o *lead time* (tempo de atravessamento do processo). Nesse sentido, é importante observar as operações, dividi-las em pequenos elementos e tentar separar aqueles que agregam valor dos que não agregam valor, estabelecendo-se o menor tempo repetitivo por ciclo do operador.

Uma forma correta de se fazer uma cronoanálise é respeitar uma sequência lógica de aplicação, considerando-se sete passos:

1. Definição do escopo da atividade, ou seja, onde vai ser realizado um evento *kaizen*, por exemplo, ou uma medição isolada para conhecer em detalhes as atividades e os respectivos tempos.

2. Apresentação no posto cronometrado, para alinhar as expectativas e as informações com os colaboradores da área que vai ser medida.

3. Observação do posto cronometrado e mensuração de todas as atividades que impactam o processo da linha ou da célula de produção.
4. Tomada de tempos, dividida em partes para que a sequência seja padronizada.
5. Cálculo de tempos, descartando-se os tempos fora do padrão e utilizando-se o menor tempo que se repete.
6. Elaboração do gráfico de balanceamento operacional (GBO) para balancear as atividades entre os colaboradores.
7. Treinamento dos colaboradores nos novos tempos acordados e alinhamento das informações, com a intenção de que todos executem as atividades conforme descritas.

Em resumo, a cronoanálise é uma técnica de medida em que são observadas as atividades do processo *in loco* no posto de trabalho, tal como apresentado na Figura 3.5.

Figura 3.5 – Sequência em cinco passos de como executar a medição de um colaborador em seu posto de trabalho

1. Definição de onde e como medir a atividade

Nesta etapa do processo, deve-se:

- estabelecer quais são as atividades realizadas de forma repetitiva dentro do ciclo e as que são realizadas com frequências menores (carga e descarga, abastecimento de embalagens etc.);
- definir o momento em que a cronoanálise deve ser aplicada sem que interfira nas atividades do colaborador;
- firmar os limites de processo da atividade (quando começa e quando termina);
- escolher o colaborador *benchmark*, para servir como referência de medição padrão, considerando-se que sempre existe uma variação de desempenho em atividades manuais.

2. Apresentação no posto cronometrado

A apresentação no posto a ser cronometrado é muito importante para se obter cooperação por parte da operação, de modo que o trabalho possa ocorrer de maneira sólida e eficaz, em uma relação de confiança. As regras e os procedimentos da empresa devem ser respeitados e seguidos. Por isso, da mesma forma, é fundamental ter respeito com os colaboradores, apresentar-se e cumprimentar a pessoa chamando-a pelo nome, explicar-lhe o objetivo e a finalidade do trabalho, bem como perguntar sobre o que pode ser melhorado naquela operação. São regras básicas para estabelecer confiança para a atividade.

Com esse respeito ao funcionário, além de se buscar garantir que não haverá problemas na medição, a colaboração dele será muito constante na captura de oportunidades.

3. Observação do posto cronometrado

A observação do posto cronometrado tem como principais objetivos:

- compreender em detalhes o posto (processo, objetivo da operação, número de pessoas envolvidas, ritmo de trabalho (*takt*) e, principalmente, os desperdícios que podem ser eliminados ou reduzidos para a melhoria da atividade);
- reconhecer a forma como as atividades podem ser divididas (atividades que compõem a operação);
- definir o ponto de tomada de tempo de cada atividade (em que momento começar e parar o cronômetro).

Na Figura 3.6, a seguir, apresentamos um exemplo dos três pontos citados em uma montagem de retrovisores em uma linha automotiva, com a divisão de tempos por sequência de montagem.

Figura 3.6 – Representação de tempo de ciclo e sequência de montagem de retrovisores, com os respectivos tempos, divididos por partes

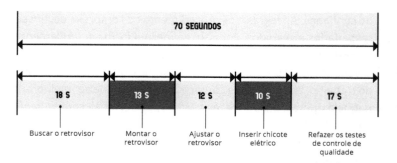

Na imagem, podemos observar que o tempo total da atividade (tempo de ciclo), indicado na barra superior, é de 70 segundos. Já na barra inferior, os tempos são divididos em duas partes: a primeira

se refere às montagens do retrovisor e do chicote, representando atividades que agregam valor; a segunda consiste em buscar e ajustar o retrovisor e refazer testes de qualidade – atividades que não agregam valor ao produto. Dessa forma, torna-se mais clara a ação de melhoria no processo, ao se evidenciarem os tempos de não agregação de valor que, em muitos casos, podem ser eliminados ou minimizados.

Tais medições devem ser realizadas, se possível, em pelo menos dois turnos de produção. Assim, pode-se obter um cenário mais completo e assegurar a oportunidade de padronização mediante melhores práticas. A observação, além de proporcionar uma maneira correta de tomada de tempo, tem a intenção de identificar possíveis desperdícios ligados à operação (movimentos para a utilização de ferramentas distantes, pequenos retrabalhos, abastecimento com ineficiência de rota etc.).

É importante ressaltar que, primeiramente, temos como definição de *atividade* (ou *elemento de trabalho*) o menor incremento de trabalho que pode ser transferido a outra pessoa. Com essa definição, podemos tomar o exemplo de que pegar o retrovisor e posicioná-lo no veículo é uma atividade que agrega valor ao produto (o cliente está disposto a pagar por isso), ao passo que buscar o retrovisor e refazer os testes são atividades que não agregam valor ao produto, mas podem agregar valor ao sistema. De qualquer modo, continuam sendo classificadas como não agregação de valor.

Durante a observação, os limites que determinam o início e o final de cada atividade devem ser estipulados, de forma a tornar repetitiva a tomada de tempo, bem como evitar variações entre cada ciclo medido. Uma vez que os ciclos são repetidos de maneira minimamente padronizada, a medição pode ser encerrada.

Esses limites devem ser pontuais. Sinais prolongados e com longa duração devem ser evitados, pois, por não serem precisos, acarretarão variações significativas nos tempos, aumentando a variabilidade entre ciclos.

A seguir, apresentamos algumas sugestões de como classificar ou escolher os pontos-chave de medição em uma cronoanálise entre a parada e o início das atividades:

- sensor ativado;
- botão de início de ciclo;
- sinal de uma lâmpada de ciclo terminado;
- pegar ou soltar embalagens;
- esteira liberada para utilização;
- produto ou embalagem sobre a esteira;
- começar a embalar o produto;
- fechamento de portas etc.

No caso de processos administrativos, utilizar o cronômetro para a medição de tempo de ciclo é algo sem sentido, em virtude do tempo da atividade e da sazonalidade do processo. Nesse cenário, quando se precisa realizar um GBO ou uma ITP, o que se pode fazer é incorporar os tempos identificados em entrevistas realizadas e calibradas no departamento com a liderança.

4. Tomada de tempos (cronometrar)

Após a observação do tempo de ciclo, deve-se repetir o procedimento quantas vezes isso for necessário para estabelecer um padrão de comparação entre os tempos coletados.

Para a realização dessa atividade, alguns fatores são decisivos:

- coletar os tempos com o cronômetro usando a função "volta" (*lap*) – o manuseio do cronômetro nesse modo reduz a variabilidade, deixa a pessoa que realiza a cronoanálise com os olhos fixos na operação e não interrompe os ciclos para a coleta e anotação, já que armazena os tempos automaticamente;

- tomar os tempos das atividades de frequências menores (por exemplo, pegar o retrovisor).

Figura 3.7 – Formulário de coleta de tempo

Passo	Situação atual	_ Observação do tempo antes do kaizen _						Tempo da tarefa total	Valor agregado	Não agrega valor e necessidades	Superprodução	Estoques	Transporte	Tempo de espera	Desp. proces. produção	Movimentação	Reparo/falha	Ações corretivas	Passo	Situação depois do kaizen	Observação do tempo depois do kaizen				Tempo da tarefa total
		1	2	3	4	5	6														1	2	3	4	
1	Levantar e andar	00:07 / 00:07	00:08 / 00:39	00:07 / 01:11	00:08 / 01:45			00:07								▮		Eliminar a distância	1	Pegar a caneta (destampada)	00:02 / 00:02	00:02 / 00:13			00:02
2	Pegar caneta e tirar a tampa Começar a escrever	00:03 / 00:10	00:03 / 00:42	00:03 / 01:14	00:03 / 01:48			00:03		▮						▮		Não ter tampa para tirar	2	Escrever	00:07 / 00:09	00:07 / 00:20			00:07
3	Começar e escrever	00:07 / 00:17	00:08 / 00:50	00:08 / 01:22	00:05 / 01:53			00:08	▮									-	3	Devolver a caneta	00:02 / 00:11	00:02 / 00:22			00:02
4	Parar de escrever e tampar a caneta	00:03 / 00:20	00:02 / 00:52	00:02 / 01:24	00:03 / 01:56			00:02								▮		Não ter tampa para fechar	4	-					
5	Devolver a caneta e voltar	00:07 / 00:27	00:08 / 01:00	00:09 / 01:33	00:09 / 02:05			00:09								▮		Não sentar	5	-					
6	Sentar e esperar	00:04 / 00:31	00:04 / 01:04	00:04 / 01:37				00:04						▮				Não ficar sentado	6	-					
7																			7						
8																			8						
9																			9						
10																			10						
Verificação		00:31	01:04	01:37	02:05	###	###															00:11	00:22	###	###	

Tempo de ciclo antes	0:33

Tempo de ciclo depois	00:11
	−66,67%

Na Figura 3.7, o formulário está dividido em tempos de ciclo de cada atividade da situação atual, ações corretivas e novos tempos de ciclo depois do *kaizen*. Na coluna central, ficam à disposição os tipos de desperdícios, para facilitar as ações corretivas.

5. Cálculo de tempos capturados

Após seis ou mais tomadas de tempo, deve-se realizar os cálculos do tempo mais repetitivo e da variabilidade da operação de cada elemento, conforme apresentado na Tabela 3.1.

Tabela 3.1 – Complemento do formulário de coleta de tempo

Montar retrovisor	15	14	13	15	12	13	16
			x			x	

Após a detecção do menor tempo que se repete, tal medição poderá tornar-se o tempo de ciclo padrão da atividade, mas isso só poderá ser validado depois de algumas simulações do novo processo na operação. No momento, são cálculos aproximados, mas será a prática que definirá o novo processo de montagem de retrovisores nos veículos.

6. Elaboração do gráfico de balanceamento operacional (GBO)

O GBO é uma resultante da técnica de *yamazumi* (empilhamento de atividades), a qual permite:

- ajustar as operações de um processo conforme a variação da demanda do cliente, de forma a maximizar a produtividade mesmo com baixa na demanda;
- eliminar tempos de espera e sobrecarga de operações;
- flexibilizar a mão de obra;
- minimizar impactos de ergonomia e fadiga;
- incentivar a observação do processo, eliminando desperdícios por movimentação.

Com o resultado do GBO, pode-se criar uma tabela de combinação de trabalho padronizado, como ilustra a Figura 3.8.

Figura 5.0 – Tabela de combinação de trabalho padronizado

Célula/Linha: Model Y2K-001	Num./Código da peça Cadeira de escritório/2000-0106	Sequência de trabalho 1 de 3 De: montagem da perna Até: montagem do suporte maior	Folha de processo:	Data:
				Revisão:

Tempo takt: 68 seg.
 # unid. Requeridas: 400/dia

Ferramentas requeridas:
Aparafusadeira pneumática
Chave 3/8"
Chave de fenda

Equipamento de segurança:
Calçados de segurança
Óculos de segurança

Layout do trabalho padrão

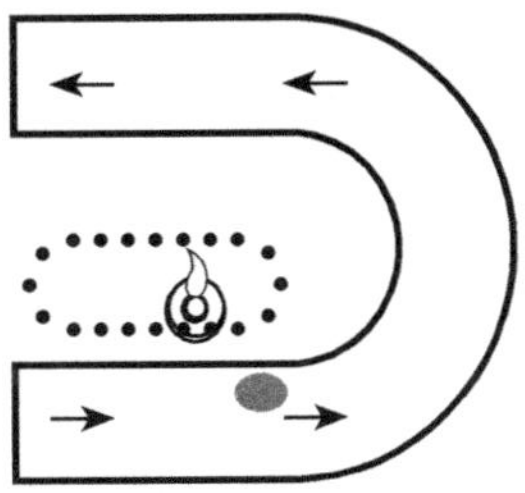

Legenda:
- Checagem de qualidade (◇)
- Segurança (✚)
- Estoque Std. (⬭)
- Qtde. Estoque Std. — 2

Esboço

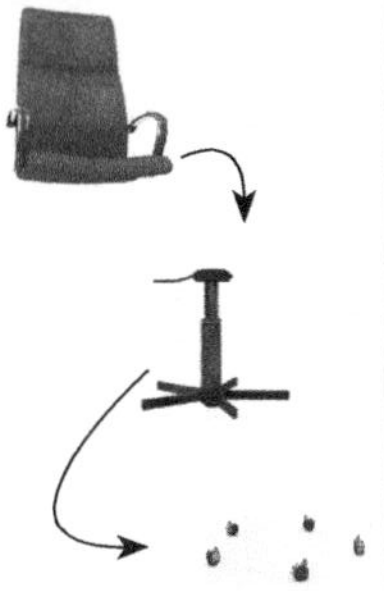

Gráfico da operação

PASSO #	DESCRIÇÃO DA OPERAÇÃO	TEMPO MANUAL	TEMPO AUTOMÁTICO	TEMPO DE ESLOC.	GRÁFICO DA OPERAÇÃO	PONTOS CRÍTICOS E CHECAGEM DA QUALIDADE
1	Encaixar perna e tampa plástica	3		1		
2	Encaixar o encosto na posição correta	8		2		
3	Montar pedestal e perna	5		1		
4	Colocar cobertura telescópica	3				
5	Fixar mola do botão da mola	5				
6	Fixar botão ao suporte pequeno	10				
7	Fixar suporte pequeno ao suporte maior	28		2		
		62	+	6	= 68	

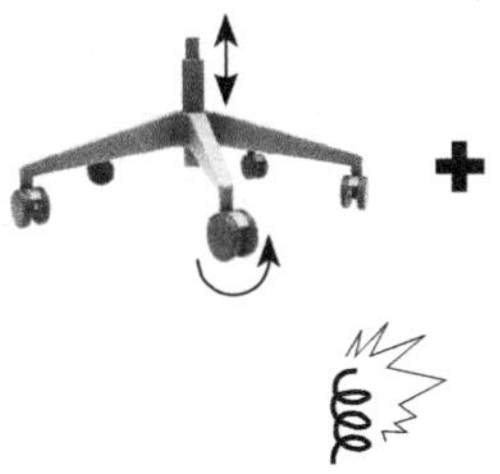

Gráfico da operação [ ] Seg.

= 68 (Tempo total) | 68 (Tempo takt) − 68 (Tempo total) | = 0 (Tempo de deslocamento)

Legenda:
— Operação manual
·········· Operação automática

Fonte: Sharma; Moody, 2003, p. 118.

VadarShop/Shutterstock

A figura ilustra o *layout* correto da célula de trabalho, uma amostra das peças necessárias para a fabricação do produto e cada etapa a ser cumprida pelo operador dentro de um ciclo. Uma série de verificações de qualidade também é ilustrada nos desenhos da linha.

Gráfico de balanceamento operacional (GBO)

O GBO tem como principal objetivo medir o tempo de ciclo de cada operador e comparar seus *status* entre outros operadores da mesma linha ou célula em relação ao tempo *takt*. A ideia é obter uma visualização clara dessa comparação e identificar o quanto as atividades estão desequilibradas. Isso promove a oportunidade de balancear, dividir e nivelar a carga de trabalho igualmente ou, ao menos, de forma bem aproximada. O segredo é saber onde estão os desperdícios, tais como tempos ociosos em relação ao tempo *takt*, maximizando-se a ocupação do operador.

No Gráfico 3.1, a seguir, observe um exemplo em que se pode visualizar como os operadores estão divididos em sua célula ou linha de produção e a referência do tempo *takt*.

Gráfico 3.1 – Gráfico de balanceamento operacional (GBO)

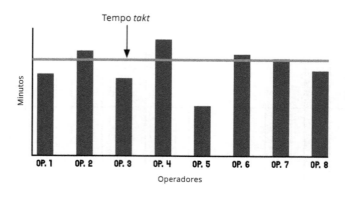

A captura dos tempos de ciclo de cada operador pode ser feita por meio de uma tabela ou do formulário exibido anteriormente na cronoanálise. Essas formas de representação, também conhecidas como gráficos *yamazumi*, são tipicamente encontradas em fábricas japonesas que utilizam os conceitos em empresas *lean*. Os gráficos *yamazumi* acabaram ganhando evidência em outras organizações muito por conta da *performance* do Sistema Toyota de Produção (STP). Trata-se de uma maneira visual e bem clara de identificar os desperdícios em um processo produtivo ou administrativo, ou seja, serve tanto para produtos como para serviços.

No Gráfico 3.2, a seguir, observe um exemplo de GBO adaptado para atender às necessidades atuais com relação à captura de oportunidades diante do tempo de ciclo de cada operador.

Gráfico 3.2 – Gráfico *yamazumi* adaptado para mostrar a porcentagem de agregação de valor

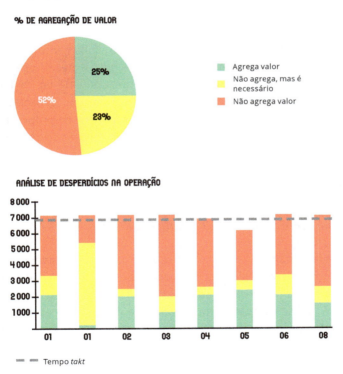

No gráfico, perceba como existe um desbalanceamento entre os oito operadores em relação ao tempo *takt* e entre os próprios operadores. Também é possível visualizar as atividades que agregam

valor, as que não agregam valor e as que não agregam valor, mas são necessárias. Essa forma visual de descrever as operações facilita a priorização das ações de melhoria, sendo utilizadas ferramentas *lean* específicas para cada oportunidade encontrada.

7. Treinamento dos colaboradores nos novos tempos acordados

Depois de elaborar a ITP, é de suma importância treinar os colaboradores de todos os turnos na nova sequência operativa, pois não adianta escrever uma nova sequência de trabalho e fazer a gestão visual da ITP em local apropriado se os colaboradores não estiverem alinhados ao novo modelo.

Muitas empresas não dão a devida importância à ação de treinar todos os colaboradores envolvidos no novo modelo da atividade ou se esquecem de fazê-lo. Para que ocorra um alinhamento completo, de modo que todos os colaboradores executem a mesma operação padronizada, é extremamente importante fazer a ITP em conjunto com eles. Isso ajudará na sustentação da implementação, pois passará o sentido de respeito pelos colaboradores e de propriedade. Com o envolvimento deles na elaboração do novo modelo de execução da atividade, eles respeitarão mais o documento, sustentando a estratégia de implementação.

3.3.3 Cadeia de ajuda (*help chain*)

A cadeia de ajuda (*help chain*) consiste em alertas disparados quando ocorre uma anomalia que demanda a ajuda de outro colaborador ou departamento para a solução do problema.

A cadeia de ajuda é muito utilizada na indústria automotiva, sendo normalmente conhecida como *alerta de qualidade*. Sua aplicação é fundamental nesse tipo de indústria, em razão do alto valor agregado dos produtos.

Já citamos muitos exemplos observados na indústria automotiva, como o da Mercedes-Benz. Por outro lado, na indústria alimentícia, por exemplo, o produto não tem um alto valor agregado, porém ainda permanece a questão da segurança, por ser do segmento alimentício. Nesse tipo de indústria, também é essencial a utilização da cadeia de ajuda. A Nestlé, aliás, conta com uma excelente referência quando se trata dessa ferramenta.

Na Figura 3.9, a seguir, vemos uma corda que fica pendurada com a finalidade de acionar um alarme e disparar a cadeia de ajuda, no caso de identificação de anormalidades.

Figura 3.9 – Exemplo de acionamento de parada de linha de produção

É recomendado que a cadeia de ajuda sempre suporte a ITP. Por mais que a atividade esteja padronizada, ela sempre deve estar coberta por um sistema de ajuda para a redução ou solução dos problemas. Trata-se de uma maneira estruturada para reagir diante de anormalidades (desvios ou eventos inesperados) durante a execução de uma tarefa.

A cadeia de ajuda inclui os limites de disparo ou as definições dos critérios para comunicar e solicitar ajuda. Se alguém da equipe identifica qualquer evento, anormalidade ou, eventualmente, um problema, quais seriam os critérios ou os próximos passos para a resolução?

capítulo 3

Algumas perguntas são sempre realizadas para saber o quanto uma empresa ou um processo estão aculturados em relação à ferramenta cadeia de ajuda. Em uma auditoria ou uma simples consulta, deve-se questionar:

- O que este colaborador deveria fazer?
- Como este colaborador solicitará ajuda para resolver o problema?
- Quem deveria ser informado? Quem deveria dar o suporte?
- A comunicação na organização está escalando ou descendo?
- Quanto tempo leva para o problema ser resolvido?

Na Figura 3.10, observe a ilustração de uma linha de produção em toda a sua cadeia de valor que sofre uma anormalidade em seu processo. Automaticamente, dispara-se um sinal para a cadeia de ajuda.

Figura 3.10 – Processo que apresenta anomalia e dispara a cadeia de ajuda

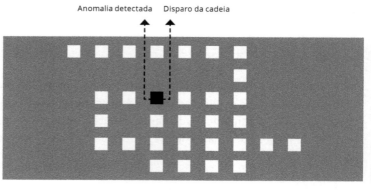

Apesar de funcionar perfeitamente em ambientes produtivos (processos, produtos, máquinas e pessoas), também é possível elaborar uma cadeia de ajuda para processos administrativos. Porém, para ser implementada na operação, existe um procedimento dividido em sete passos, conforme descrito na sequência:

1. A parada de qualidade ou a existência de uma anormalidade, como falta de produto ou informação, é disparada pelo colaborador como alarme, caso ele não possa executar uma operação padronizada sem cometer uma falha.

2. O disparo envia um sinal para outro colaborador/suporte, o qual é informado pelo colaborador do problema e executa o retrabalho na estação de trabalho.

3. Caso não seja possível resolver a falha na própria estação de trabalho, a correção deve ser retrabalhada em local específico pelo responsável indicado na cadeia de ajuda.

4. Após a correção da falha, o primeiro colaborador acionado confirma a eliminação do problema por meio de um novo acionamento da cadeia de ajuda.

5. Caso o alarme da cadeia de ajuda não seja cancelado em um tempo definido depois do disparo, o sinal é escalado para um nível acima.

6. O líder e o primeiro acionado, quando estiverem ao alcance, determinam para cada caso as ações imediatas a fim de evitar falhas futuras.

7. O líder e o responsável decidem se deve ser disparado um processo de solução de problema.

Em resumo, quando a cadeia de ajuda é disparada, o primeiro contato é sinalizado mediante um sinal ótico, sonoro, de telefone ou de rádio, e os colaboradores não devem ser advertidos por dispará-la.

Os responsáveis escolhidos para o suporte à cadeia de ajuda, quando acionados, devem estar sempre disponíveis para a solução dos problemas. Caso não estejam aptos a realizar essa tarefa, automaticamente a comunicação terá de passar para os profissionais

capitulo
3

substitutos. Cada cadeia de ajuda deve ser definida por tipo de produto, serviço ou processo e precisa adaptar-se também à cultura da empresa.

Em procedimentos internos da fábrica, deve-se definir claramente quando e quem decidirá pelo disparo da cadeia de ajuda e qual será a sequência de cascateamento de níveis de suporte. Tais procedimentos precisam ser documentados, divulgados/treinados e conhecidos por todos os colaboradores.

Objetivos da cadeia de ajuda

Um dos objetivos da cadeia de ajuda é minimizar os problemas encontrados em determinado processo de forma a mantê-lo sob controle. Tais problemas são aqueles que impactam os principais indicadores de *performance* na organização: qualidade, custo e entrega.

Outro objetivo é definir os limites para que haja um escalonamento dos problemas durante a execução do trabalho. Com frequência, os executores das atividades dentro dos processos não sabem quem são as pessoas que os apoiam na resolução dos problemas e, por isso, acabam tentando solucioná-los sozinhos. Por vezes, o suporte técnico realiza os trabalhos sem conhecer o nível de priorização de cada um, e os gestores são surpreendidos com indicadores de fechamento de turnos abaixo das metas.

Assim, por não terem sido acionados, os gestores sentem que poderiam ter contribuído para uma solução mais rápida.

Na Figura 3.11, observe um exemplo de quadro *andon board* (quadro de informação do processo), o qual identifica toda a linha de produção e os respectivos postos de trabalhos. Esse quadro também indica o *status* de produção programada e realizada, bem como a localização da parada de qualidade ao acionar a cadeia de ajuda.

Figura 3.11 – Exemplo de *andon board* eletrônico

Quando o equipamento para, bandeiras ou luzes, em geral acompanhadas de música ou de alarme, são usadas para sinalizar a necessidade de ajuda para solucionar um problema de qualidade. Esse sistema de sinalização é atualmente chamado de andon. Andon quer dizer sinal de luz para pedir ajuda. (Liker, 2004, p. 137)

Benefícios da cadeia de ajuda

Entre os benefícios típicos da implementação do *andon board*, podemos citar os seguintes:

capítulo 3

- Esse método dá apoio ao elemento "detecção rápida de problemas e solução ágil de falhas".

- O alarme da cadeia de ajuda torna visíveis os problemas de qualidade, produção, produtos, máquinas e serviços e os encaminha para soluções.

- Desenvolve a consciência da qualidade nos colaboradores.

- A solução rápida de falhas evita grandes tarefas de retrabalho que podem causar outros problemas (qualidade, custo e entrega).

- Possibilita definir padrões de tempo, função e forma, os quais devem ser aplicados para o escalonamento dos problemas.

- Reduz perdas, principalmente as relacionadas à falta de apoio durante os problemas críticos.

- Envolve todas as funções hierárquicas na solução ou interação com os problemas, promovendo as medidas de correção ou contenção necessárias.

- Possibilita a presença da gestão no *gemba* (local onde acontece o processo), favorecendo o *coaching* sobre a equipe.

Por que implantar a cadeia de ajuda?

- Para incorporar à rotina da operação o diálogo direto com as funções técnicas de suporte (manutenção, apoio de processos).

- Para aproximar os gestores, de forma escalonada, dos problemas encontrados nos processos.

- Para evitar surpresas nas reuniões de controle dos indicadores de *performance* da organização, visto que os níveis requeridos são acionados e, assim, podem conhecer o problema e participar da solução.

Como implementar a cadeia de ajuda

Existem quatro passos para implementar a cadeia de ajuda:

1. definir as pessoas que farão parte da estrutura da cadeia de ajuda;
2. estabelecer os critérios de disparo (gatilhos);
3. preparar os recursos para o funcionamento;
4. treinar as pessoas envolvidas nos processos.

1. Definir as pessoas que farão parte da estrutura

Trata-se de definir as funções e pessoas que suportarão o apoio à operação perante todos os problemas encontrados e classificados nos 4 Ms, que são:

- **Máquinas:** problemas de instabilidade de processos ligados aos equipamentos (por aumento de refugo, queda de rendimento, qualidade do produto, segurança ou quebras) são direcionados à manutenção (elétrica ou mecânica) no primeiro nível.

- **Métodos:** falhas ligadas ao método de fabricação, parametrização ou variação na qualidade do produto (por exemplo, sensorial) devem ser direcionadas ao coordenador de processos ou qualidade da planta.

- **Mão de obra:** programação de mão de obra, acidentes e/ou absenteísmo devem ser comunicados em primeiro nível ao coordenador de produção ou, nos casos de não haver essa função, diretamente ao chefe de fabricação.

- **Materiais:** para problemas vinculados aos materiais de produção, o apoio de processos deve estar em primeiro nível, e este acionará a programação ou a qualidade, dependendo do caso em questão.

Observe as Figuras 3.12 e 3.13, a seguir, que mostram o momento da quantidade consumida, quando se sinaliza, por meio da gestão visual, a necessidade de solicitar mais materiais de reposição.

Figura 3.12 – Representação de um processo de disparo de cadeia de ajuda

Figura 3.13 – Controle de estoque por gestão visual

Os níveis acionados após o primeiro nível, em sua grande maioria, pertencem ao quadro de gestão. Assim, o apoio esperado desses níveis deve estar focado em gestão ou na disponibilização de recursos para a solução dos problemas. Em sua maioria, problemas técnicos são tratados até o segundo nível da cadeia.

2. Definir os critérios de disparo (gatilhos)

Os critérios de disparo de cada um dos 4 Ms são provenientes dos *Key Performance Indicators* (KPIs) – em português, "indicadores-chave de desempenho" –, identificados para cada uma das partes de um processo. Os tempos de reação dos degraus da cadeia devem ser estabelecidos por meio de um consenso da planta. Aconselha-se, por dados históricos, parametrizar os gatilhos de forma que não sejam acionados com extrema frequência. Contudo, à medida que aumenta a estabilidade, eles devem ser reavaliados.

A Figura 3.14, a seguir, representa uma simulação da ocorrência de um problema seguida dos disparos, que são realizados conforme a necessidade, escalando-se o próximo nível de suporte, ou seja, toda vez que é acionado um nível, o responsável por esse nível tem um tempo determinado para resolver o problema. Caso ele não consiga, o nível seguinte é acionado (normalmente, um nível hierárquico acima), e assim sucessivamente, até chegar ao nível mais alto da organização.

Figura 3.14 – Níveis de disparo

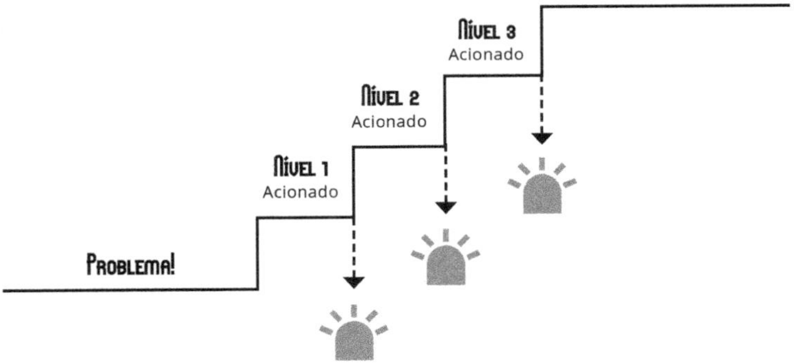

3. Preparar os recursos para o funcionamento

Para organizar a cadeia de ajuda, é preciso elaborar um guia da estrutura da cadeia, contendo o nome das pessoas, os turnos em que dão suporte, os níveis de alerta e chamado e a ordem.

A Figura 3.15 mostra um exemplo de como são disparados os níveis por função, departamento, tipo de problema e responsável, com um tempo determinado, à medida que o problema avança sem solução.

Figura 3.15 – Estrutura da cadeia de ajuda

| | | | | | **CADEIA DE AJUDA (HELP CHAIN)** | | | | |
| | | | | | **LIBERAÇÃO DE CARGAS** | | | | |
Nível	Tempo (min.)	Função	Turno	Área	Máquina/ Equipamento	Processo	Mão de obra	Material	Contato
1	2	Assistente administrativo	4	Eficiência operacional	Assistente administrativo	Assistente administrativo	Assistente administrativo	Assistente administrativo	xxxxx
2	5	Analistas	4	Gerente	Gerente				xxxxx
3	10	SUPORTE TÉCNICO	1	T.I colaborador	T.I colaborador	T.I colaborador	T.I colaborador	T.I colaborador	xxxxx / xxxxx
			2	T.I suprimentos	T.I suprimentos	T.I suprimentos	T.I suprimentos	T.I suprimentos	xxxxx / xxxxx
			3	T.I suprimentos	T.I suprimentos	T.I suprimentos	T.I suprimentos	T.I suprimentos	xxxxx / xxxxx
3	15	ENCARREGADO	4	Colaborador	Colaborador	Colaborador	Colaborador	Colaborador	xxxxx / xxxxx
3	15	CHEFE DE TURNO	1	Colaborador	Colaborador	Colaborador	Colaborador	Colaborador	xxxxx / xxxxx
			2	Colaborador	Colaborador	Colaborador	Colaborador	Colaborador	
			3	Colaborador	Colaborador	Colaborador	Colaborador	Colaborador	
7	20	Coordenador	4	Gerencia	Colaborador	Colaborador	Colaborador	Colaborador	xxxxx
7	20	Gerente	4	Gerencia	Colaborador	Colaborador	Colaborador	Colaborador	xxxxx

PONTOS DE DISPARO DA CADEIA DE AJUDA
Ativar 2° nível da cadeia de ajuda nas seguintes situações:

MÁQUINA / EQUIPAMENTO	MATERIAL
a. Falha na impressora > 5 minutos b. Rede indisponível > 15 minutos	a. Ausência de estoque diariamente por um item específico.
PROCESSO	MÃO DE OBRA
a. Colaborador sem treinamento; acionar o superior imediatamente. b. Falha pontual com dano ao processo; acionar superior imediatamente.	a. Excesso de demanda que interfira no cumprimento e no tempo de execução da atividade.

Já a Figura 3.16 corresponde a um formulário que deve ser preenchido a cada acionamento da cadeia. Tanto a pessoa que disparou quanto a pessoa que prestou o suporte devem preenchê-lo.

Figura 3.16 – Exemplo de registro de disparo: cadeia de ajuda

Registro de Disparo – Cadeia de Ajuda (*Help Chain*)							
Data	Hora início	Hora fim	Nível da cadeia/nome	Problema resolvido?			Motivo do disparo, ação e causa
			1º	Sim	Não		Problema:
			2º				Causa:
			3º				
			4º				Ação:
			5º				
			1º				Problema:
			2º				Causa:
			3º				
			4º				Ação:
			5º				
			1º				Problema:
			2º				Causa:
			3º				
			4º				Ação:
			5º				

- **Plano de ação**: é um formulário disposto em *flip-chart* ao lado do posto ou da etapa do processo. As ações pendentes devem ser registradas de forma que possam ser tratadas na reunião de *gemba* (onde acontece o processo).

- **Recursos de comunicação**: os chamados para acionamento da cadeia podem ser realizados por telefone (fixo/celular) ou rádio. O importante é que as informações estejam claramente apresentadas aos operadores, para não haver dúvidas em relação à operacionalização.

4. Treinar as pessoas envolvidas nos processos

É importantíssimo existir, por parte da equipe de suporte, apoio imediato e incondicional à operação. As formas de aplicação, bem como os métodos de comunicação, devem ser estabelecidas de modo a suportar os processos durante todos os dias em que a operação ocorre, incluindo feriados, finais de semana e horário noturno.

As correções implantadas devem se constituir na forma pela qual a criação de novos padrões (ITPs) será mobilizada, e a verificação do atendimento ao chamado e dos níveis disparados (aderência à cadeia) precisará ser verificada na reunião de *gemba*.

Os níveis serão acionados conforme o gatilho estipulado para cada um. Caso o problema seja resolvido antes do ponto de disparo do próximo nível, ele não precisará ser chamado (ou comunicado). Prioridades, chamados externos, apoio de outras áreas e/ou especialistas devem ser avaliados e dirigidos pela gestão.

3.3.4 Identificação de anormalidades (IA)

A ferramenta de identificação de anormalidades é um instrumento utilizado para verificar se existe alguma anormalidade no processo, produto ou serviço, isto é, se está em desacordo com as especificações técnicas ou os comportamentos estabelecidos, tendo como referência de controle a ITP.

Assim, tem como principal objetivo apoiar a transformação cultural e, consequentemente, a sustentabilidade das demais ferramentas *lean* implementadas, pois apoia de forma tática e estratégica algumas auditorias, como as auditorias 5S e ISO, ou a gestão de rotina (*gemba*).

Como se trata de uma ferramenta importante para a transformação cultural e a sustentabilidade da jornada *lean*, é fundamental criar alguns passos para incorporá-la como parte estratégica do negócio, tais como os descritos na sequência.

1. Selecionar uma equipe

Mais que selecionar pessoas para executar as atividades, é de suma importância escolher corretamente a equipe, pois ela terá como principal papel disseminar a ferramenta e a sustentabilidade da jornada *lean*. Por isso, ao definir as primeiras equipes, precisa-se levar em conta o perfil de cada participante, antes de avaliar sua formação ou o cargo ocupado.

2. Treinar a equipe e mostrar a importância da ferramenta

Alinhar e calibrar as informações são ações fundamentais para o êxito da implementação da ferramenta. Usar a ITP para essa formação e garantir o conhecimento nivelado entre todos os participantes e turnos é taticamente adequado para essa fase.

Aproveitar o momento de treinamento e aplicação da ferramenta para observar novos talentos e futuras promoções é outra característica da força dessa ferramenta.

3. Evidenciar e publicar as anormalidades

Depois que a equipe é treinada e calibrada, chega a fase de implementar a ferramenta, que consiste em promover rotas de inspeção definidas, considerando-se rotinas padronizadas e pontos de observação mais profunda.

Durante essa atividade, todas as anormalidades identificadas devem ser evidenciadas, de preferência com fotos, para se obter um maior controle de correção e informação no processo e facilitar a elaboração do plano de ação.

Alguns cuidados devem ser tomados durante essa rotina, que consiste não só em apenas encontrar e evidenciar as anormalidades e elaborar o plano de ação, mas também em verificar as anormalidades que possam gerar, de alguma maneira, risco de acidente para o colaborador. Para esses casos, deve-se fazer imediatamente uma ação de correção ou o bloqueio da zona de risco.

Observe a seguir a sequência lógica para a implementação da ferramenta:

- reunir equipes selecionadas para a captura de anomalias e definir escopo e responsável por área;
- desenhar a área (de preferência, utilizar uma parede) para promover uma melhor gestão visual das oportunidades capturadas;
- todas as vezes que se encontrar uma anomalia, registrar com fotos, pois isso servirá como referência em um plano de ação e também como evidência de captura.

4. Criar e executar um plano de ação

Com as evidências devidamente registradas, fica mais fácil elaborar o plano de ação, podendo-se até mesmo promover um trabalho de transformação cultural. Trata-se, assim, de uma ferramenta muito poderosa e adequada para o início de uma mudança cultural, pois causa um impacto muito grande por meio do registro das imagens dos problemas detectados antes (mostrando uma situação caótica) e depois.

5. Criar um KPI apropriado para o controle das anomalidades identificadas

A elaboração de um KPI (quantitativo ou qualitativo) para o controle das anomalidades também é crucial para a sustentabilidade da aplicação da ferramenta e, consequentemente, da jornada *lean*. Trata-se de fazer uma atualização das rotinas *versus* anomalias identificadas *versus* executadas, ou seja, é uma ação que possibilita um controle total da aplicação da ferramenta e mede o pulso da mudança cultural.

Exemplos de implementação da IA

Na Figura 3.17, a seguir, é possível observar uma lista de anomalias identificadas, por meio de um formulário padrão de limpeza que contém a descrição da localização, das ações corretivas planejadas, realizadas e ilustradas com fotos para melhor identificação, além do registro da evidência.

Figura 3.17 – Formulário de limpeza padrão para registro de captura de anomalias

				RCO (REGISTRO E CONTROLE DE ORGANIZAÇÃO)							
	Fábrica:			Área:				Equipamento:			
N.	Processo	Parte	Referência (Padrão)	Necessidade de EPIs	Local e equipamentos limpos?		Material de limpeza	Tempo de ciclo	Frequência		Responsável
					Sim	Não			2 horas / 8 horas / semanal / mensal		
1											
2											
3											
4											
				Ilustração para referência de limpeza e organização do local controlado							
	1		2			3			4		

Já na Figura 3.18, é possível observar algumas fotos que mostram como era a anomalia detectada (segurança, ordem e limpeza) e como ficou depois das ações corretivas. É importante lembrar que o registro de uma anomalia identificada é extremamente relevante, não só como evidência do caso, mas também como parâmetro comparativo.

Figura 3.18 – Fotos de anomalia antes (à esquerda) da ação e após (à direita) ações corretivas

Julio Aragon Briales

Como já mencionado, esse tipo de situação só traz benefícios, porque registra como a jornada *lean* vem sendo implementada e evidenciada por meio de fotos.

3.3.5 *Jidoka* e *poka-yoke*

As sílabas que compõem o termo *jidoka* têm os seguintes significados:

- ji: executor da atividade;
- *do*: movimentação ou trabalho;
- *ka*: ação.

Portanto, *jidoka* é a automação com inteligência humana, o que pode ser traduzido como "autonomação" (automação e autonomia). Em outras palavras, é quando a máquina sabe que tem de parar imediatamente ao identificar que algo está errado ou fora do padrão, comprometendo a qualidade do produto ou serviço. Isso evita que os produtos ou serviços que não estejam de acordo com as especificações técnicas de qualidade passem para a próxima operação (cliente interno).

O *jidoka* também provoca a atenção das pessoas para identificar a causa raiz das falhas e cria um ambiente para corrigi-las imediatamente ou evitá-las (*poka-yoke* – à prova de erros). Ademais, como mostrado no capítulo anterior, propicia a imediata visualização, no caso de desvio do padrão (*andon board*).

Os primeiros exemplos do conceito de *jidoka* foram originados e aplicados por Sakichi Toyoda no tear, quando criou dispositivos para que as máquinas pudessem detectar falhas no processo e parassem automaticamente sem a intervenção humana – quando os fios verticais ou laterais se rompessem ou estivessem fora do lugar. Em suma, foi assim que ele começou a promover a inteligência das máquinas para a tomada de decisão.

Automação *versus jidoka* (autonomação)

No Quadro 3.1, a seguir, podemos observar as diferenças entre pessoas, processos, qualidade e respostas aos problemas ao se comparar um cenário tradicional de automação com um cenário de autonomação.

Quadro 3.1 – Quadro comparativo entre automação e autonomação

Característica	Automação	Jidoka (autonomação)
Pessoas	O trabalho é mais fácil, mas as pessoas permanecem olhando para o processo (olhando a máquina trabalhar).	A produtividade melhora quando as pessoas trabalham em múltiplas operações/atividades de forma padronizada (todos fazem da mesma maneira todos os dias).
Processos	O processo se estende até o final do ciclo/atividade ou até que o botão de parada seja acionado quando detectada uma anormalidade.	O processo para autonomamente (máquina para sozinha) quando a falha é detectada ou algo não está nos padrões predefinidos.
Qualidade	Inúmeros defeitos podem ocorrer em virtude da produção em massa ou pela falta de um robusto sistema à prova de falhas.	Defeitos e processos fora da especificação são prevenidos por paradas automáticas.
Respostas aos Problemas	Falhas são encontradas mais tarde; correção de causa raiz leva mais tempo (a verificação da causa se faz necessária).	Falhas param o processo; a causa raiz pode ser encontrada facilmente.

capítulo 3

Trabalho manual *versus* máquina

É fácil comparar as *performances* de homem e máquina, mas no mundo *lean* essa comparação tem outra conotação. A questão é o quanto estamos aproveitando do potencial de cada um.

Julgando o homem, podemos dizer que é inteligente, pensa, mas falha em atividades repetitivas. Já a máquina não pensa, não tem inteligência, mas é confiável em tarefas repetitivas.

O trabalho humano abrange atividades que não podem ser realizadas sem o envolvimento de pessoas – por exemplo, trabalhos manuais, artesanais, projetos, planejamento, manipulação de equipamentos etc.

Por seu turno, o trabalho das máquinas diz respeito a atividades que os equipamentos executam automaticamente, sem a necessidade do envolvimento de pessoas – por exemplo, máquinas operando em processos contínuos, como na produção da indústria alimentícia ou farmacêutica; máquinas automáticas para empacotar; máquinas que requerem produtividade alta etc.

No universo *lean*, deve-se analisar cuidadosamente o potencial de cada um (homem e máquina) e procurar mapear as condições críticas e de habilidades de ambos. O objetivo principal desse mapeamento é buscar alternativas para separar o homem da máquina. Com isso, dois grandes objetivos são atendidos:

1. inserir inteligência na máquina para que ela possa detectar alguma anomalia e, automaticamente, prevenir falhas;

2. liberar os operários para não ficarem observando as máquinas enquanto elas trabalham, aproveitando-se o tempo adquirido e disponibilizando-se as pessoas para atividades que agregam valor ao produto.

A ideia de Ohno (1996) era que pessoas "inteligentes" não perdessem seu valioso tempo e intelecto observando máquinas para detectar alguma possível falha no processo.

> *Parar a máquina quando ocorre um problema força a todos a tomar conhecimento do fato. Quando o problema é claramente compreendido, a melhoria é possível. Expandindo esse*

pensamento, estabelecemos uma regra segundo a qual, mesmo numa linha de produção operada manualmente, os próprios trabalhadores deveriam acionar o botão de parada para interromper a produção caso surgisse qualquer anormalidade. (Ohno, 1996, p. 6)

Em resumo, para entendermos bem o conceito do *jidoka*, que basicamente se refere à ideia de separar o homem da máquina, podemos tomar como exemplo a dona de casa, pois raramente ela fica observando a máquina de lavar trabalhando, ou seja, enquanto as máquinas ao seu redor trabalham, ela utiliza o tempo ganho para fazer outras atividades, agregando valor ao processo.

Já com relação ao *poka-yoke*, trata-se de um termo japonês que significa "prevenção de falhas". Consiste em uma técnica para evitar e eliminar erros e falhas na fonte, mediante dispositivos à prova de erros.

A questão é simples: pessoas podem – e vão – cometer erros, por mais experientes que sejam em suas atividades. Mesmo que trabalhem há anos no mesmo posto de trabalho, estão fadadas ao erro. Se uma pessoa comete um erro, todo mundo pode cometer esse mesmo erro, pelo simples motivo de que todos são humanos.

Os erros podem e devem ser sistematicamente prevenidos. Por isso, usar o controle estatístico de processo (CEP) em conjunto com o *lean* – isto é, medir o processo, buscar a causa raiz e implementar ferramentas *lean* – contribuirá para que esse erro nunca mais volte a acontecer.

No *lean*, procura-se fazer certo da primeira vez, na primeira passada e na primeira tentativa. Para isso, incorporam-se várias ferramentas a fim de buscar a excelência operacional, identificando-se e eliminando-se os desperdícios. Um dos grandes tipos de desperdícios, por exemplo, é o excesso ou a falta de estoque, como já vimos. Se adotamos o critério de baixar os níveis de estoque de uma organização, não haverá amortecedor/colchão (*buffer*). Assim, o processo deverá funcionar perfeitamente, sem falhas. Caso contrário, o cliente interno receberá peças com defeitos.

É por isso que se deve implementar a ferramenta *poka-yoke*, a qual impedirá que o defeito ou falha passe para a estação seguinte.

capítulo

3

ポカ　*poka* = erro

ヨケ　*yoke* = prova　⟶　À prova de erros

Propósito do *poka-yoke*

Partimos da premissa de que os seres humanos podem se distrair, por mais experiência que tenham, e estão sujeitos a cometer erros em virtude da falta de atenção, por estarem preocupados com um problema particular, por exemplo.

Sob essa ótica, os dispositivos *poka-yoke* são sistemas à prova de erros que permitem a inspeção e o controle completos do processo. São ferramentas que podem ser aplicadas para evitar erros humanos por conta de desatenção a produtos/serviços que possam incorporar falhas. Dessa forma, elas assumem tarefas repetitivas ou ações que dependem de concentração e atenção dedicada. Assim, o tempo e a mente dos operadores são liberados dessa responsabilidade. Logo, eles podem se dedicar a ações que criam valor, como fazer atividades de prevenção ou de melhoria de produtividade.

Os primeiros dispositivos à prova de erros não foram criados com a finalidade de evitar falhas ou de impedir o avanço de produtos com defeitos à estação seguinte, mas para coibir acidentes, ou seja, havia uma preocupação com a segurança do posto de trabalho do operador, e não com a qualidade.

Um exemplo típico de dispositivo *poka-yoke* à prova de falhas são os bimanuais (dois botões) para acionar uma prensa. No passado, ocorriam muitos acidentes nas prensas, inclusive com mutilação de membros e, até mesmo, eventos fatais. Com a globalização, a concorrência e as exigências dos clientes cada mais evidentes, foram adotadas estratégias para melhorar a qualidade de produtos e serviços e atender a essas necessidades. Para isso, dispositivos que antes eram elaborados com a finalidade de atender apenas à segurança começaram a ser implementados no processo para atingir também os critérios da qualidade, com o objetivo de não gerar produtos com defeitos.

Se o objetivo agora é fabricar produtos com qualidade, sem defeitos, em 100% do tempo em que ocorre seu processo de fabricação, máquinas devem passar por alterações em seu desenho, a fim de que dispositivos para prevenção de falhas possam ser instalados mecânica ou eletronicamente. Resumindo, somente inspeções e controles na fonte fornecem a capacidade de eliminar completamente os defeitos, isto é, mesmo que o operador queira falhar, o dispositivo não permite.

Cabe ressaltar três aspectos de sistemas à prova de erros:

1. São constituídos por inspeção da fonte, inspeção 100% e rápido *feedback*. Isso facilita a identificação da causa raiz e a elaboração de um plano de ação para a eliminação do problema.

2. Dispositivos à prova de erros fornecem um meio eficiente para a realização de inspeções 100%, sem prejudicar o *lead time* final, por estarem incorporados no tempo de ciclo da atividade do colaborador e com *feedback*/retorno imediato de informações.

3. Os melhores sistemas à prova de falhas são desenvolvidos mediante a aplicação de dispositivos *poka-yoke* na fonte das falhas, forçando uma ação corretiva antes que o processamento ocorra.

O Sistema Toyota de Produção recomenda o uso dos métodos Pokayoke. Um dispositivo Pokayoke é uma melhoria na forma de um dispositivo ou fixador que ajuda a atingir 100% de produtos aceitáveis, impedindo a ocorrência de defeitos. Entretanto, o Pokayoke é apenas um meio e não um fim em si mesmo. Portanto, antes de projetar e instalar algum dispositivo, devemos primeiramente determinar se nos basearemos na autoinspeção, na inspeção na fonte ou na inspeção sucessiva. Uma vez que essa decisão tenha sido feita, o Pokayoke é utilizável como medida prática para atingir a inspeção 100%. (Shingo, 1996, p. 152)

Poka-yoke: como prevenir falhas

Quando o *poka-yoke* é acionado, a máquina ou equipamento para ou não inicia o processamento. Logo, a falha pode ser corrigida no momento da detecção. A seguir, apresentaremos alguns exemplos:

- Exemplo 1: posicionamento de peças na máquina do lado certo. Existem guias nas máquinas que obrigam o operador a só posicionar a peça na máquina na posição correta. Se o operador colocar a peça em uma posição incorreta, a máquina não vai funcionar.

- Exemplo 2: os dispositivos "passa não passa" (Figura 3.19) foram criados para que o produto com defeito não avance à estação seguinte, ou seja, se a estação de trabalho A gerar um produto com defeito e esse produto for passado adiante, todas as estações estarão gastando tempo e energia em um produto que vai ser descartado. Os dispositivos *poka-yoke* foram feitos para evitar esse tipo de situação.

Figura 3.19 – Exemplo de dispositivo *poka-yoke* "passa não passa"

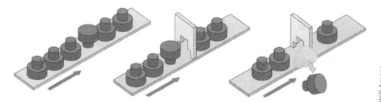

Will Amaro

Fonte: Elaborado com base em UUAGP, 2021.

Ambos os exemplos demonstram que existem controles rigorosos para evitar 100% a passagem de defeitos ao processo seguinte. Nos exemplos a seguir, podemos observar situações diferentes, pois, nesses casos, quando o *poka-yoke* é acionado, um alarme toca, alertando o operador – este seria outro nível de *poka-yoke*.

- Exemplo 1: em alguns *softwares*, quando o usuário tenta excluir um arquivo, é perguntado se realmente deseja fazê-lo. Essa informação pode ser vista quando se abre uma janela extra acompanhada de um som, para chamar ainda mais a atenção.

- Exemplo 2: nos veículos mais modernos, podemos encontrar o mesmo tipo de *poka-yoke* do exemplo anterior. Nesse caso, quando o condutor do carro dá a partida sem colocar o sinto de segurança, um som é disparado, e o painel acusa a ausência do cinto.

Em ambos os casos, temos exemplos de *poka-yoke* que disparam sinais quando existe uma anomalia, e seguir com a ação pode causar sérios problemas. Porém, trata-se apenas de alertas; não existe um dispositivo que proíba a execução. Já em outros carros, se o condutor não coloca o cinto, o alarme é disparado para sinalizar o problema e o veículo não liga. Nesse caso, passa-se de uma situação em que existe apenas um alerta de comunicação para um *poka-yoke* de proibição, à prova de falhas.

Para esclarecer melhor o conceito, seguem mais alguns exemplos de dispositivos *poka-yoke*:

- Quando a matéria-prima apresenta irregularidades, por exemplo, em seu dimensional, a máquina não funciona.

- Se a máquina não está dentro da parametrização para fazer o produto da ordem de produção sequenciada, a máquina também não funciona.

- Quando um produto é feito e não está de acordo com o padrão ou com as necessidades do cliente, ele é retirado automaticamente da linha de produção, para que não seja processado na estação seguinte.

- Se o montador se esquece de apertar um parafuso crucial, de montar uma parte do componente ou o monta de forma inversa, a estação de trabalho dispara uma alerta e para de funcionar.

capítulo 3

Os *poka-yoke* são facilmente identificados para a produção. Já com relação a processos administrativos ou serviços, fica mais difícil contar com dispositivos, embora não seja impossível – basta um pouco de criatividade. Por exemplo, se você está preenchendo um formulário e esquece alguma informação, não consegue enviar o documento, pois ele não está totalmente preenchido.

Shingo (1996, p. 153) comenta que existem dois tipos de inspeções:

- **Inspeção sensorial**: ocorre quando se depende do colaborador, de seu sentimento em relação ao que está sendo inspecionado – por exemplo, em termos de formatos, cores, gostos, cheiros etc. Essa inspeção deve ser realizada, preferencialmente, na própria fonte.
- **Inspeção física**: não se depende do sentimento do operador, pois são instalados dispositivos *poka-yoke* para evitar achismos ("achar" que está certo ou errado).

Figura 3.20 – Exemplo de dispositivos *poka-yoke*

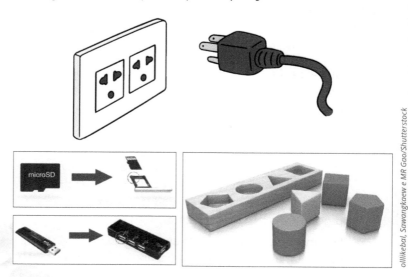

Fonte: Chaves, 2014.

3.3.6 *Centerlining* (linha central/sem ajustes)

Centerlining são pontos de ajuste óbvios à primeira vista, para evitar perda de tempo com ajustes e manter as especificações padronizadas. Pode ser definido como:

- ajustes de posição padronizados para cada produto/Stock Keeping Unit (SKU);
- adaptações das atividades específicas para atender às necessidades do cliente;
- ajustes/parametrização necessários à máquina, eliminando-se suposições e falhas;
- padronização de ajustes para obter o mesmo dimensional do produto em todas as máquinas e turnos, isto é, "funcionamento perfeito".

Tais pontos representam os padrões atuais de cada equipamento da unidade, definidos pelo especialista no assunto (que trabalha com o equipamento) e orientados pelo coordenador de processo ou operador-chave, envolvendo a segurança e o especialista em qualidade. O *centerlining* é gerenciado pelo operador do equipamento (pessoa que habitualmente trabalha com o equipamento).

Objetivo da implementação do *centerlining*

O objetivo do *centerlining* é reduzir o tempo que se perde para fazer ajustes, por exemplo, no momento de parametrizar a máquina ou o dispositivo para início do processo de fabricação, ou mesmo a troca do produto/modelo. Com isso, reduzimos o *lead time* da operação, já que não se perde tempo posicionando ou ajustando moldes, dispositivos, peças, produtos etc., de modo que os parâmetros são resumidos, e os processos e produtos, padronizados.

A seguir, apresentamos algumas situações típicas na maioria dos processos quando não envolvem a cultura de utilizar o *centerlining*:

capítulo 3

- Cada um dos turnos/pessoas tem sua maneira preferida de executar uma atividade, e isso impacta a *performance* do processo e a qualidade do produto ou serviço.

- Trocas de moldes e matrizes são concluídas, mas pouco registradas/documentadas de modo que se conheçam a estatística do processo e a história de tempos perdidos.

- As configurações que precisam ser alteradas em uma troca não são óbvias à primeira vista, isto é, trabalha-se por meio de tentativa e erro e não existe precisão nos ajustes.

- A resolução de problemas é, muitas vezes, morosa; os ajustes não são dominados e deve-se ficar ajustando mais para cima, para baixo, para o lado esquerdo, para o lado direito... Tais situações tornam o processo lento e sem precisão.

- Não há nenhuma maneira de fazer o equipamento retornar para o padrão porque tal padrão não está documentado; por não existir o registro da atividade, a melhoria do processo fica comprometida.

Condições para a implementação

O *centerlining* deve ser aplicado com suporte dos especialistas *lean*, envolvendo a equipe da manutenção e, principalmente, os operadores das máquinas, que convivem com o processo diretamente e têm muito o que compartilhar a respeito dessa experiência. Além disso, quando essa operação é realizada, qualquer ação de melhora é muito mais sustentada em comparação com aquelas que ficam por conta da participação do colaborador.

Resultados de um bom *centerlining*

O *centerlining* é uma das ferramentas do sistema estabilidade e contribui para melhorar a *performance* operacional, eliminando a variação decorrente de ajustes personalizados. Isso evita que cada operador faça de seu jeito, ao longo do processo. Com isso, o tempo do processo e a qualidade do produto não são afetados, fornecendo-se um padrão para o desempenho operacional.

O desempenho e a confiabilidade no processo são melhorados sensivelmente depois da aplicação do *centerlining*. Os processos são realizados automaticamente com maior segurança, eliminando-se as causas de quebras que se devem à falta de conhecimento.

Outro fator importante referente à aplicação do *centerlining* é que ele acarreta uma simplicidade operacional, tornando mais fácil fazer o que é certo, ou seja, desconsidera-se a necessidade de ajustes ou trabalhos realizados por sentimentos apoiados em uma experiência que pode ser prejudicial no que tange à falta de padronização.

Como benefício, o *centerlining* traz três excelentes resultados na aplicação:

- Cria uma cultura crítica em sua aplicação, por se começar a trabalhar mais próximo de uma padronização de processo.

- O trabalho padronizado é a base para o desempenho sustentável, por fazer com que cada colaborador comece a trabalhar da mesma maneira, não se apoiando na individualidade.

- Sempre existem boas práticas; o importante é encontrá-las e compartilhá-las com outras áreas.

Como eliminar ajustes desnecessários

- Primeira escolha: eliminar tudo o que tiver de ser ajustado – nesse caso, estamos nos referindo a ajustes desnecessários. Uma vez que sejam eliminados, o acompanhamento não se fará mais necessário, pois o processo começará a ficar mais robusto.

Na Figura 3.21, podemos perceber que o braço esquerdo tem um espaço, o braço direito é fixado com pino e os pinos eliminam o ajuste.

Figura 3.21 – Primeira escolha: eliminar ajustes

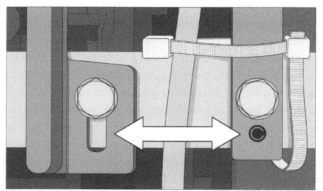

- Segunda escolha: ajustar todas as posições fixas, em locais específicos, com referências, pontos precisos etc. Isso ajuda em uma parametrização rápida da máquina, de modo que a inspeção deixa de ser necessária, por exemplo. A Figura 3.22 ilustra dois modelos de botão de ajuste, um sem referência, que acarreta desperdício de tempo na busca pelo ajuste ideal, e outro com referência, que facilita a escolha com padrões preestabelecidos.

Figura 3.22 – Segunda escolha: ajustes de posição fixa

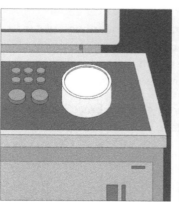 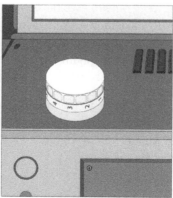

- Terceira escolha: distância escala gradiente, para diversos tipos de ajustes, porém com uma referência, que, nesse caso, é a escala da régua, com marcas que indicam diferentes parametrizações. Idealmente, isso precisa ser convertido em uma posição de ajuste fixo, para também evitar possíveis ajustes.

Figura 3.23 – Terceira escolha: distância escala gradiente que indica a localização exata da posição

3.3.7 Fundamentos de manutenção preventiva (MP)

Como conseguir a estabilidade no processo se as máquinas não são confiáveis? Todas as vezes em que uma máquina está parada, o impacto é gigantesco no processo e na cadeia de valor. Para resolver isso, uma das soluções mais tradicionais é elevar o inventário; contudo, consequentemente, os custos também crescem.

capítulo 3

A ideia aqui não é explicar com profundidade o conceito de manutenção preventiva e seus benefícios. Existem muitos livros especializados no tema, com exemplos ilustrativos e esclarecedores. Nosso objetivo, nesta seção, é fornecer uma noção macro de fundamentos da manutenção, mais focada em aspectos preventivos, tendo em mente o impacto causado no sistema estabilidade.

Um dos motivos de se implementar a manutenção preventiva é justamente a necessidade de obter essa estabilidade, pois muitas paradas e quebras nos equipamentos são causadas pela falta de condições básicas: cerca de 40% a 65% por falta de limpeza, lubrificação, aperto, alinhamento e, principalmente, pelo manejo incorreto do equipamento pelos colaboradores; entre 10% e 20% do orçamento de manutenção são gastos com lubrificações ineficientes. Outro ofensor de quebras nos equipamentos está na deterioração forçada. Em uma fábrica tradicional, esse aspecto absorve de 25% a 70% do orçamento de manutenção e de 55% a 75% do tempo gasto com isso.

Muitos gestores comentam que não possuem verba para fazer a manutenção preventiva, mas gastam muito mais com a manutenção corretiva.

> *Se um equipamento comprado na década de 20 é mantido, pode garantir, no momento, um nível de operação próximo a 100% e pode suportar a Carga de produção a ele destinada, o valor da máquina não diminuiu em nada. Por outro lado, se uma máquina comprada no ano anterior tem recebido uma manutenção precária e produz somente metade do seu nível de produção, devemos considerar seu valor como tendo diminuído 50%.* (Ohno, 1996, p. 57)

Mencionamos apenas algumas estatísticas que retratam o que acontece no mundo da manutenção. Logicamente, nem todas as empresas apresentam essa *performance* em termos de disponibilidade de equipamentos, mas são inúmeras as empresas que têm estatísticas ainda piores em relação aos números apresentados.

Objetivos da manutenção preventiva

Entre os objetivos da manutenção, a prioridade é avaliar os equipamentos e entender as condições atuais, considerando-se alguns critérios:

- treinar as pessoas para um novo conceito de se trabalhar com os equipamentos, adaptados à cultura da empresa;
- validar e checar todos os ativos;
- definir as prioridades dos ativos (classificação ABC);
- compreender a situação atual (pesquisar em base de dados existente), razão pela qual se faz necessária a medição diária da *performance* dos equipamentos;
- criar KPIs para entender a situação dos equipamentos.

Uma das primeiras coisas a serem feitas é conhecer todas as oportunidades, principalmente em relação às paradas não programadas, e corrigir as fraquezas atreladas à disponibilidade baixa do equipamento, promovendo-se melhorias nos processos de manutenção preventiva, a fim de identificar e eliminar as causas das paradas.

Como implementar a manutenção preventiva

Existem várias maneiras de se implementar a manutenção preventiva. Basta entender a necessidade e a importância da ferramenta e querer colocá-la em prática. A seguir, na Figura 3.24, apresentamos uma sequência adequada, ilustrada em passos, para atender às organizações que desejam melhorar a disponibilidade de seus equipamentos.

Figura 3.24 – Sequência de implementação de manutenção preventiva

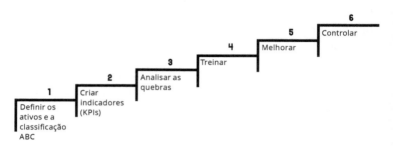

1. Definir os ativos e a classificação ABC

- **Ativos**: a primeira atividade a ser realizada é a conferência dos ativos da empresa. Equipamentos, dispositivos, máquinase linhas de produção devem ter sua posição determinada e associada à estrutura do sistema informatizado de manutenção.
- **Classificação ABC**: é um critério de priorização relacionado a equipamentos, dispositivos, máquinas e linhas de produção, com o objetivo de orientar a aplicação de diferentes estratégias e ferramentas de manutenção.

2. Criar indicadores (KPIs)

A medição dos indicadores de manutenção está dividida em quatro etapas:

I. **Índice de quebras**: indica a quantidade de paradas ou a perda de eficiência dos equipamentos, dispositivos, máquinas e linhas de produção, desconsiderando-se as pequenas paradas técnicas (PPTs).

Cálculo do Índice de Quebras I

Unidade: quebras/100 líquidas produção

$$\text{Índice de quebras} = \frac{\text{Qdade PM01(101} - \text{Qdade PPT}}{\text{NPH}} \times 100 \;[\text{Quebras/100 h líquidas}]$$

PMO(101) < 10 min. (≤ 0,2)

II. *Mean Time Between Failures* (MTBF) – **tempo médio entre falhas**: indica o tempo médio de operação do sistema entre a ocorrência de quebras, desconsiderando-se o PPT.

Cálculo do Índice de Quebras II

Unidade: horas (h)

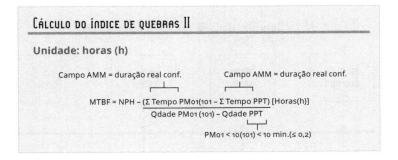

Campo AMM = duração real conf.   Campo AMM = duração real conf.

$$\text{MTBF} = \frac{\text{NPH} - (\Sigma \text{ Tempo PM01(101} - \Sigma \text{ Tempo PPT})}{\text{Qdade PM01 (101)} - \text{Qdade PPT}} \;[\text{Horas(h)}]$$

PM01 < 10(101) < 10 min.(≤ 0,2)

III. *Mean Time To Repair* (MTTR) – **tempo médio para reparo**: indica o tempo médio de trabalho da equipe de manutenção para restabelecer as condições funcionais de equipamentos, dispositivos, máquinas e linhas de produção, após a ocorrência de uma quebra.

Cálculo do Índice de Quebras III

Unidade: horas (h)

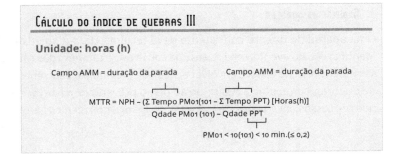

Campo AMM = duração da parada   Campo AMM = duração da parada

$$\text{MTTR} = \frac{\text{NPH} - (\Sigma \text{ Tempo PM01(101} - \Sigma \text{ Tempo PPT})}{\text{Qdade PM01 (101)} - \text{Qdade PPT}} \;[\text{Horas(h)}]$$

PM01 < 10(101) < 10 min.(≤ 0,2)

IV. **Disponibilidade técnica**: é a capacidade de um sistema estar em condições de executar suas funções no tempo correto ou em um período de tempo predeterminado.

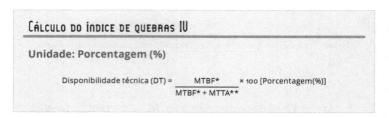

Na Figura 3.25, apresentamos um exemplo de como funciona o tempo avaliado desde o início de uma parada/quebra até o fim da parada/quebra.

Figura 3.25 – Tempo avaliado de quebras e entre quebras

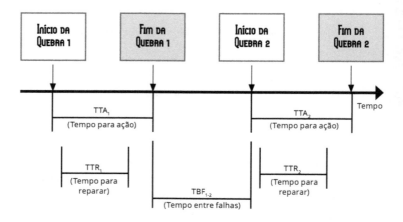

3. Analisar as quebras

Uma análise de quebra consistente deve ter uma clara e objetiva identificação do evento, uma análise da causa raiz e também das causas potenciais, isto é, deve envolver ações que previnam a ocorrência de quebras, como uma adequação ao plano preventivo, *poka-yokes* nos processos, instruções de trabalho, treinamentos técnicos e/ou operacionais e melhorias eventuais. Alguns desses exemplos serão abordados com mais detalhes na sequência desta obra.

4. Treinar

É a fase do entendimento, do esclarecimento e do alinhamento do conceito. Trata-se de uma parte importante da implementação, pois é quando se tem a oportunidade de esclarecer todas as dúvidas, principalmente para a mudança de mentalidade, de quebra de paradigmas e de comportamento. Vale a pena investir nessa fase.

5. Melhorar

O importante aqui é ter um relatório com dados suficientes para buscar a causa raiz e gerar, primeiramente, ações de contenção e, em seguida, um plano de ação para atividades preventivas, evitando-se a recorrência.

6. Controlar

O importante, nessa etapa, é escolher e ter os melhores indicadores para que o controle seja eficiente e possa trazer de imediato informações que gerem ações corretivas, a fim de monitorar os resultados com mais transparência.

Fatores de sucesso

Para garantir a implementação, faz-se necessário o comprometimento dos gestores quanto ao uso correto do conceito, para registrar as informações, gerar um plano de atividade de ações corretivas e preventivas, medir e controlar. Deve-se sistematizar a análise de quebras, sempre tentando identificar as causas e priorizando a implementação das ações geradas na análise de quebras ou auditorias, para facilitar e controlar o conceito.

Resultados esperados

Entre os resultados esperados estão: auditoria para facilitar e controlar 100% do inventário físico da linha representada na base de dados (para ativos, conjuntos e componentes); 100% da classificação ABC revisada para os ativos, subconjuntos e componentes; KPIs elaborados, com metas definidas; conceitos de quebras e pequenas paradas consolidados com 100% das quebras analisadas e 90% das ações geradas pela análise implementada; redução de 30% no número de quebras e aumento de 65% no MTB.

3.3.8 Troca rápida de ferramentas (SMED)

SMED (sigla para *Single Minute Exchange of Die*) – troca de matriz em um tempo inferior a um dígito, mais conhecida como *troca rápida de ferramentas* (TRF) – é um conceito ou uma ferramenta *lean* elaborada inicialmente por Taiichi Ohno e, mais tarde, consolidada por Shigeo Shingo.

Trata-se de uma técnica destinada à execução de operações de *setup* em tempos de um dígito de minuto, ou seja, tempos inferiores a dez minutos. O tempo de *setup* refere-se ao tempo de preparação de uma máquina, decorrido entre o último produto bom do lote anterior até o primeiro produto bom do lote subsequente. Assim, todo o tempo de preparação para que o produto fique dentro dos parâmetros é contabilizado no tempo de *setup*.

A ferramenta SMED flexibiliza a produção, permitindo a migração de grandes para pequenos lotes de produção, com ganhos consideráveis de produtividade, quase sem a necessidade de investimentos.

Importância da redução do tempo de *setup*

O mercado e o consumidor estão cada vez mais exigentes quanto a novos produtos, com mais qualidade e, preferencialmente, à pronta entrega. Com a redução do tempo de *setup*, podemos incrementar a operação com essas exigências, incorporando a excelência operacional.

O *setup* é de suma importância para poder atender às demandas flutuantes dos clientes – em qualidade, custo, preço ou serviço. E por meio de lotes menores que se pode aumentar a flexibilidade de produção (produção do *mix* diário), liberando capacidade e reduzindo estoque/prazo de entrega. Essa flexibilidade passa a ter importância estratégica nas organizações. Como benefício, o *setup* reduz a quantidade de defeitos por haver um maior controle de seu processo, com *poka-yokes* incorporados ao sistema e custo de estoque reduzido pela criação de *mix* de produtos. Isso aumenta a flexibilidade de produção e melhora a entrega do produto, com mais pontualidade.

O *setup* cria uma capacidade extra na máquina. Tempos empregados desnecessariamente na preparação passam a ser utilizados para aumentar o volume de produção, reduzindo-se até mesmo o prazo de entrega.

Objetivos do SMED

O principal objetivo do SMED é eliminar ou minimizar o tempo perdido na preparação da máquina e disponibilizar o tempo ganho para aumentar o volume de produção. Ademais, quando se implementa o SMED, em paralelo, incorporam-se outros objetivos, tais como:

- aumentar o rendimento;
- reduzir o tamanho do lote e do estoque em processo (WIP);
- reduzir tempos perdidos com excessos de movimentos e caminhadas;
- melhorar as condições de segurança e ergonomia;
- ter um *setup* de menos dois dígitos – por exemplo, nove minutos;
- criar operações padronizadas;
- melhorar a qualidade do posto de trabalho com a filosofia 5S;
- medir e sustentar novos tempos de *setup*.

Quando falamos em *setup*, estamos considerando o propósito de flexibilizar a produção para obter maior capacidade de produzir, dispondo-se de uma linha variada de produtos e serviços de acordo com as necessidades do cliente. Isso implica introduzir 100% o conceito *just in time* (JIT), produzir o estritamente necessário, na quantidade solicitada e no menor tempo possível, com uma produção diversificada de baixos volumes, com lotes cada vez menores e trocas de produtos mais frequentes.

capítulo

3

A esse respeito, nas palavras de Ohno (1996, p. 85),

> *O Sistema Ford tem fixa a ideia de produzir em uma só vez uma boa quantidade do mesmo item, o Sistema Toyota sincroniza a produção de cada unidade. A ideia por trás dessa abordagem é a de que, no mercado, cada consumidor adquire um carro diferente, e assim, na fabricação, os carros devem ser feitos um por vez. Mesmo no estágio da produção de peças, cada peça é produzida uma de cada vez.*

Segundo Shingo (1996), o tempo de *setup* compreende quatro funções:

1. preparação dos dispositivos de montagem, dos acessórios, isto é, preparação da máquina para receber a matéria-prima etc. (todas essas atividades poderiam contribuir com 30% do TRF);
2. fixação e remoção de matrizes e ferramentas (5% do TRF);
3. parametrização da máquina e de equipamentos, como centragem e dimensões das ferramentas (15% do TRF);
4. processamentos iniciais e ajustes nos quais se gasta a maior parte do tempo e que contribuem com 50% do TRF.

Como implementar o SMED

Para minimizar os tempos dessas quatro funções, Shingo (1996) criou oito principais técnicas TRF para reduzir o tempo de *setup*, as quais serão descritas na sequência:

1. separação das operações de *setup* internas e externas;
2. conversão de *setup* interno em externo;
3. padronização da função, e não da forma;
4. utilização de grampos funcionais ou eliminação de grampos;
5. uso de dispositivos intermediários;
6. adoção de operações paralelas;
7. eliminação de ajustes;
8. mecanização.

1. Separação das operações de *setup* internas e externas

Trata-se de fazer o mapeamento do estado atual, ou seja, medir os tempos gastos para fazer as atividades. Tais atividades e os respectivos tempos devem ser separados em: atividades que podem ser executadas durante o funcionamento do equipamento (*setup* externo); e atividades realizadas quando o equipamento está parado (*setup* interno).

No caso do *setup* externo, um exemplo seria preparar o transporte de ferramentas, dispositivos e acessórios que serão trocados enquanto a máquina estiver funcionando. No caso de *setup* interno, podemos citar a remoção dos acessórios que serão trocados e que estão fixados na máquina, ou seja, só podem ser removidos depois da máquina parar.

Para fazer essas observações e coletar os tempos das atividades, é possível utilizar várias ferramentas. A seguir, indicamos um exemplo de ferramenta, a folha de observação.

Figura 3.26 – Folha de observação para a redução do *setup*

#	Descrição da atividade	Tempo final da atividade	Duração da atividade	Ferramentas e sistemas de controle	Observações
Tempo total das atividades					

capitulo

3

Com o simples fato de mapear essas atividades, observar, separar e organizar as operações, pode-se reduzir o tempo de *setup* entre 30% e 50%.

2. Conversão de *setup* interno em externo

Esse é o princípio mais importante no que se refere à redução do tempo de *setup*, ainda que sem muitos investimentos. Em virtude de se separarem as atividades internas das externas, o ganho de tempo é muito significativo. Sem essa separação, seria muito difícil chegar à casa de um dígito de minuto. Para as atividades externas, realizar ações para conseguir explorar atividades durante a máquina em funcionamento é relativamente fácil e, por vezes, não requer muitos investimentos. Um exemplo de atividade externa é aquecer um molde que necessita ser aquecido antes de começar o *setup*; assim não se perderia o tempo de aquecimento depois de começar. No caso das atividades internas, talvez exista um pouco mais de dificuldade, pois se faz necessário investir, por exemplo, em modificações de dispositivos, acessórios etc.

3. Padronização da função, e não da forma

A padronização é um elemento constante no STP, e seu conceito dentro do *setup* não é diferente. Nesse caso, Shingo (1996) explica a importância da padronização das matrizes para não perder tempo com questões de ajuste. Como demonstramos ao tratar da ferramenta *centerlining*, ajustar não agrega valor, e no *setup* isso se torna mais evidente.

Na Figura 3.27, podemos visualizar um exemplo de como padronizar as alturas de fixação das matrizes, para evitar perda de tempo no momento da fixação à máquina.

Figura 3.27 – Técnica de padronização de alturas de fixação das matrizes

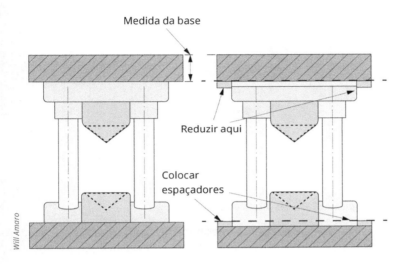

4. Utilização de grampos funcionais ou eliminação de grampos

Nesse caso, o objetivo é eliminar a perda de tempo na hora de fixar dispositivos ou componentes à máquina. Os parafusos são sempre utilizados para essa função, mas, a depender do tipo de parafuso, perde-se muito tempo. Por exemplo, um parafuso que tenha 15 fios de rosca deve ser girado 14 vezes antes que chegue ao seu aperto, ou seja, são 13 movimentos desnecessários. Outro exemplo de perda de tempo é fazer as fixações das matrizes com os grampos.

Na Figura 3.28, a seguir, podemos observar dois exemplos: à esquerda, a imagem mostra que, para fixar uma matriz, perde-se tempo porque o tipo de grampo requer uma montagem, e são utilizadas quatro partes; já à direita, não existe essa montagem por se tratar de uma peça única, reduzindo-se, assim, o tempo de fixação.

Figura 3.28 – Exemplo de grampo tradicional de múltiplas partes *versus* grampo com uma unidade

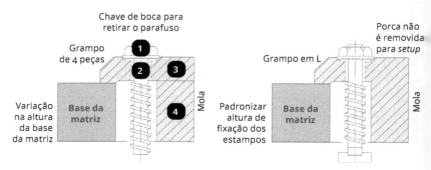

5. Uso de dispositivos intermediários

A utilização de dispositivos intermediários padronizados é a razão pela qual se reduzem os tempos tanto das atividades internas como das externas. Tais dispositivos eliminam o tempo perdido com ajustes durante o *setup* interno, em virtude do fato de já estarem ajustados e parametrizados durante o *setup* externo.

Esses dispositivos intermediários requerem investimento, pois alguns equipamentos e acessórios seriam duplicados. Por isso, deve-se levar em conta a relação custo-benefício, ou seja, quanto será gasto com equipamentos duplicados *versus* quanto será obtido de tempo com o *setup*.

Tais dispositivos intermediários devem ser padronizados para evitar ajustes, e sua fixação também deve ser padronizada e rápida – por exemplo, fixação por meio de grampos com um movimento (Figura 3.29).

Figura 3.29 – Exemplo de grampo de ação rápida

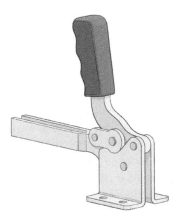

Fonte: Gramfix, 2021.

6. Adoção de operações paralelas

As operações paralelas consistem em aumentar o número de operários para ajudar a fazer o *setup* e, como no caso anterior, deve-se levar em conta a relação custo-benefício. Inicialmente, muitos gestores são contrários a essa ideia, porque acreditam em um aumento de horas-homem. Porém, quando se mostra o tempo que o operador sozinho leva para fazer o *setup*, percebendo-se que esse tempo pode ser reduzido consideravelmente, as opiniões começam a mudar. Por isso, faz-se necessário considerar que, como o *setup* está padronizado, com dispositivos de fácil ajuste, não se requer mais uma mão de obra especializada. Assim, essa operação paralela pode ser feita por meio de um ajudante, até mesmo quando ele está aproveitando algum tempo ocioso.

O melhor exemplo nesse caso de operações paralelas é a parada nos boxes dos carros de Fórmula 1. Nas primeiras corridas, quando o carro parava nos boxes para fazer a troca dos pneus, quem trocava era o próprio piloto, perdendo preciosos minutos. Com o passar dos anos, perceberam que deixar o carro parado não agregava valor (assim como as máquinas nas empresas) e começaram a incorporar operações paralelas para diminuir esse tempo. Atualmente, essa troca é feita em dois segundos, e isso é fator de sucesso para as equipes alcançarem seus objetivos – no caso, vencer as corridas.

7. Eliminação de ajustes

Os ajustes representam entre 50% e 70% do tempo de *setup* interno, e eliminar parte desse tempo traz uma economia considerável ao final do processo. Shingo (1996) comenta que a primeira coisa a fazer é reconhecer que preparação e ajustes são duas funções distintas e separadas. O autor cita o exemplo de que a preparação ocorre quando existe uma mudança de posição de um interruptor de fim de curso; já o ajuste se dá quando esse interruptor é testado várias vezes e ajustado repetidamente para uma nova posição. Muitas preparações e ajustes são eliminados e minimizados por meio do *centerline*, da padronização das parametrizações, dos dispositivos e complementos e, principalmente, da mudança do sistema de troca de *setup*.

8. Mecanização

A mecanização tem uma considerável parcela na redução do *setup*, embora não seja a mais significativa em face de possíveis investimentos, isto é, para sua aplicação, deve-se avaliar a real necessidade. No TRF, primeiro é preciso considerar os sete primeiros princípios/técnicas, pois é onde existem as maiores oportunidades de ganho de tempo. A mecanização é importante e, em alguns casos, realmente necessária, mas ela é apenas um componente do *setup*, que precisa ser realizada depois de os outros princípios estarem incorporados de forma robusta no processo.

A Figura 3.30 mostra a diferença entre as atividades externas, que são realizadas quando a máquina está em movimento, e as atividades internas, as quais só podem ser realizadas com a máquina parada.

Figura 3.30 – Fluxograma para a aplicação das oito técnicas de troca rápida de ferramentas (TRF)

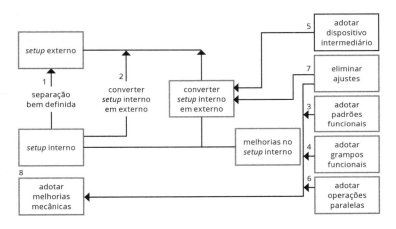

Fonte: Shingo 1996, p. 88.

Segundo Shingo (1996), a TRF conduz à melhoria do *setup* de forma progressiva por meio de quatro estágios básicos:

- Estágio 1: estágio preliminar em que não é feita nenhuma distinção entre atividades internas e externas.
- Estágio 2: estágio mais importante no que se refere ao objetivo de se ganhar tempo, pois é onde se separam as atividades internas das externas.
- Estágio 3: conversão das atividades internas em externas.
- Estágio 4: foco na busca de oportunidades para a redução da perda de tempo e a melhoria em todos aspectos, principalmente com ajustes e padronização.

capítulo 3

Figura 3.31 – Troca rápida de ferramentas (TRF): estágios conceituais e técnicas de operacionalização

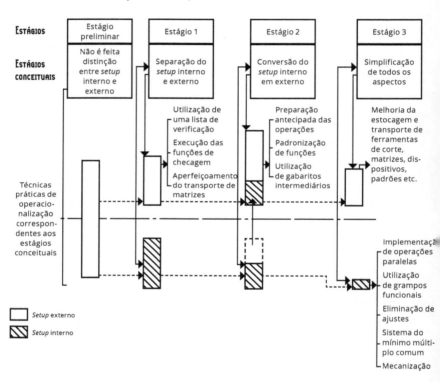

Fonte: Shingo, 1996, p. 90.

Em resumo, a Toyota adotou o TRF para a redução dos tempos de *setup* e conseguiu ganhos operacionais expressivos que são referência até hoje. Mas isso não significa que o TRF seja um privilégio da indústria automotiva e que não possa ser utilizado em outros segmentos, com produtos e processos diferentes dos desenvolvidos pela Toyota.

Para a redução do *setup*, pode-se aplicar o TRF em processos nos quais máquinas estejam envolvidas. Contudo, levando-se em conta a essência do conceito *setup* (tempo), isso pode ser aplicado a qualquer organização em que nas atividades exista uma perda na preparação para um próximo produto, processo ou serviço.

Nesse contexto, apresentamos uma sequência lógica de como implementar o *setup* em qualquer processo, produto ou serviço que se deseja ou em que se necessite minimizar o tempo perdido:

1. mapear a situação atual;
2. registrar os tempos observados;
3. analisar os dados coletados;
4. implementar ações de melhoria;
5. padronizar o novo *setup*;
6. controlar o *setup* por meio de KPIs.

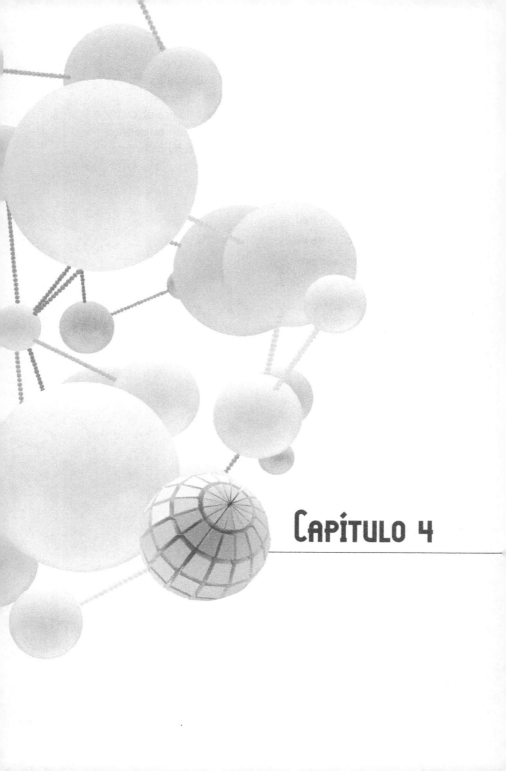

Capítulo 4

Sistema fluxo

Ter como princípio o fluxo de um rio, isto é, a ideia de que a água que passa uma vez não volta. Esse é o principal objetivo de se criar um sistema no qual o fluxo de um produto ou serviço não retorne para retrabalho. É dessa temática que trataremos neste capítulo.

4.1 Conceito de sistema fluxo

Depois de implementar o sistema estabilidade, o próximo passo é efetivar o sistema fluxo, que tem como propósito criar um fluxo correto na cadeia de valor, sem interrupções, esperas ou movimentos desnecessários, conectando os processos internos e externos de acordo com o ritmo necessário. Para que um sistema de produção funcione em um conceito de excelência operacional, é de extrema importância que exista o sistema fluxo, para apoiar a cadeia de valor, ou seja, desde o fornecimento de matérias-primas até os processos de transformação e de distribuição do produto terminado. Todas essas áreas dentro da cadeia de valor têm de estar sincronizadas, sem interrupções ou retrocessos, sempre em um fluxo constante. É isso o que denominamos *sistema fluxo*. Implementá-lo auxilia na redução do *lead time* e, com isso, obtêm-se aumento da produtividade, melhora da qualidade e redução de custo.

Para atingir o fluxo constante, exige-se, em muitas situações (quando o processo permite), sair da produção em lote e passar para o fluxo de peça única, a fim de reduzir o tempo de entrega. Isso também melhora a qualidade do produto, pois as anomalias são detectadas já no início do processo, economizando-se recursos e tempo no retrabalho e facilitando-se a identificação da causa raiz. Ao diminuir a quantidade de tempo necessária para entregar um produto ou serviço, libera-se o processo para atender à demanda que antes não era contemplada. Assim, se anteriormente algo levava 30 horas para ser entregue e, no momento, são necessárias apenas 10 horas, foram liberadas 20 horas que podem ser usadas para agregar mais valor ao produto.

4.2 Benefícios do sistema fluxo

O sistema fluxo ajuda a visualizar o fluxo completo da cadeia e a identificar as fontes de perdas, além de vincular conceitos e ferramentas *lean* para evitar maiores desperdícios e de fornecer uma mesma linguagem a ser usada entre clientes internos e externos, aumentando sua satisfação. Outro benefício importante tem relação com o *lead time* e, consequentemente, com a melhoria dos principais Key Performance Indicators (KPIs): qualidade, custo e entrega.

Nas palavras de Liker (2004, p. 100),

> Um bom lugar para qualquer empresa começar a jornada rumo ao conceito enxuto é criar um fluxo contínuo onde quer que se possa aplicá-lo em seus principais processos de fabricação e de serviços. O fluxo está no centro da mensagem enxuta de que a redução do intervalo de tempo entre a matéria-prima até os produtos (ou serviços) acabados leva a uma melhor qualidade, a um menor custo e a um menor prazo de entrega. O fluxo também tende a forçar a implementação de uma série de outras ferramentas e filosofias enxutas, como a manutenção preventiva e autonomação.

4.3 Ferramentas *lean* relacionadas ao sistema fluxo

Assim como no sistema estabilidade, no sistema fluxo também existe uma série de ferramentas que apoiam a implementação. Independentemente da implementação ou não do sistema fluxo, de forma isolada cada uma dessas ferramentas já traz resultados significativos para as organizações. Logicamente, se todas forem aplicadas, os resultados serão ainda mais expressivos, e a jornada *lean* será corretamente implementada.

No sistema fluxo, as principais ferramentas são:

- plano para cada parte (PEP);
- ponto de uso;
- *lean warehousing*;
- *mizusumashi*;
- *milk run*.

Uma vez implementada a estabilidade e o fluxo corretos, um dos principais benefícios é ter a possibilidade de manter o processo robusto e sem falhas, com qualidade e produtividade incorporada, a ponto de trabalhar com o conceito de fluxo de peça única, como comenta Liker (2004, p. 112):

> *Criar fluxo significa reunir operações que de outro modo estariam separadas. Quando as operações são conectadas, há mais trabalho de equipe, rápido feedback quanto a problemas de qualidade precedentes, controle sobre o processo e pressão direta das pessoas para solucionar problemas, pensar e desenvolver-se. Essencialmente, dentro do modelo Toyota, o principal benefício do fluxo unitário é que ele desafia as pessoas a pensar e a se aperfeiçoar.*

Em suma, o sistema fluxo proporciona uma sequência lógica de processo, sem interrupções em uma mesma direção, sem retornos, sem idas e vindas de materiais ou de colaboradores. Logo, ele faz a conexão correta entre estações, áreas e processos. Dessa forma, permite identificar as oportunidades de melhoria e facilita a verificação de possíveis anomalias não programadas, garantindo, assim, um maior poder de resposta.

4.3.1 Plano para cada parte (PEP)

O plano para cada parte (PEP – *plan for each part*) oferece uma metodologia para obter um conjunto padronizado de informações sobre matéria-prima, produto em processo e produto terminado, as quais serão utilizadas para elaborar e aplicar um sistema logístico *lean*.

capítulo 4

O PEP é fundamental para o desenho do sistema de fluxo e acaba suportando algumas ferramentas que serão abordadas na sequência, tais como ponto de uso, *mizusumashi*/rota de entregas, *kanban* interno e externo e *milk runs*.

Objetivos da implementação do PEP

O PEP é uma ferramenta para compartilhar informações que permite a integração de *supply chain*, manufatura e compras. Trata-se de um suporte ao desenho para fluxos ideais de logística e produção e que oferece visibilidade a todos os dados importantes e atualizados de todos os componentes em um local central e acessível, com respostas rápidas a perguntas relacionadas aos componentes (matéria-prima, produto terminado, *Work in Process* – WIP, insumos etc.).

Benefícios do PEP

Trata-se de um banco de dados com inúmeras informações que possibilita fazer a gestão do estoque, da volumetria, do espaço interno de um armazém, de um centro de distribuição etc., melhorando os fluxos internos. Os dados-base do PEP devem ser extraídos dos sistemas interno (por exemplo, SAP), facilitando sua utilização e sustentação. Sempre que possível, deve-se utilizar o sistema mais simples que permita organizar os dados (por exemplo, Excel).

Gestão do PEP

O ideal é sempre nomear um colaborador, um padrinho para administrar o PEP, que fica responsável pela atualização e confiabilidade dos dados. Como sugestão, podemos apontar o planejador MRP ou o programador interno.

É importante estabelecer um sistema para atualizar o PEP e sempre estar disponível para atender às necessidades dos processos, de preferência em formato de solicitação de mudanças.

Além disso, outra característica fundamental é definir rotinas para revisar a integridade das informações do PEP, com alinhamento de dados mestres – por exemplo, troca de produtos/embalagem, otimização de *Stock Keeping Unit* (SKU), linhas de produção (ponto de uso, supermercado etc.) ou mudança no armazém ou no centro de distribuição.

Calibração para administrar o PEP

A fim de garantir um PEP completo para uma boa implementação e aplicação do conceito, é de suma importância analisar algumas questões para verificar se todas as necessidades e os pontos de coleta foram abordados, tais como:

- Como é realizada a comparação entre a quantidade mínima do pedido ao fornecedor e o uso real médio processado no dia a dia?
- Existem dados e informações sobre as embalagens que serão utilizadas para todos os componentes?
- Sabe-se onde estão localizados os clientes e os fornecedores e quanto tempo é o *lead time* de entrega da matéria-prima ou do produto na empresa?
- Existe a classificação ABC para todos os produtos e componentes?

Na Figura 4.1, a seguir, apresentamos um exemplo de PEP e suas informações complementares.

Figura 4.1 – Componentes do banco de dados (PEP)

Tabela PEP (Plano para cada parte)

SKU
Tipo de material (matéria-prima, embalagem, semiterminado, terminado etc.)
\# fornecedor
Nome do fornecedor (linha ou outra fábrica/CD)
Unidade de manuseio em entrada (unidade, caixa, cama, *pallet*, saco etc.)
Estivas (número de unidades que podem ser empilhadas)
\# de *pallets* por veículo
Distância em km (do fornecedor ou recebimento em km)
Distância em horas (*lead time* do transporte do fornecedor ao recebimento em horas)
Lote mínimo (quantidade mínima de produto)
Quantidade mínima de pedido (tamanho do lote)
Volume médio de entrada por hora (pico de volume de entrada em uma hora)
Frequência de produção em semanas
ABC de entrada (com base em volume de entrada para materiais classificados: A – alto; B – médio; C – baixo)
Empurrado e puxado (tipo de estratégia de entrada – puxado e empurrado)

Tipo	Item	Descrição	ABC	Sistema de planejamento	Unidade de compra	Média inventário (qtde.)	Cobertura de estoque (dias)	Média consumo (dia)	Qtde.	Peso	Altura	Unidade por *pallet*	Largura	Comprimento	*Pallet* por veículo	Distância (km)	Frequência para reabastecimento	Tamanho mínimo para entrega	Tamanho mínimo para produção	Frequência para produção

Em resumo, o PEP é uma ferramenta muito importante na implementação do sistema fluxo, pois contém todas as informações necessárias para a tomada de decisão. Por isso, é vital que exista uma pessoa responsável pelo banco de dados, pela atualização e pela disponibilidade das informações.

4.3.2 Ponto de uso

O ponto de uso consiste em uma ferramenta para definir como os materiais são armazenados no ponto em que o valor é criado. Assim, ele ajuda a minimizar os desperdícios associados principalmente à movimentação de colaboradores e inventários internos. O ponto de uso permite uma excelente gestão visual, favorece um fluxo estável de materiais e representa o ponto de conexão entre a entrada de materiais e a produção.

Benefícios do ponto de uso

O ponto de uso garante um abastecimento claro, transparente, eficiente, seguro e ergonômico de materiais para a estação de trabalho e um posto adequado para as atividades dos operadores, possibilitando um armazenamento correto sem oferecer riscos de processamento. Ainda, minimiza os movimentos e o transporte relacionados à logística – tudo fica mais próximo e segue um fluxo lógico. Além disso, assegura os níveis corretos de estoque na quantidade ideal para o processo – normalmente, estoque máximo para um dia na estação de trabalho –, permitindo um processamento contínuo, sem interrupções, e oferecendo um ponto de conexão entre a produção e a logística no manuseio de material.

Como implementar o ponto de uso

Depois de definir o ponto logístico, elaborar e dimensionar o ponto de uso em que serão feitas a conexão e a sincronização de abastecimento entre ambos os pontos (entrada e saída de materiais), deve-se fazer a gestão dos pontos logísticos e de uso, por meio de controle de indicadores (KPIs) em reuniões de produção e logística, além de observar oportunidades de melhoria.

Deve-se sempre considerar que a estação de trabalho do colaborador precisa estar 100% estruturada para receber o material corretamente, de preferência atrás do operador, para que ele possa operar na frente do posto de trabalho sem interferência da logística. A entrada e a saída de materiais, peças, insumos e componentes devem ser de fácil acesso, ou seja, a carga e a descarga precisam atender às necessidades do posto de trabalho, considerando-se aspectos de ergonomia e, principalmente, de segurança. Vale reforçar que a parte da variabilidade do processo provém de pontos de uso dimensionados incorretamente na questão da ergonomia.

Outro fator importante para se implementar o ponto de uso reside na questão do gerenciamento. Trata-se de preparar as equipes para esse novo conceito de abastecimento e incorporar rotinas ao processo. Para isso, deve-se levar em consideração aspectos de execução correta, para manter e melhorar os processos padronizados, com resultados esperados e comportamentos necessários para garantir o abastecimento exato e sincronizado com as demandas dos clientes internos e externos.

O que também vai garantir uma boa sincronização em relação às demandas dos clientes internos são as características do reabastecimento, as quais se vinculam a quatro importantes temas:

- lugar correto de abastecimento (carga e descarga);
- momento correto, prioridade à produção, e não à logística;
- qualidade do produto ou serviço fornecido;
- na quantidade exigida pelo cliente – nem mais nem menos produtos.

Exemplo de ponto de uso

Na Figura 4.2, a seguir, observe um exemplo de ponto de uso no qual o operador logístico abastece a estação por trás, sem afetar a operação, por meio de um sistema simples de reabastecimento por gravidade, em que a embalagem vazia é colocada na parte inferior da estrutura, facilitando a retirada sem afetar a atividade do operador.

capítulo 4

Estações dessa natureza são projetadas em conjunto com os operadores, para que haja maior aderência na nova estação de trabalho e, ainda, para que nenhum detalhe passe desapercebido (de processo, segurança ou ergonomia).

Outra característica dessa estação é que ela também é estruturada com o *help chain* (cadeia de ajuda), isto é, tudo está projetado para funcionar, mas, caso aconteça alguma anomalia no processo, o ponto de uso tem de estar preparado para disparar um sinal de socorro. Quando se projeta uma estação de trabalho com essas características, o processo ganha mais produtividade, tempo e qualidade, tanto no produto como no ambiente de trabalho.

Figura 4.2 – Exemplo de ponto de uso na linha de produção

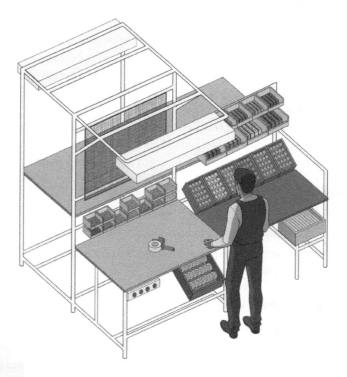

Fonte: Dlean Solutions, 2021.

4.3.3 Lean warehousing

A primeira coisa que a Toyota fez foi melhorar seus processos produtivos e sua linha de produção de veículos, para depois aprimorar as áreas de suporte interno, como as áreas administrativas (departamento financeiro, compras, planejamento, recursos humanos, qualidade e logística).

Depois que a Toyota, internamente, criou um processo produtivo robusto, sem perdas, com os sistemas estabilidade e fluxo controlados e as áreas administrativas incorporadas ao tempo *takt*, os departamentos externos passaram a não trabalhar nesse mesmo ritmo e acabaram prejudicando o *lead time* da cadeia de valor. Surgiu, então, a necessidade de replicar o conceito *lean* para áreas externas que compõem a cadeia de valor, tais como fornecedores, distribuição, armazenagem e até mesmo clientes.

Nesse contexto, são aplicados os conceitos e as ferramentas *lean* nos departamentos de distribuição. Quando o *lean* chega até a logística, isso implica melhorar os processos de distribuição e armazenagem. Como a Toyota já praticava os conceitos *lean* mediante ferramentas em seus pequenos armazéns internos – por exemplo, a filosofia 5S na organização da área de armazenagem –, não foi difícil levar as práticas *lean* para os grandes armazéns ou centros de distribuição.

Lean warehousing, em tradução literal, significa "*lean* no armazém". Em outras palavras, consiste em aplicar os conceitos e as ferramentas *lean* para se obter um armazém ou centro de distribuição enxuto. Sabemos que a quantidade de trabalho em processo (WIP) e inventário é diretamente proporcional ao *lead time*, e o inventário entre processos, na maioria dos casos, não pode ser eliminado. Por isso, é necessário minimizá-lo e, progressivamente, reduzi-lo, a fim de diminuir os custos operacionais.

A metodologia do *lean warehousing* proporciona técnicas e ferramentas para usar eficientemente os recursos de um armazém com o objetivo de armazenar e transportar produtos, sem excessos de estoques, movimentação e transporte. Dentro de um armazém, há atividades bem definidas, como recebimento, armazenagem, separação e abastecimento. O aprimoramento dessas atividades por meio das ferramentas *lean* faz com que o gerenciamento logístico capture mudanças consideráveis em seus processos. A logística tem um papel importante na cadeia de valor, principalmente no sistema fluxo, e contribui para o conceito JIT (*just in time*), entregando o que o cliente deseja, na quantidade solicitada e no momento esperado.

Sob essa ótica, técnicas e ferramentas aplicadas na indústria em processos produtivos podem ser, agora, implementadas na distribuição e na armazenagem, possibilitando que todo o departamento logístico interno e externo passe a trabalhar no mesmo tempo *takt* da produção, por meio de um sistema de fluxo puxado mais robusto.

Como comentado anteriormente, levar o *lean* para o armazém se faz necessário para não prejudicar a cadeia de valor como um todo, ou seja, não adianta melhorar o processo interno se a distribuição ainda tem desperdícios em seu processo. Isso impacta negativamente o cliente, pois ele pode receber um produto que não solicitou, na quantidade que não requisitou e muito menos no tempo que esperava.

Benefícios do *lean warehousing*

Com a implementação do *lean warehousing*, o processo fica mais robusto, impactando diretamente a cadeia de valor e incorporando a excelência operacional nos processos internos do armazém.

São incorporadas várias técnicas, entre elas, por exemplo, a curva ABC. Nessa técnica, a letra *A* representa o produto que tem maior saída/frequência e, consequentemente, deve estar mais próximo da operação (primeiras prateleiras) para evitar excessos de movimentos; o mesmo se aplica, sucessivamente, às letras *B* e *C*, que se referem aos produtos de menor circulação, posicionados em *racks* mais distantes. Também são incorporados outros ganhos, tais como:

- armazenamento por tipos de produto, com produtos de maior frequência próximos da operação (curva ABC);
- redução de tamanho de lotes, com estoques otimizados;
- embalagens, processos e *pickings* padronizados por tipo de produto;

- processos balanceados, desde a recepção, a separação, a armazenagem até a expedição;
- maior produtividade homem-item-hora;
- melhora da qualidade do posto de trabalho, tanto na segurança como na ergonomia;
- menos quebras e rupturas nos produtos armazenados;
- melhora da acuracidade;
- redução de custo;
- rotas de entregas aos clientes balanceadas;
- maior controle do inventário, com a implementação da ferramenta PEP;
- e, principalmente, a transformação cultural do ambiente de trabalho.

Como implementar o *lean warehousing*

Implementar o *lean warehousing* em sua essência não é muito diferente de aplicar o *lean* na produção. O que precisa ser feito é adaptá-lo para algumas particularidades conforme os princípios logísticos. Para facilitar a implementação, o melhor a fazer é dividir a jornada *lean warehousing* em etapas, descritas na sequência:

- **Etapa 1**: dentro de um armazém existe muita movimentação, principalmente de empilhadeiras, e constantemente acidentes acontecem. Nessa etapa da implementação, a maior preocupação é a segurança e a ergonomia dos colaboradores, como deve ser em todos os processos, mas aqui é importante ter atenção redobrada. Outro ponto fundamental na questão da segurança se refere ao fato de que, quando se implementa o conceito *lean*, evitam-se também a contaminação e a avaria do produto, roubos/perdas de estoque e transações alternadas, bem como se minimiza a perda de rastreio do produto.

capítulo

4

■ **Etapa 2**: antes de melhorar o fluxo do processo, o sistema estabilidade precisa ser implementado, ou seja, máquinas que fazem a movimentação das cargas devem estar sempre disponíveis para a operação. Quanto à estabilidade dentro do armazém, é preciso contemplar algumas ações, a saber:

- ▨ O tipo de material e a quantidade recebida devem corresponder à demanda solicitada.
- ▨ Janelas de entrega estão implementadas e estáveis em relação ao ponto anterior.
- ▨ Todo recebimento de caminhões está agendado, comunicado e acordado em tempo.
- ▨ As etiquetas devem estar legíveis, padronizadas e escaneáveis no produto.
- ▨ O conteúdo do *pallet* deve corresponder exatamente ao que consta na etiqueta, em tipo e quantidade.
- ▨ A carga do produto deve estar corretamente armazenada, para evitar danos no produto durante o transporte.
- ▨ É preciso assegurar fácil descarga, controles visuais e solicitações padronizadas no local de trabalho.

■ **Etapa 3**: consiste em armazenar segundo os conceitos *lean*, observando-se quais *racks* atendem ao melhor fluxo de armazenagem, por exemplo, como entrada e saída de produtos. Para selecionar a técnica mais apropriada, deve-se considerar a superfície em metros quadrados por *pallet* armazenado, o acesso aos materiais, a saída, o reabastecimento e os tipos de item (pacotes, latas, caixas, frascos etc.).

■ **Etapa 4**: diz respeito à setorização e ao zoneamento dos produtos onde efetivamente são armazenados.

A setorização garante que os grupos homogêneos de produtos sejam armazenados adequadamente e de acordo com os padrões *lean*, considerando-se:

- temperatura (ambiente, refrigerado, congelado);
- tipo de produtos armazenados (bolsas, *pallets*, caixas);
- tipo de técnica de armazenamento (*rack* móvel);
- separação física (edifícios diferentes, alturas diferentes);
- separação de cada setor em diferentes áreas.

Já o zoneamento é um aspecto importante a ser considerado para minimizar a circulação, as movimentações e o transporte, bem como para melhorar a segurança. Deve-se separar os locais nos quais os produtos similares são manipulados (armazenamento, *picking* ou modificação), em razão dos seguintes fatores:

- local de entrada e saída dos materiais;
- volume de fluxo por período e tamanho da área;
- tipo de técnica de armazenagem (capacidades diferentes, *rack* simples ou automáticos).

Etapa 5: deve-se escolher o tipo de configuração da área de armazenagem, melhorar o posto de trabalho e atender às necessidades de um novo fluxo logístico.

Etapa 6: trata-se de configurar as áreas de recepção – como entram os produtos e como se apresenta a área de expedição, como serão a sequência e o ritmo de saída dos produtos e insumos.

Etapa 7: implica considerar como as ferramentas *lean* vão impactar o armazém e como se adaptar às grandes alterações.

Etapa 8: é preciso sustentar todas as implementações que foram introduzidas no armazém, incorporando-se técnicas como gestão visual da operação e rotinas diárias, como gestão de indicadores e transformação cultural.

capítulo 4

Com essas etapas aplicadas, o objetivo que se busca na introdução do *lean warehousing* é ter um armazém mais organizado e eficiente, estabelecendo-se um ambiente mais seguro e ergonomicamente correto, a fim de melhorar a qualidade dos postos de trabalho dos colaboradores. Introduzir o *lean* no armazém é trazer a excelência operacional para a cadeia de valor.

Para iniciar o sistema fluxo e puxado dentro do armazém, é necessário introduzir várias técnicas, como filosofia 5S, gestão visual, *First In, First Out* (Fifo) – em tradução literal, "o primeiro que entra é o primeiro que sai" –, sistema *kanban* para facilitar a comunicação e a qualidade da movimentação, manutenção preventiva, SMED (*Single Minute Exchange of Die*), trabalho padronizado, cadeia de ajuda e rotinas de reuniões operacionais.

Que problemas resolver com o *lean warehousing*

Da mesma maneira que na indústria, tanto na operação como nas áreas administrativas, os oito tipos de desperdícios elencados anteriormente são problemas inerentes ao processo, e no armazém não é diferente. Um exemplo clássico é o excesso de transporte e movimentação, que dentro do armazém caracteriza desperdícios ainda mais evidentes.

Em resumo, todos os tipos de desperdícios também são encontrados dentro do armazém. Identificar e separar as atividades que agregam valor das que não agregam valor é o principal passo para a implementação da jornada *lean* no armazém.

Exemplo de *lean warehousing*

Quando falamos em um exemplo de um armazém enxuto (*lean warehousing*), estamos nos referindo a um processo sincronizado de entrada e saída de produtos, com redução do tempo de entrega para clientes e processo flexível e adaptável, reduzindo-se os excessos de transporte e as movimentações e promovendo-se um melhor aproveitamento da superfície. O *lean warehousing* tem uma logística enxuta, interna e externa, aumentando a frequência das entregas sem aumentar os custos de transporte, além de contar com um sistema fluxo e puxado funcionando 100% para atender às necessidades dos clientes.

4.3.4 Mizusumashi

A palavra japonesa *mizusumashi* tem o significado literal de "aranha d'água". Para os conceitos do *lean*, refere-se a um operador de abastecimento interno que tem como função fornecer e retirar materiais de diversos postos de trabalho (ponto de uso e ponto logístico), conforme uma rota definida por tempo e percurso, transportando produtos e insumos. A ideia de se implementar o *mizusumashi* em uma linha de produção surgiu quando Eiji Toyoda, em sua visita aos Estados Unidos, conheceu os supermercados e reparou que com um carrinho cada cliente pegava das prateleiras aquilo que era necessário. Assim, ele teve a ideia de levar o conceito para dentro da empresa, considerando que o colaborador poderia pegar peças nas prateleiras e entregá-las para quem estivesse na operação.

Na analogia com a aranha d'água, entende-se que existe uma aranha que anda sobre a superfície da água (linha de produção) e com as patas vai pegando comida (produtos nas prateleiras). Foi com essa perspectiva que nasceu então o conceito de *mizusumashi*, o qual é atualmente utilizado em diversas empresas do mundo. Muitas adaptações foram realizadas e diferentes denominações foram criadas, como *operador* ou *abastecedor logístico*. Na Mercedes-Benz, por exemplo, o profissional responsável por essa atividade era chamado de *homem-aranha*.

Mas o nome, na realidade, pouco importa. O relevante é compreender o conceito e os benefícios que essa ferramenta *lean* gera às empresas.

Em resumo, o *mizusumashi* é um operador que gerencia todo o abastecimento de uma linha de produção (matéria-prima, insumos, acessórios, produto terminado, embalagens vazias etc.). Toda essa movimentação é realizada desde um ponto logístico, conhecido como *supermercado*, até o ponto de uso, conhecido como **estação de trabalho**, que tem todos os prerrequisitos apresentados anteriormente. Para que toda essa gestão de abastecimento ocorra com precisão, alguns equipamentos são necessários, tais como o carrinho de abastecimento (trem logístico), que será apresentado na sequência.

Objetivos do *mizusumashi*

O *mizusumashi* visa eliminar ou minimizar os excessos de movimentos e de transporte dos colaboradores quando há necessidade de buscar matéria-prima, acessórios, componentes e/ou insumos, bem como para a retirada de materiais obsoletos para a operação (por exemplo, embalagens vazias). Em consequência disso, serão menos operadores circulando em torno da operação para abastecer seu posto de trabalho, eliminando-se, assim, riscos de acidentes. Com postos de trabalho como pontos de uso, adequados para receber os materiais, é possível melhorar a qualidade tanto na segurança e na ergonomia como na gestão visual, na qualidade do produto e na produtividade. Usando-se o *mizusumashi* no armazém, é possível transportar simultaneamente produtos necessários para auxiliar na produção, evitando-se excessos de transporte e movimentos. O *mizusumashi* também tem o objetivo de promover um sistema *lean* de manuseio de materiais, reduzindo o WIP e os inventários.

Portanto, um dos principais objetivos do *mizusumashi* é fazer com que o operador não tenha de sair de seu posto de trabalho para buscar acessórios, concentrando seu tempo em atividades que somente agreguem valor.

Benefícios do *mizusumashi*

Com os objetivos citados anteriormente, já conseguimos ter uma ideia dos benefícios alcançados com a implementação do *mizusumashi*. A Figura 4.3 pode elucidar ainda mais tais benefícios.

Figura 4.3 – Comparativo de atuação entre empilhadeira e *mizusumashi*

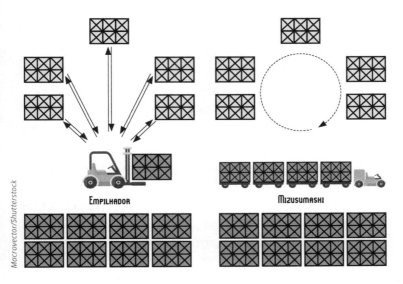

Fonte: Lopes, 2014, p. 11.

À esquerda, vemos como uma célula de produção é abastecida por uma empilhadeira. Chamamos esse processo de *tradicional*, cujas características são:

- baixa utilização do equipamento, por ter baixa frequência de reabastecimento;
- alta quantidade de produtos (WIP) abastecidos na linha;
- alta quantidade de equipamentos para atender a todas as estações ao mesmo tempo;
- necessidade de mais espaço para executar manobras;
- alto custo dos equipamentos e muita poluição decorrente de ruídos e resíduos;
- em caso de acidentes de atropelamento, por exemplo, as consequências para a vítima são mais graves, em virtude do tamanho do equipamento ou da falta de sensores de aproximação e parada.

À direita, vemos como o *mizusumashi* abastece uma linha de produção, nesse caso, utilizando um pequeno trem com as seguintes características:

- alta utilização dos equipamentos, por ter grande frequência de reabastecimento de acordo com o sistema puxado do cliente interno;
- baixa quantidade de produtos (WIP) abastecidos na linha;
- não se necessita de muitos equipamentos, pois a quantidade de vagões é dimensionada para atender a todas as estações;
- não se precisa de muito espaço para executar manobras, e as rotas são dedicadas ao transporte;
- baixo custo dos equipamentos e baixa poluição decorrente de ruídos e resíduos;
- em caso de acidente de atropelamento, por exemplo, as consequências para a vítima são mínimas, em virtude do tamanho do equipamento ou, dependendo da situação, do fato de não existir colisão, por conta dos sensores de aproximação com parada automática.

Como implementar o *mizusumashi*

A primeira etapa da implementação consiste em mapear os fluxos atuais para identificar as interrupções de fluxo por falta de materiais entre as estações de trabalho e medir os desperdícios associados a interrupções por questões de comunicação e informações, como no momento de reabastecimento. Na sequência, é preciso fazer observações referentes a tempos de ciclo de trabalho padrão, visualizando-se os seguintes critérios:

- paradas por reabastecimento tardio ou antecipação de materiais;
- tempos de ciclo de *picking* desbalanceados;

- quantidade e qualidade de produtos entregues *versus* reabastecimento;
- tempos de ciclo de reabastecimento longos ou curtos, com interferência nos processos.

A segunda etapa da implementação consiste em analisar os equipamentos de manuseio, verificar o percentual inativo de equipamentos, medir o quanto se está gastando com viagens vazias (empilhadeira) e calcular o custo logístico pelo reabastecimento (por exemplo, a distância percorrida (m) por reabastecimento de materiais ou insumos).

Rota de abastecimento do *mizusumashi*

A rota de abastecimento do *mizusumashi* diz respeito ao caminho a ser percorrido pelo responsável por reabastecer os produtos nos postos de trabalho. Trata-se de uma rota definida que normalmente é destinada apenas ao *mizusumashi*, pois muitas vezes esses carrinhos são autônomos e precisam dessas rotas definidas. Quando falamos em carrinhos autônomos, estamos nos referindo ao *Automated Guided Vehicle* (AGV), um veículo autoguiado e que, por essa razão, necessita de uma rota definida. Tais carrinhos são guiados por demarcações feitas no chão da fábrica por meio de uma fita ou de pintura (mediante avançada tecnologia *laser*).

Como mencionado anteriormente na comparação com a empilhadeira, os AGVs são precisos e seguros, porque dispõem de sensores de aproximação que os fazem parar imediatamente a uma distância mínima. Além disso, eles podem se mover por espaços apertados e manobrar com habilidade superior ao que se poderia conseguir com as mãos humanas.

A rota de abastecimento não se configura apenas pelos caminhos traçados, mas também pelos cálculos de tempo de percurso e frequência. Esses cálculos têm de estar sincronizados com o tempo *takt*, para não faltar ou sobrar produtos durante o processo.

capítulo 4

A seguir, apresentamos, nas Figuras 4.4 e 4.5, alguns exemplos de *mizusumashi*.

Figura 4.4 – Exemplos de *mizusumashi* (guincho e trator)

- **Guincho**: posição em pé, fácil de subir e descer; é possível manobrar em pequenos espaços.
- **Trator de reboque**: posição sentada, grande capacidade de arrasto; requer áreas grandes para manobrar.

Figura 4.5 – Exemplo de *mizusumashi* (*trailer*)

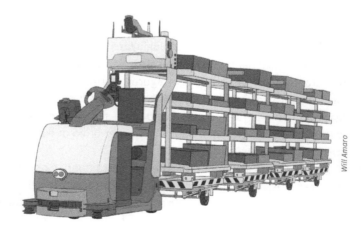

4.3.5 Milk run

O *milk run* tem como objetivo promover a otimização do fluxo externo de materiais pelas rotas de transporte fixas que conectam várias instalações, tais como:

- fornecedores;
- fábricas;
- centro de distribuição;
- postos de transbordo;
- clientes e consumidores.

De acordo com Cardoso (2017, p. 40), o *milk run* consiste em

> *Um método de acelerar o fluxo de materiais entre empresas, no qual os veículos seguem uma rota para fazer múltiplas cargas e entregas nas empresas. Ao fazer carregamentos e entregas frequentes, com veículos em* milk run *conectando diversas empresas, em vez de se esperar para acumular materiais para a expedição direta com o caminhão cheio (*Full Truck Load – FTL*) entre duas empresas, é possível reduzir os estoques e o tempo de reação ao longo de um fluxo de valor.*

Benefícios do *milk run*

O *milk run* traz como benefício a maior frequência de embarque, com tamanhos reduzidos de carga (aumentando-se a frequência de entregas) e padronização das frequências para cada fluxo de materiais e produtos. O método ainda confere estabilidade aos fluxos de materiais com menos inventários, bem como entre os forneceres e as empresas, reduzindo as áreas de superfície de armazéns, depósitos e centros de distribuição.

Um dos principais objetivos do *milk run* também é o aumento da agilidade e da flexibilidade na questão logística dos materiais, pois fornece uma plataforma estável e padronizada para a implementação do sistema puxado.

Prerrequisitos do modelo *milk run*

Para implementar um modelo de *milk run*, é necessário atender aos seguintes prerrequisitos:

- elementos básicos de estabilidade no nível fornecedor para garantir a capacidade de abastecer as quantidades corretas no momento correto;
- criar o sistema estabilidade;
- capacidade para dar visibilidade/informação ao fornecedor sobre requisitos de curto/médio prazo;
- colaboração com o fornecedor;
- alinhamento do departamento de compras antes de iniciar o *milk run*;
- análise de custo do desempenho atual.

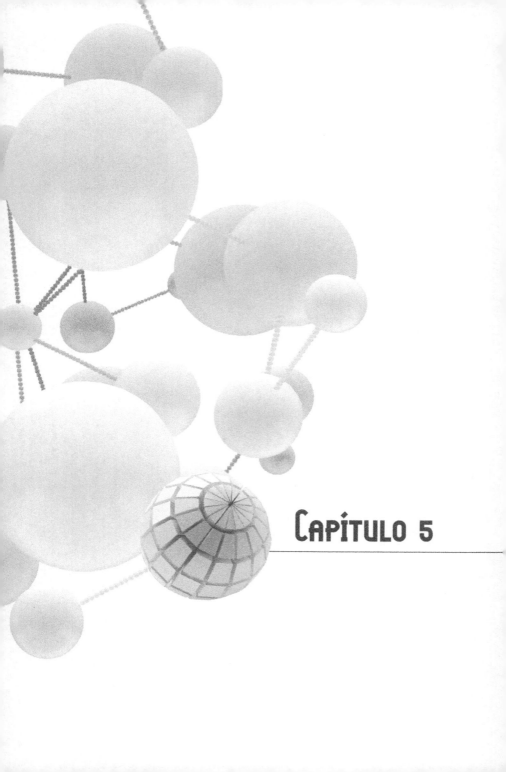

Capítulo 5

Sistema puxado

Neste capítulo, abordaremos o mais complexo dos sistemas: o sistema puxado. Para que seja viabilizado, os sistemas estabilidade e fluxo devem estar implementados em toda a sua essência e eficácia. Caso contrário, o sistema puxado não poderá gerar os reais benefícios que lhe são associados, pois está 100% conectado com as necessidades do cliente, sem falhas e interrupções.

5.1 Conceito de sistema puxado

O sistema puxado está relacionado diretamente ao conceito *just in time* (JIT): entregar especificamente o que o cliente quer, com qualidade, na quantidade requerida e no momento desejado, eliminando-se, assim, os desperdícios e maximizando-se a criação de valor.

Quando existe a necessidade ou o desejo de implementar uma jornada *lean*, deve-se começar com o sistema estabilidade para eliminar as irregularidades do processo e, depois, implementar o sistema fluxo e fazer uma conexão correta e constante entre os processos. Apenas depois desses passos é que se pode implementar o sistema puxado. Essa é a sequência lógica para se implementar uma jornada *lean*.

Outro fator de suma importância para que o sistema funcione corretamente é manter a disciplina relacionada ao conceito e às ferramentas *lean* implementadas. Sem essa disciplina, a implementação torna-se frágil e inconstante, causando sérios problemas para as organizações. A esse respeito, afirma Imai (2014, p. 153):

> *Na produção puxada, todos os processos devem ser rearranjados de modo que as peças de trabalho passem pelas estações de trabalho na ordem que os processos ocorrem. Como alguns equipamentos são muito grandes ou muito pesados, ou mesmo usados para várias finalidades, nem sempre é possível ou prático dispor do equipamento na ordem exata do fluxo de trabalho. Contudo, as máquinas dedicadas devem ser transportadas e incorporadas na linha, tanto quanto for viável. Uma vez que a linha esteja formada,*

capítulo

5

> *o próximo passo é iniciar o fluxo de uma peça, permitindo que apenas uma peça de cada vez siga de um processo ao outro. Isso diminui o tempo de atravessamento e dificulta a acumulação de estoques por parte da linha entre os processos.*

No que se refere aos sistemas estabilidade e fluxo, as pessoas entendem sua importância, seus benefícios e sua aplicação e conseguem fazer as mudanças nas organizações para esses novos conceitos. Porém, quando falamos em sistema puxado, a dificuldade de implementação é outra, especialmente pelo fato de que esse sistema só poderá funcionar se os outros sistemas estiverem 100% robustos. Caso contrário, não terá aderência e, pior, acarretará descrédito na filosofia, logo nas primeiras ocorrências negativas.

5.2 Benefícios do sistema puxado

O sistema puxado tem como principal benefício entregar valor e sincronizar todos os processos e postos de trabalho ao longo de toda a cadeia, atendendo em tempo real aos consumidores e clientes. Assim, torna-se possível reduzir os estoques e minimizar a superprodução, diminuindo, consequentemente, o *lead time* global. A comunicação entre os processos é melhorada consideravelmente com a aplicação de algumas ferramentas *lean*, como o *kanban* ou a filosofia de incorporar o "supermercado" para apoio logístico, tópico que discutiremos na sequência deste livro.

Outro benefício evidente com a implementação do sistema puxado se refere à melhoria da qualidade dos postos de trabalho, dos produtos e serviços e à redução de custos operacionais, em virtude da estabilidade dos processos e do incremento dos percentuais das atividades de agregação de valor.

Vale lembrar que, para o sistema puxado capturar esses benefícios, ele depende de processos estáveis, sem interrupções e fluxos de processos, bem como de informações confiáveis.

5.3 Ferramentas *lean* relacionadas ao sistema puxado

Como nos sistemas vistos anteriormente, no sistema puxado também há uma série de ferramentas que apoiam a implementação. Independentemente da implementação ou não do sistema puxado, de forma isolada cada uma dessas ferramentas já traz resultados significativos para as organizações. Muitas delas fazem conexões com outros sistemas (estabilidade e fluxo) e apoiam-se umas nas outras na implementação do *lean*. Logicamente, se todas essas iniciativas forem implementadas, os resultados serão ainda mais expressivos, e a jornada *lean* estará 100% no caminho correto para a excelência operacional.

No sistema puxado, as principais ferramentas são:

- gestão visual, filosofia 5S e trabalho padronizado (abordados no sistema estabilidade);
- *mizusumashi* (apresentado no sistema fluxo);
- *kanban*;
- supermercado.

5.3.1 *Kanban*

O sistema *kanban* consiste em um claro, simples e rápido meio de comunicação que permite um bom manejo visual do fluxo dos processos. Também é uma boa ferramenta para o processo de melhoria contínua dos fluxos de produtos e serviços, tanto para processos produtivos como para administrativos.

Kanban não significa "cartão", como muitos acreditam. A tradução literal é "sinal", o qual pode se dar por meio de cartão, etiqueta, caixa, espaços físicos delimitados, tampas, cores, fax etc. O cartão *kanban* foi elaborado para propiciar a comunicação entre os postos de trabalho e entre a produção e a logística, identificando os

capítulo 5

produtos dispostos nas estantes dos armazéns por meio de fotos, código do produto (ou código de barra), nome do produto, quantidade a ser consumida e localização de seu destino – nesse caso, os postos de trabalho.

À medida que o sistema puxado vai solicitando o atendimento à necessidade do cliente, essa mesma necessidade é disparada para a estação seguinte. No caso, o disparo (comunicação) é feito pelo *kanban*. Quando os materiais e os insumos são consumidos, o *kanban* é retirado e disposto em outro recipiente – normalmente, uma caixa criada para os cartões *kanban* – e outro operador (nesse caso, pode ser o *mizusumashi*) é informado de que existe uma necessidade de compra, pois algum material foi consumido e o cartão está sinalizando a ação.

Uma vez efetuada a ação (disparo) de compra dos materiais ou insumos solicitados pelo *kanban*, assim que esses materiais chegam e são reabastecidos nos postos de trabalho (pontos de uso), o mesmo colaborador (ou o *mizusumashi*) retira o cartão do respectivo recipiente e o coloca de volta na prateleira onde estava, fechando, assim, a gestão visual com o ciclo entre consumo, solicitação de compra, recebimento e armazenamento dos materiais comprados e disponibilização do *kanban* novamente, para efetuar a próxima compra de acordo com o consumo.

Toda essa sequência de solicitação, compra e reabastecimento está sincronizada pelo sistema puxado, que se dá conforme a demanda do cliente e se desenvolve nos postos de trabalho. Quem facilita essa sincronização de demanda são os *kanbans*. Em conjunto com a operação e a logística, apoiado pelo *mizusumashi*, o *kanban* faz com que o sistema puxado trabalhe em harmonia.

De acordo com Liker (2004, p. 116),

> kanban *significa sinal, letreiro, placa, poster, anúncio, cartão, mas é entendido de maneira mais geral como algum tipo de sinal. Mande de volta uma lata vazia – um* kanban *–, e isso será sinal de que ela precisa ser preenchida com um número específico de peças, ou envie uma ficha com informações detalhadas sobre*

a peça e sua localização. *A operação completa da Toyota com o uso do* kanban *é conhecida como o "sistema* kanban" *para administrar e garantir o fluxo e a produção de materiais em um sistema de produção* just-in-time.

Existem três tipos de *kanban*/sinal, os quais serão descritos na sequência.

Kanban – cartão/etiquetas

Os cartões são fixados nos pontos de uso (ou supermercados) assim que são consumidos. Cada cartão é levado pelo operador de produção a uma posição definida, indicando-se, assim, o reabastecimento. O operador pega o cartão e o devolve junto com o material abastecido, para, depois, escaneá-lo e virá-lo para mostrar que fez o pedido. O cartão, nessa situação, pode ficar na linha de produção, mas, em alguns casos, pode acompanhar até o destino de compras. Por serem elementos pequenos, os cartões podem ser perdidos. Por isso, é importante ter recursos e disciplina para que isso não aconteça.

Na Figura 5.1, podemos observar vários contêineres com os respectivos cartões de identificação para reabastecimento.

Figura 5.1 – Exemplo de *kanban* – cartão

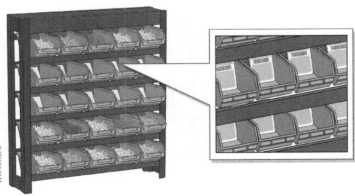

capítulo 5

Kanban – disparador visual

O *kanban* – disparador visual normalmente é usado para evidenciar os consumos, por meio de cores como vermelho, amarelo e verde, para limitar espaços, zonas etc. A fim de facilitar a compreensão do operador, as cores têm o mesmo princípio que as de um semáforo e, conforme os materiais vão sendo consumidos, as cores vão aparecendo para dar um sentido de urgência e atenção. Assim, o operador pode fazer a gestão do abastecimento de forma visual.

Na Figura 5.2, observe um típico exemplo de *kanban* – disparador visual. A cor vermelha sinaliza que a quantidade de material para abastecer a linha de produção está crítica; o amarelo representa atenção (normalmente, é feito o disparo para o reabastecimento); e o verde indica que tudo está funcionando conforme o programado.

Vale ressaltar que o ponto de disparo está vinculado à demanda do cliente, ao tempo e à frequência de reabastecimento. Nesse caso, o risco de não abastecimento fica por conta da atenção do operador.

Figura 5.2 – Exemplo de *kanban* – disparador visual

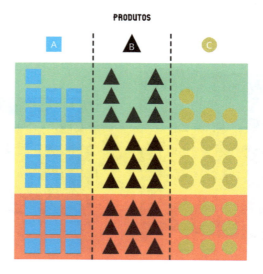

Kanban – recipiente, *pallet*, *big bag*, caixa etc.

No *kanban* de recipiente, o disparador é um lugar vazio e pode ser *pallet*, *big bag*, caixa etc. O sistema é composto de dois recipientes, e os movimentos são disparados somente quando há um recipiente ou espaço vazio. Normalmente, a troca de recipiente é feita por logística, e não por produção, ou pelo *mizusumashi*, que em alguns casos pertence à produção. O conceito de um recipiente também pode requerer a visualização das zonas verde, amarela e vermelha, para facilitar a comunicação e a gestão de abastecimento.

Na Figura 5.3, observe uma caixa com peças e uma vazia. Quando isso acontece, é feita a leitura da etiqueta para efetuar o disparo e, consequentemente, o reabastecimento do produto na caixa vazia.

Figura 5.3 – Exemplo de *kanban* – recipiente

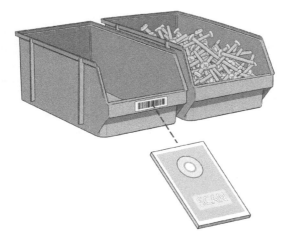

Fonte: Watermann, 2021.

Em suma, o *kanban* é uma ferramenta de extrema importância para uma implementação bem-sucedida do sistema puxado nas organizações e, consequentemente, para toda a jornada *lean*, na busca pela excelência operacional nos processos que compõem as operações.

capítulo 5

5.3.2 Supermercado

A ideia de implementar um supermercado nas operações da indústria automotiva, ou em outra indústria na qual o processo seja similar, parece um pouco estranha a princípio. Tal possibilidade surgiu depois que Taiichi Ohno conheceu os supermercados nos Estados Unidos, incorporando a ideia do JIT no Sistema Toyota de Produção (STP).

Segundo Ohno (1996), no supermercado o cliente pode abastecer seu carrinho de compras com o produto que ele deseja, na quantidade requerida e no momento oportuno. Ainda, os operadores que abastecem o supermercado devem garantir que todos os produtos estejam disponíveis para quando os clientes precisarem comprá-los. Pensando nesse exemplo de supermercado visto nos Estados Unidos, Ohno transferiu a ideia para as linhas de produção. No entanto, em vez de todos os operadores irem até os supermercados, apenas o operador logístico, conhecido com *mizusumashi*, deve se deslocar para pegar as peças necessárias aos operadores nas estações de trabalho.

Assim, o supermercado acaba representando um estoque intermediário, onde são armazenados todos os materiais e insumos necessários para atender à operação. Normalmente, é abastecido por dia, pois seu consumo nas linhas de produção também é diário.

> *Do supermercado pegamos a ideia de visualizar o processo inicial numa linha de produção como um tipo de loja. O processo final (cliente) vai até o processo inicial (supermercado) para adquirir as peças necessárias (gêneros) no momento e na quantidade que precisa. O processo inicial imediatamente produz a quantidade recém retirada (reabastecimento das prateleiras). Dessa maneira, esperávamos que isso nos ajudasse a atingir a nossa meta* just-in-time *e, em 1953, passamos a implantar o sistema na nossa oficina na fábrica principal.* (Ohno, 1996, p. 23)

O principal objetivo do supermercado é minimizar os desperdícios com os deslocamentos de todos os colaboradores em relação às estações de trabalho, pois essa é uma atividade que não agrega valor ao produto. Com o supermercado, pode-se assegurar a produção de peças boas e de serviços corretos, possibilitando uma operação multifuncional e tornando visível a estação de trabalho.

Exemplos de supermercado

O conceito de supermercado implica deixar a matéria-prima disponível para o operador trabalhar nas atividades da operação, e não de reabastecimento (agregando valor ao produto), sem a necessidade de se deslocar até o armazém para buscar produtos ou insumos.

Conforme podemos observar na Figura 5.4, apenas um operador logístico (*mizusumashi*) vai até o supermercado pegar as peças necessárias nas estações de trabalho. Antes da implementação do conceito de supermercado, todos os operadores precisavam se deslocar até o armazém para coletar o material necessário, causando desperdício de tempo e movimentação. Agora, a reposição desses itens pode ocorrer quando o funcionário do armazém faz sua ronda diária, momento no qual percebe que o produto está acabando e providencia a substituição. Essa reposição é feita por trás do supermercado e das estações de trabalho, não afetando, dessa maneira, a operação.

Figura 5.4 – Exemplo de supermercado e abastecimento das estações de trabalho

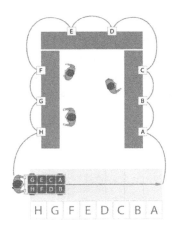

capítulo
5

Como implementar o supermercado

Para implementar um supermercado, deve-se dimensionar um local onde possam ser armazenados todos os produtos e insumos destinados ao atendimento das necessidades da operação. Assim, é importante redesenhar as estações de trabalho para eliminar desperdícios e variações e planejar a apresentação de materiais para minimizar a presença de materiais nas células e viabilizar as operações padronizadas.

Além disso, é fundamental considerar os seguintes aspectos:

- Deve-se utilizar um operador logístico dedicado para abastecer a linha de produção.

- O operador logístico deve retirar as peças do supermercado para reabastecer a linha frequentemente, ao menos a cada hora, dependendo do produto ou processo.

- O supermercado deverá ser reabastecido pelo depósito somente quando for gerado um sinal de puxar por meio do *kanban*, como mostrado anteriormente.

- O supermercado deve ficar perto o bastante da área de montagem, a fim de facilitar a rota padronizada do operador logístico (*mizusumashi*).

Em resumo, Ohno contribuiu com a ideia de implementar o supermercado. Atualmente, com esse conceito, muitas organizações se beneficiam da eliminação dos desperdícios de excessos de transporte e movimentação.

Vale a pena reforçar, também, que o supermercado é apenas uma solução temporária, pois o objetivo principal é estar sempre focado na redução do *Work in Process* (WIP).

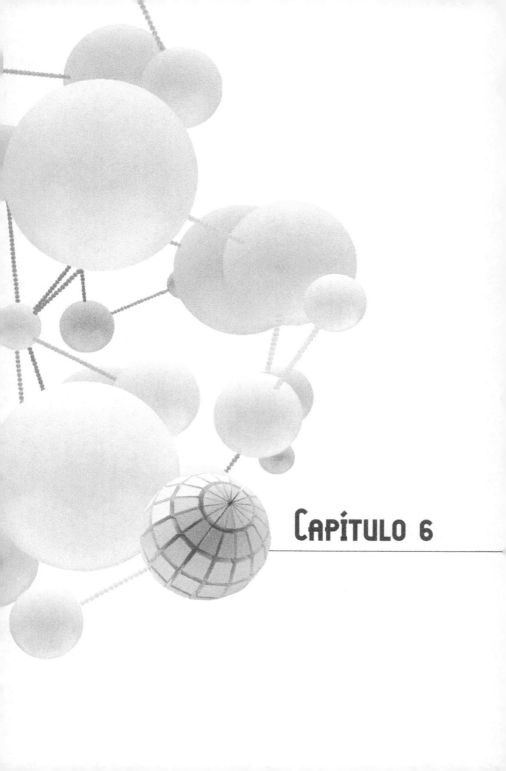

Capítulo 6

Conhecendo o terreno

Antes de identificar como melhorar a produtividade e a qualidade ou reduzir custos com determinados processos, produtos ou serviços, é preciso conhecer e mapear o terreno em que se está. Em uma analogia com a construção civil, podemos afirmar que não se começa nenhuma obra sem um diagnóstico ou topografia do solo. No contexto organizacional, é necessário conhecer a empresa, sua cultura, suas particularidades e o processo envolvido antes de tomar qualquer iniciativa. É essa temática que discutiremos neste capítulo.

6.1 Diagnósticos e mapeamentos

Na construção civil (conforme o *lean construction*), não se constrói uma casa, muito menos um prédio, se o solo (terreno) não for estudado e mapeado. Não se pode levantar um pilar sem saber se o solo pode suportá-lo ou não. Ou seja, para construir uma casa, mesmo que seja idêntica à casa do Sistema Toyota de Produção (STP), é necessário mapear, diagnosticar e medir o processo antes. Deve-se conhecer o terreno, o processo, a cultura, os problemas, as oportunidades, o negócio etc.

Mesmo com a *expertise* de muitas consultorias importantes, nenhuma delas vai até uma organização e diz o que tem de ser feito para melhorar o resultado do negócio sem antes ter medido o processo. Até as grandes organizações, antes de tomarem alguma decisão sobre a mudança das características de processos, produtos e serviços ou mesmo a estratégia do negócio, deveriam primeiro medir bem seu estado atual, para depois migrar ao estado futuro.

Existem vários tipos de mapeamentos e diagnósticos para diversas aplicações. O que os diferencia é, justamente, saber onde deve ser empregado, para que tipo de produto ou serviço e para qual finalidade.

A seguir, apresentamos uma relação dos tipos de mapeamentos mais utilizados:

- mapa de processos;
- *Value Stream Mapping* (VSM) – mapeamento do fluxo de valor;

capitulo

6

- *Value Stream Design* (VSD) – mapeamento do fluxo de projeto/atividade;
- *Operational Due Diligence* (ODD) – diagnóstico operacional;
- *Identify Business Opportunities* (IBO) – identificando oportunidades de negócio.

6.2 Mapa de processos

O mapa de processos consiste em uma ilustração gráfica de um processo (mais simples que o mapa de cadeia de valor) de acordo com os requisitos do cliente, em que consta a descrição das principais atividades envolvidas. É utilizado normalmente quando é necessária uma visualização rápida das etapas do processo.

Em resumo, o mapeamento de processos implica mostrar a sequência lógica das atividades que compõem determinado processo, fazendo as conexões com os departamentos que interagem direta e indiretamente no fluxo dessas atividades.

Benefícios do mapa de processos

O mapa de processos permite mostrar complexidades inesperadas, áreas problemáticas, redundâncias, desvios desnecessários e áreas em que é possível simplificar ou padronizar. Possibilita que um grupo chegue a um acordo quanto às várias etapas de um processo e examine quais atividades podem ter um impacto no desempenho do processo. Além disso, pode identificar locais em que dados adicionais podem ser coletados e investigados.

O mapa de processos também é empregado para cumprir alguns procedimentos e normas, pois possibilita a documentação dos processos de forma a oficializar as etapas das atividades. Pode, até mesmo, ser usado para o treinamento de novos colaboradores, a fim de garantir que um processo seja executado da melhor maneira possível conforme a padronização estabelecida.

No universo *lean*, o mapa de processos é muito utilizado para conhecer rapidamente os processos de determinada área, com o objetivo de identificar quais atividades não agregam valor e tornar visíveis as atividades que podem ser eliminadas ou simplificadas, criando-se um mapa de processos futuro. Essa prática é muito usada para melhorar os fluxos de processos administrativos.

Na Figura 6.1, podemos observar um modelo de mapa de processo. Existem vários modelos, porém os mais utilizados são os mapas em que a cada figura geométrica corresponde a uma informação padronizada (atividades, início e fim da atividade, processos decisórios etc.). Atualmente, já existem aplicativos e programas para realizar esse tipo de mapeamento, facilitando sua aplicabilidade ao usuário.

Figura 6.1 – Exemplo de mapa de processo

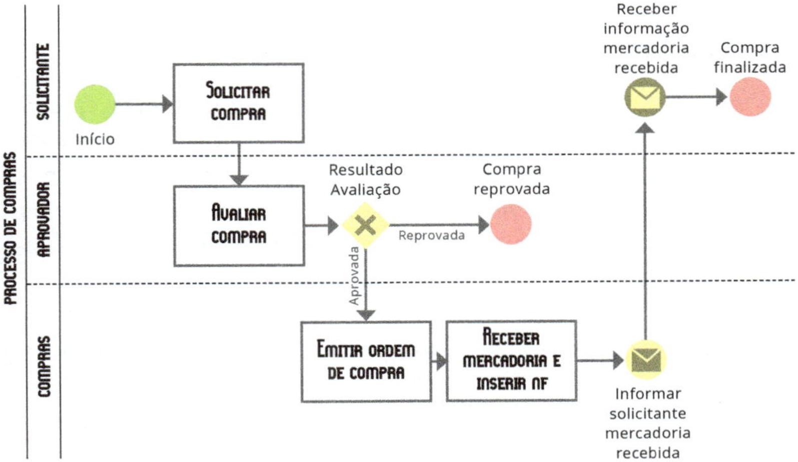

Fonte: UCJ, 2021.

6.3 *Value Stream Mapping* (VSM) – mapeamento do fluxo de valor

O *Value Stream Mapping* (VSM) descreve visualmente as principais etapas de um processo de execução de produtos/serviços, permitindo

capítulo 6

identificar desperdícios no fluxo de valor e definir ações de melhoria para construir um novo processo com produtividade, qualidade, rapidez e menor custo. A melhor forma de se iniciar um VSM é coletar informações de todas as etapas do processo a serem mapeadas (para isso, é possível apoiar-se nos mapas de processos, abordados anteriormente) e obter os tempos de cada processo e o *lead time*, mostrando visualmente os desperdícios ocultos e as evidências de problemas e oportunidades.

Para realizar um VSM com sucesso, o recomendado é seguir passos/etapas orientadas para uma sequência lógica de aplicação. São nove passos para a criação de um mapa de fluxo de valor, tanto para processos produtivos como para processos administrativos, como veremos a seguir.

1. Identificar o escopo do mapa de fluxo de valor

Antes de se começar a fazer um VSM, é necessário definir o escopo do mapa. Em outras palavras, trata-se de estabelecer onde a equipe vai atuar para mapear os processos e as atividades. Normalmente, a direção escolhe uma área/processo que está causando vários problemas, um gargalo da produção ou algum setor que está estrategicamente conectado com uma necessidade do negócio.

O importante, nessa etapa, é concentrar-se em uma parte da necessidade. Assim, querer primeiro fazer o VSM em todas as áreas não é prudente, ou seja, é melhor escolher um tema com mais profundidade do que amplitude. Outro ponto importante para se levar em conta é certificar-se com o cliente (seja de uma consultoria, seja da área de melhoria contínua da organização) de que o escopo engloba as questões em foco e assegurar que as saídas são, de fato, produzidas dentro desse escopo. Isso ajuda a resolver conflitos entre as diferentes expectativas para os limites do processo com o cliente ou outras unidades a serem mapeadas.

2. Escolher uma família de produtos ou serviços

O escopo do mapeamento (família de produtos/serviços) é definido pela magnitude dos processos, isto é, pelo volume relacionado à demanda do cliente, aos custos e à importância para os negócios.

A estratégia de estabelecer a família de produtos ou serviços também está conectada ao escopo do projeto. Em outras palavras, não é interessante e prudente escolher todos os produtos ou serviços produzidos na empresa. Nesse caso, selecionar uma família que tenha um dos impactos mais significativos (percentual das vendas ou rentabilidade) sobre o negócio como um todo é a melhor opção para se fazer um VSM.

3. Definir equipe interna de apoio para realizar o VSM

É preciso assegurar que a equipe tenha membros com conhecimento, autoridade e controle do processo entre os limites de capacidade de atuação. Independentemente do nível hierárquico ou de formação, a escolha da equipe se valoriza também pela importância do perfil do participante, que deve demonstrar motivação em colaborar e performar durante o evento.

Escolher a equipe ideal e dar-lhe autonomia é fundamental para o sucesso do VSM.

4. Mapear os fluxos de materiais ou serviços a serem mapeados

Nessa etapa, deve-se reunir os dados relevantes por meio de observação em primeira mão. Normalmente, utilizam-se caixas de dados com as informações sobre tempos de ciclo, estoques de matéria-prima, estoque em processo, de produto terminado, quantidade de operadores por atividade, máquinas e equipamentos envolvidos, percentual de refugo, retrabalho, tempo de preparação e tempo produtivo etc. Tudo o que acontece relacionado a tempo e valores deve ser coletado e inserido nessas caixas de dados, que servirão para serem comparadas com o estado futuro.

5. Mapear fluxos de entrada e saída dos processos/atividades

Mapear o fluxo de entrada e saída significa mapear o abastecimento/método que entra e o fluxo de distribuição que sai até o cliente, com suas frequências e quantidades de entregas, tempo de entrega dos fornecedores, logística de saída e fluxo de informação. Nessa etapa,

capítulo
6

a sinergia com a equipe de logística é muito importante para capturar todas as informações via entrevistas, pois não há tempo hábil para se fazer o fluxo em toda a sua duração real.

6. Mapear o fluxo de informação para disparar a sequência produtiva ou administrativa

As informações devem fluir da direita para a esquerda, sempre começando pelos requerimentos/necessidades do pedido do cliente, com tempos de ciclos, os quais podem ser médios (ou de intervalos), recebidos, agrupados, priorizados e capturados. Quanto mais detalhes forem incluídos, mais desperdícios serão capturados. Nessa etapa, de forma semelhante ao que ocorre no fluxo de entrada e saída, faz-se necessária a colaboração das informações das áreas de interface de toda a cadeia de valor (vendas, compras, produção, logística, qualidade, programação, planejamento de materiais etc.), para poder conhecer todos os detalhes de como funcionam os fluxos de informações e de conexões entre as áreas.

7. Criar o mapa atual de fluxo de valores e calcular o prazo de entrega, o tempo que agrega valor e o tempo que não agrega valor

Para criar o mapa atual de fluxo de valor, é preciso calcular cada tempo de ciclo de cada atividade e, ao final, calcular o *lead time*. Com o objetivo de facilitar essa visualização, na parte inferior do mapa (como ilustrado na Figura 6.2), deve-se utilizar a régua (linha inferior na horizontal) na qual são demonstrados os tempos de cada atividade e de todo o processo, evidenciando o percentual de agregação de valor.

Depois de coletar todas as informações, é hora de criar o mapa do estado atual. Todos os dados podem ser colocados em uma folha A3 ou pode-se utilizar uma parede para ter também a oportunidade de mostrar as evidências dos fatos. Essa técnica (de usar uma parede para expor os dados) é aconselhável porque gera maior participação entre os membros da equipe interna e da equipe de suporte, além de ser uma excelente estratégia para a gestão visual e que, por consequência, ajuda muito na construção do mapa do estado futuro.

Figura 5.2 – Exemplo de um VSM do estado atual

Apêndice B: Planta de montagem da Limpadores Beta, Reynosa, México
Estado atual – Fevereiro 2002

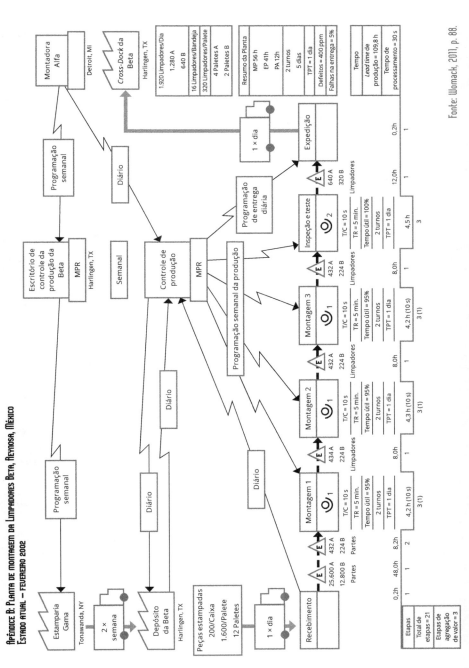

Fonte: Womack, 2011, p. 88.

capítulo 6

A fim de facilitar a visualização dos processos e das atividades, ícones/símbolos são utilizados para representar e identificar detalhes dos fluxos de informações e de materiais, da entrada e saída de pedidos e da forma como é realizado o processo no estado atual. Esses símbolos, que podemos observar na Figura 6.3, são empregados também para obter uma real visualização e uma rápida interpretação do estado atual, de modo a facilitar a construção do estado futuro.

Figura 6.3 – Símbolos utilizados na construção do VSM

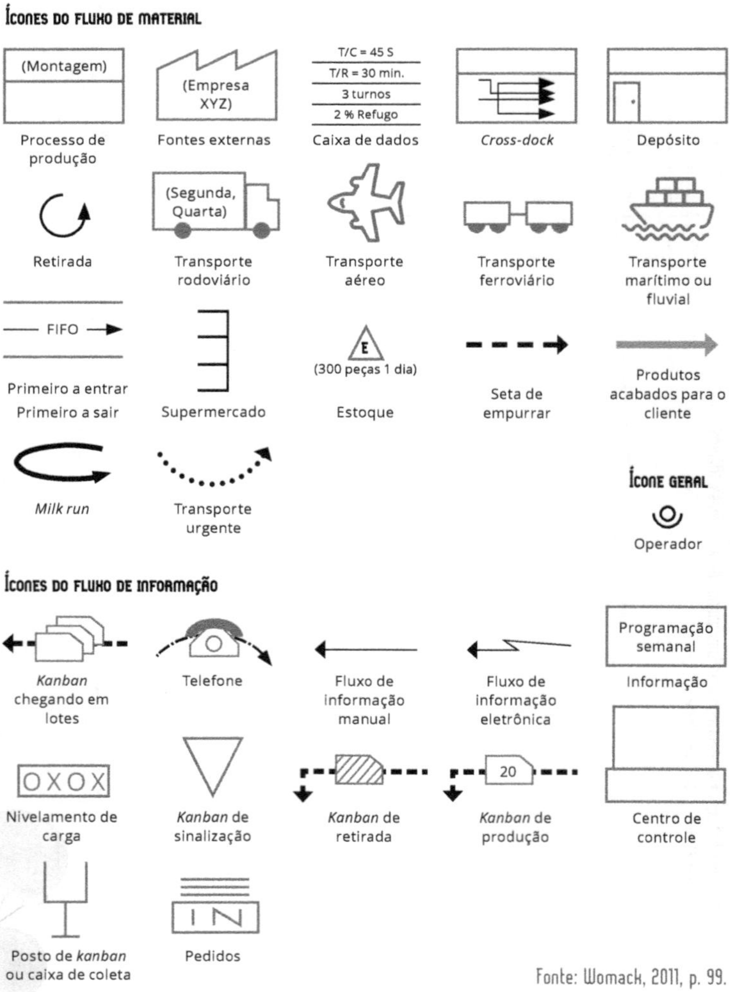

ÍCONES DO FLUXO DE MATERIAL

(Montagem)	(Empresa XYZ)	T/C = 45 S / T/R = 30 min. / 3 turnos / 2 % Refugo	*Cross-dock*	Depósito
Processo de produção	Fontes externas	Caixa de dados	*Cross-dock*	Depósito
Retirada	(Segunda, Quarta)	Transporte aéreo	Transporte ferroviário	Transporte marítimo ou fluvial
	Transporte rodoviário			
FIFO	Supermercado	E (300 peças 1 dia)	Seta de empurrar	Produtos acabados para o cliente
Primeiro a entrar Primeiro a sair	Supermercado	Estoque		
Milk run	Transporte urgente			**ÍCONE GERAL** Operador

ÍCONES DO FLUXO DE INFORMAÇÃO

Kanban chegando em lotes	Telefone	Fluxo de informação manual	Fluxo de informação eletrônica	Programação semanal / Informação
O X O X Nivelamento de carga	*Kanban* de sinalização	*Kanban* de retirada	20 *Kanban* de produção	Centro de controle
Posto de *kanban* ou caixa de coleta	I N Pedidos			

Fonte: Womack, 2011, p. 99.

8. Identificar as oportunidades, mostrando os desperdícios e potenciais projetos para melhorar os processos

Nessa fase do VSM, devem ser identificados os desperdícios no processo por meio de observações no chão de fábrica ou pelas entrevistas realizadas, quantificando-se os percentuais de oportunidades evidenciadas. Também é importante sempre estar focado nos 4 Ms – *machine* (máquinas), *man* (homem), *material* (material) e *method* (método). Isso facilita a organização na busca das oportunidades. Se mesmo com todo esse detalhe de observação não for possível entender e enxergar o fluxo de material ou de informação, ficará evidenciado, então, que realmente o processo não está robusto e apresenta várias oportunidades de melhoria. Normalmente, para visualizar rapidamente essas oportunidades no mapa, são desenhadas nuvens com uma breve descrição de um projeto para melhorar o processo e caminhar para o estado futuro. Essas nuvens são chamadas de *nuvens de oportunidades*.

De acordo com Womack (2011, p. 1), "o mapeamento do fluxo de valor é o simples processo de observação direta dos fluxos de informação e de materiais conforme eles ocorrem, resumindo-os visualmente e vislumbrando um estado futuro com um melhor desempenho".

capítulo 6

9. Mostrar opções e ideias de processos e fluxos melhorados e construir um mapa do estado futuro

Para elaborar um mapa do estado futuro (Figura 6.4), é necessário concentrar-se principalmente na implementação dos três sistemas e de suas ferramentas (abordadas em capítulos anteriores), ou seja, o sistema estabilidade, o sistema fluxo e, especialmente, o sistema puxado. Além disso, deve-se estar sempre focado em implementar um ritmo de tempo *takt* e, se for possível, criar um fluxo de peça única, estabelecer métricas e objetivos de melhoria, reduzir os percentuais de refugo e retrabalho, promover a melhoria da produtividade, a redução do estoque e, principalmente, a redução do *lead time*.

Com o mapa do estado futuro, será possível determinar como as melhorias operacionais se transferem para os resultados financeiros – por exemplo, o efeito da redução dos inventários na folha de balanço, movendo o capital ativo e utilizando recursos. Também se poderá verificar como a produtividade melhorou os resultados operacionais por meio da redução do custo de mão de obra, da melhoria do posto de trabalho, bem como da redução de horas extras, do retrabalho e de refugos.

Figura 6.4 – Exemplo de um VSM do estado futuro

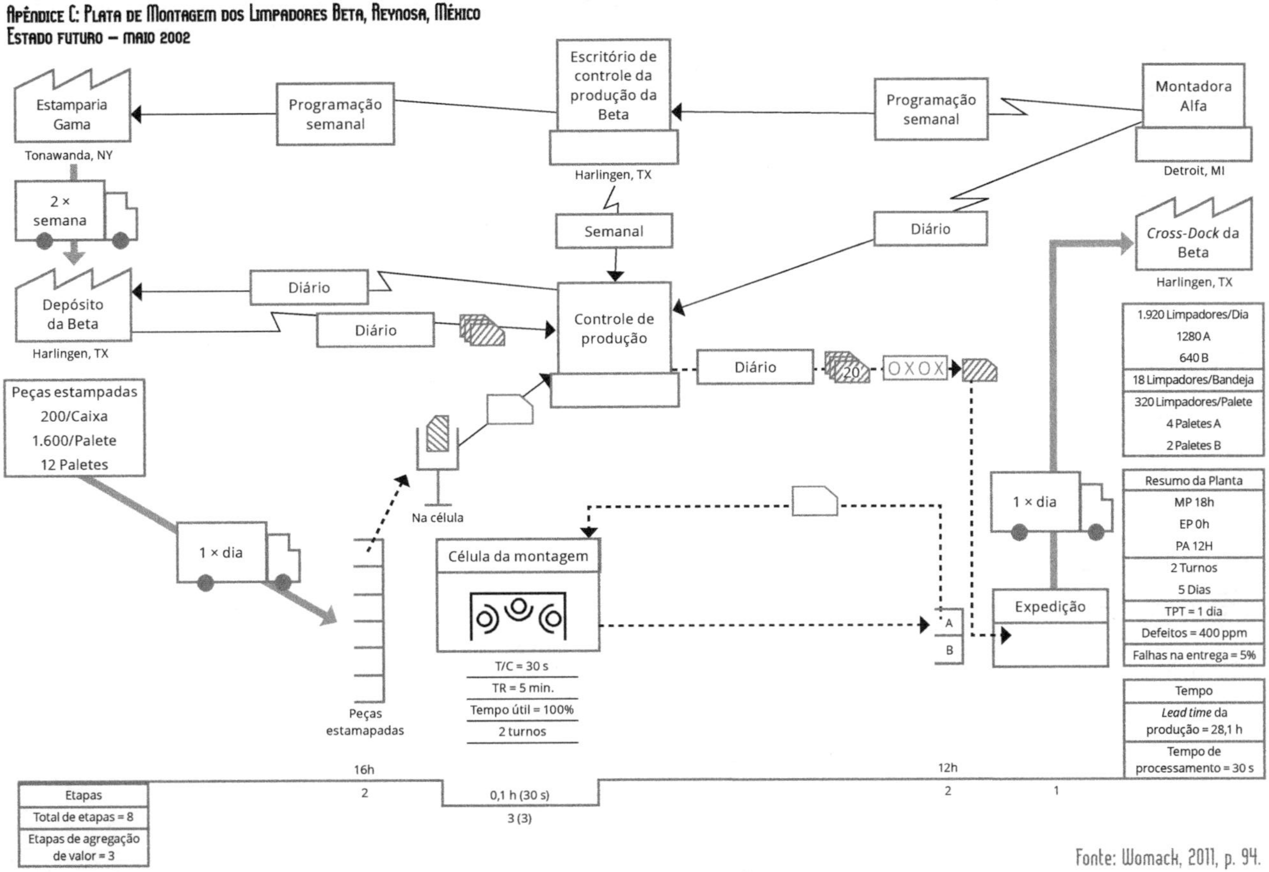

Apêndice C: Plata de Montagem dos Limpadores Beta, Reynosa, México
Estado futuro – maio 2002

capítulo

6

6.4 *Value Stream Design* (VSD) – mapeamento do fluxo de projeto/atividade

O *Value Stream Design* (VSD) é utilizado em várias empresas e consultorias. Na Nestlé, ele foi aplicado com muita disciplina, qualidade e envolvimento dos colaboradores relacionados com o processo. Ele permite observar diretamente o fluxo de informações e de materiais, considerando a forma como eles ocorrem e no exato momento em que surgem. Assim, tem o objetivo de estabelecer um entendimento comum do estado atual. Isso envolve os principais representantes da cadeia de valor para poder analisar e classificar cada atividade do processo escolhido.

O VSD do estado atual destaca a proporção de atividades que não agregam valor aos clientes e consumidores *versus* aquelas que agregam valor em todo o fluxo. Com isso, ele ajuda a equipe que está realizando o mapa a definir em conjunto um estado futuro e um plano de ação de melhoria sustentável, com base em uma visão compartilhada do fluxo de valor, para fornecer as principais propostas de valor do consumidor/cliente selecionadas.

Em suma, o VSD se refere a todas as ações (valor agregado e valor não agregado) que atualmente são requeridas para a elaboração de produtos ou serviços considerando-se os fluxos essenciais de cada produto e serviço. Consiste no mapeamento de fluxos de produção desde a matéria-prima até o consumidor, do projeto até o lançamento da produção, bem como dos fluxos de serviço desde a solicitação de um cliente interno ou externo até a entrega.

O desafio do VSD é trabalhar sobre uma visão completa da cadeia de valor e melhorá-la por completo, e não somente otimizar os produtos ou serviços.

Objetivos do evento VSD

O objetivo de um evento VSD é desenvolver uma visão compartilhada do fluxo de valor e projetar um estado futuro usando as principais proposições de valor selecionadas para consumidores/clientes, com o intuito de eliminar desperdícios e padronizar processos. Também tem o propósito de criar um plano de implementação a fim de estabelecer uma mentalidade de melhoria contínua na organização, por meio de melhorias incrementais (estados futuros) que buscam incansavelmente eliminar os desperdícios e criar valor para consumidores, clientes e acionistas de forma contínua.

Principais entregas do VSD

- Mapa do estado atual com todas as atividades descritas.
- Mapa do estado futuro com a descrição e a classificação das atividades.
- Plano de ação elaborado para executar o plano futuro (com indicação dos responsáveis e dos prazos).
- A3 (incluindo necessidades de negócios, estado atual, estado futuro, plano de ação e métricas para acompanhar o progresso do estado atual para o futuro).

Símbolos para criar o VSD

Para construir um VSD, são utilizados símbolos para classificar as atividades e poder visualizar rapidamente as oportunidades dentro do fluxo. Essa simbologia pode ser alterada conforme a cultura e a necessidade da organização.

A seguir, na Figura 6.5, apresentamos alguns exemplos da simbologia aplicada para a realização do VSD.

capítulo
6

Figura 6.5 – Exemplo da simbologia utilizada para elaborar o VSD

Descrição	Símbolos
Atividades que agregam valor alterar para (VA) (diferentes de transporte, estoque, inspeção e espera)	
Atividades que não agregam valor (NVA)	
Desperdício de espera	
Desperdício de inspeção	
Desperdício de transporte	
Desperdício de movimentação	
Desperdício de estoque	

Como realizar um evento VSD

Para realizar um evento VSD, a primeira coisa a fazer é escolher participantes que, antes de mais nada, tenham vontade de participar, sejam proativos, quebrem paradigmas e conheçam bem os processos. Após a seleção dos participantes, o passo seguinte é treiná-los para o domínio dos conceitos e ferramentas *lean* e da metodologia. Durante o *workshop*, com base em atividades, os membros da equipe aprenderão sobre os modelos/formulários usados no evento e poderão elaborar o VSD.

A primeira etapa do VSD é desenvolver uma representação visual para o estado atual do fluxo de valor (fluxos de origem, fluxos de produção e fluxos de entrega) para a família de produtos selecionada. Os membros da equipe devem mapear o estado atual e projetar o estado futuro (mapeamento com base em atividades) para fluxos de origem, fluxos de produção e fluxos de entrega. Em seguida, devem criar um plano de ação e definir o A3 e os resultados para a família de produtos escolhida.

Definir o mapa baseado em processos é opcional. A decisão da unidade de negócios é avaliar se deverá ser elaborado um mapa baseado em processos para resumir as informações dos mapas baseados em atividades (a decisão será diferente para cada unidade de negócios). Isso poderá ser feito durante o *workshop* (se houver recursos disponíveis) ou na semana seguinte.

É importante garantir a presença da direção tanto na abertura do evento como no encerramento, para mostrar o quanto ela está apoiando a equipe e os envolvidos com o *workshop*. O principal objetivo de um evento VSD é elaborar o mapa do estado futuro, o resumo dos resultados e o plano de implementação em uma única folha (*one page*) – nesse caso, a folha A3.

A etapa seguinte envolve a projeção do estado futuro do fluxo de valor que deve ser levado em consideração e o objetivo principal de eliminar os desperdícios, da seguinte maneira:

- Valor agregado: combinar e/ou aproximar.

- Sem valor agregado: eliminar, combinar, reduzir e/ou simplificar, utilizando-se a técnica ECRS (Eliminar, Combinar, Reduzir e Simplificar).

- *Design* de fluxo: melhores práticas apresentadas durante os módulos de treinamento *lean*.

A Figura 6.6, a seguir, apresenta um exemplo de painel utilizado para descrever as principais atividades, dentro do mapa do estado atual e do estado futuro, com seus principais indicadores, além de conter uma breve descrição das atividades, classificando-as em agrega valor (VA) e não agrega valor (NVA), com os respectivos tipos de desperdícios.

Figura 6.6 – Painel utilizado para elaborar um VSD

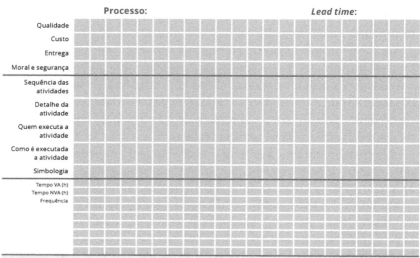

O resultado final do evento VSD é o desenvolvimento de um A3 para os fluxos de origem, de produção e de entrega (incluindo plano de ação, resultados esperados e investimentos em recursos), os quais serão implementados em um ciclo de melhoria que, normalmente, tem seis meses de duração.

Os eventos de VSD devem se tornar parte da atividade regular do fluxo de valor selecionado, que é repetido a cada seis meses. A seguir, apresentamos os passos para realizar um *workshop* de VSD:

- abertura do evento pela direção;
- treinamento da equipe escolhida para mapear o processo;
- mapeamento do estado atual;

- identificação das oportunidades e aplicação do conceito ECRS;
- desenho do estado futuro;
- definição do plano de implementação, com a indicação dos responsáveis e dos prazos;
- documentação mediante A3;
- apresentação final para a direção e celebração dos resultados.

6.5 *Operational Due Diligence* (ODD) – diagnóstico operacional

Para gastar energia, recursos e investimentos a fim de melhorar a *performance* de um departamento, uma empresa ou um negócio, deve-se levar em conta outros aspectos, como a saúde do negócio, por exemplo. Para essa finalidade, utiliza-se o ODD.

A tradução direta da expressão em inglês *due diligence* é "diligência prévia". A palavra *diligência* remete a elementos como pesquisa, investigação, mapeamento do negócio. Basicamente, trata-se de uma pesquisa organizada e detalhada para conhecer os aspectos contábeis, previdenciários, financeiros, trabalhistas e jurídicos, ou seja, todos os departamentos administrativos da empresa.

O processo de *due diligence* pode ser traduzido também como um diagnóstico no contexto de aquisições corporativas ou fusões (venda de negócios) que implica a análise e a mensuração das principais oportunidades e riscos de um negócio – normalmente, antes de qualquer tomada de decisão.

capítulo 6

A seguir, apresentamos alguns dos exemplos mais comuns de aplicação do *due diligence*:

- *compliance* (conformidade/cumprimento de diretrizes estabelecidas);
- fornecedores e terceiros;
- financeiro e contábil;
- fusões e aquisições corporativas;
- ambiental e trabalhista;
- operacional.

Com a intenção de facilitar e agilizar o diagnóstico, algumas plataformas, como Big Data Analytics e Machine Learning, são empregadas para promover uma visão dos riscos das organizações, principalmente quando os dados são conectados às informações públicas em conjunto com os dados das empresas.

Conforme publicado no *site* da Neoway (2021), concretizar novos negócios sempre é o objetivo de qualquer empresa, mas avaliar os riscos deve ser a primeira tarefa logo que uma nova oportunidade é encontrada.

> *O combate à corrupção ganhou força recentemente na legislação brasileira e ações fraudulentas de empresas e intermediários começaram a ser questionadas e, cada vez mais, monitoradas [...].*
>
> *Com a Lei da Empresa Limpa, as organizações passaram a ter maior cuidado quando se trata da sua relação com terceiros.*
>
> *Isso porque essa legislação prevê a responsabilidade objetiva: quando uma empresa responde pelos atos de representantes da sua cadeia produtiva, inclusive do terceiro agindo em seu nome.*
>
> *Sendo assim, conhecer e monitorar o panorama completo dos riscos se torna fundamental para conseguir mitigá-los em tempo.*
>
> *Essa precaução dentro do contexto atual, em que lidamos com informações em abundância, é facilitada quando um processo de Due Diligence é aplicado e, sobretudo, realizado de forma otimizada.* (Neoway, 2021)

O ODD é um diagnóstico focado na operação. Para o universo *lean*, trata-se de uma excelente ferramenta para buscar oportunidades de melhoria e mitigar riscos existentes nos processos, porém é mais focada no objetivo de ver a cadeia como um todo em relação ao negócio.

É igualmente extensivo aos negócios externos, como fornecedores, prestadores de serviço, parceiros e entidades coligadas, pois estas também são áreas que potencialmente podem apresentar baixa *performance* para a cadeia de valor.

A seguir, apresentamos os objetivos que normalmente são buscados no diagnóstico operacional:

- conhecer e entender os principais processos e a família de produtos e serviços;
- conhecer e capacitar a equipe que fará parte do projeto;
- avaliar riscos e potenciais de melhoria nos processos de suporte e produtivos;
- recomendar soluções para os pontos de melhoria;
- desenvolver e implementar sistema de produção, foco na estabilização, fluxo e sistema puxado;
- multiplicar conceitos e implementações nas principais atividades e processos;
- avaliar toda a cadeia de valor, desde seu fornecimento até a distribuição.

Em resumo, o ODD pode ser empregado nas empresas com uma equipe interna, a fim de capturar oportunidades de melhoria de processos e negócios, mas também é muito utilizado por consultorias para fazer uma proposta de parceria entre as empresas, pois acaba evidenciando com muito mais propriedade e profundidade as reais oportunidades de melhoria na cadeia de valor e seus impactos, sejam qualitativos, sejam quantitativos.

capítulo

6

6.6 *Identify Business Opportunities* (IBO) – identificando oportunidades de negócio

Outra forma de identificar oportunidades de negócio é por meio do *Identify Business Opportunities* (IBO). Nesse caso, o conceito e a metodologia aqui apresentados se baseiam em experiências utilizadas na Nestlé, empresa que aprimorou a ferramenta mediante uma utilização bem estruturada da metodologia. Utilizar o IBO está no DNA da organização e, para qualquer estratégia de negócio que tenha de ser implementada, equipes multidisciplinares são escaladas e treinadas anteriormente para executar o IBO e trazer seus resultados e evidências antes de qualquer tomada de decisão.

O IBO consiste em uma ferramenta estruturada do *lean* para avaliar as oportunidades do negócio em toda a cadeia de valor, colocando os clientes e consumidores no centro da avaliação. Trata-se de uma metodologia para identificar os pontos-chave do negócio da cadeia de valor e convertê-los em oportunidades, a fim de buscar a excelência operacional, com o propósito de orientar a visibilidade da liderança e promover a iniciativa da implementação da jornada *lean*.

Para implementar essa filosofia de diagnóstico, deve-se:

- comprometer a liderança em toda a cadeia de valor;
- mostrar e estimular onde estão os principais benefícios com a implementação;
- definir o alcance e a expansão da jornada *lean* na cadeia de valor;
- identificar projetos para melhorar a *performance* e obter resultados financeiros rapidamente;
- coletar os primeiros dados das áreas evolvidas na cadeia.

O IBO busca fontes de variação e interrupções no fluxo, considerando a falta de uma filosofia de sistema puxado e o quanto o negócio está ou não 100% conectado com as necessidades do cliente/consumidor.

Na Figura 6.7, indicamos alguns exemplos de áreas mapeadas no IBO divididas por segmentos: *source* (fontes/insumos), *make* (operação) e *delivery* (entrega/distribuição).

Figura 6.7 – Áreas mapeadas em toda a cadeia de valor

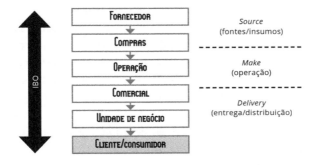

Análises de dados no IBO

A recopilação de dados precisa ser avaliada como um sistema, para que seja possível entender as conexões entre as funções na cadeia de valor, bem como a forma como uma área impacta, positiva ou negativamente, outras áreas da empresa. Para isso, faz-se necessário desenvolver uma mentalidade de causa-efeito ao avaliar o conjunto de dados, evitando-se, assim, fazer críticas ao processo sem um embasamento adequado. À medida que os dados básicos vão sendo avaliados, mais dados podem ser requeridos para permitir conclusões ou validar as hipóteses de causa-efeito.

capítulo
6

Desenhando o mapa

Antes de iniciar a elaboração de um mapa com a preconização da metodologia IBO, deve-se levar em conta a preparação prévia do evento, que consiste em confirmar a confiabilidade dos dados e determinar se existem mais temas potenciais a serem explorados, a fim de poder planejar uma abordagem mais adequada. Nesse sentido, a participação dos gestores de cada departamento é fundamental para o ritmo e a qualidade dos dados fornecidos durante o mapeamento. Eles podem ajudar nas respostas sobre as estratégias do negócio, em novas oportunidades potenciais e na melhor maneira de expor os resultados à direção. Além disso, os entregáveis desse evento podem variar, tornando-se necessário calibrar o mapeamento, revisar os dados e adquirir novas informações.

Como o mapa é uma representação visual que inicialmente pode ser exposta em uma parede para ser explorada, a qualidade e a velocidade dos dados adquiridos e das análises causa-efeito são de suma importância para o evento. O objetivo é comunicar visualmente a direção das diferentes conexões existentes na cadeia de valor, permitindo-se chegar a conclusões sobre os impactos das atividades funcionais e da variabilidade na cadeia como um todo e sobre a maneira como o fluxo de informações impacta o desenho da *performance* do negócio e o cliente/consumidor.

Em todos os casos em que se realiza o IBO, o cliente e o consumidor são o centro da avaliação. Isso permite que as equipes definam os principais projetos, calibrem as atividades nas quais o *lean* tem maior impacto no planejamento do negócio, estimem benefícios potenciais da iniciativa e auxiliem outras iniciativas dentro da organização.

Na Figura 6.8, a seguir, apresentamos alguns exemplos dos dados que normalmente são capturados durante o evento IBO. Vale a pena lembrar que, para cada empresa, é preciso avaliar tecnicamente quais dados mais relevantes devem ser coletados e a que profundidade.

Figura 6.8 – Exemplo de tipos de dados coletados por segmento

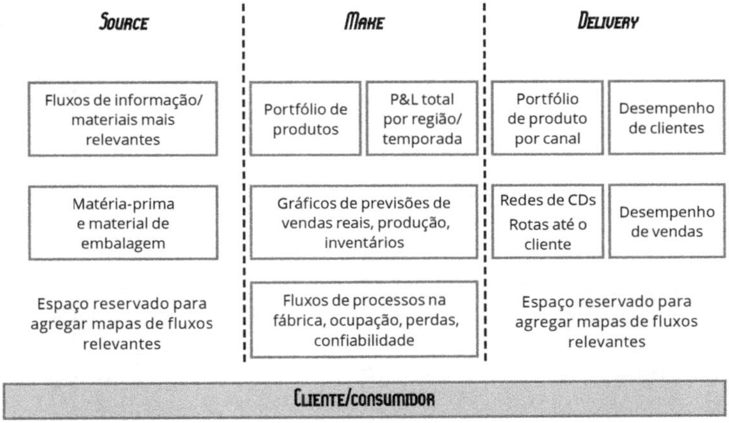

SOURCE	MAKE	DELIVERY
Fluxos de informação/ materiais mais relevantes	Portfólio de produtos · P&L total por região/ temporada	Portfólio de produto por canal · Desempenho de clientes
Matéria-prima e material de embalagem	Gráficos de previsões de vendas reais, produção, inventários	Redes de CDs Rotas até o cliente · Desempenho de vendas
Espaço reservado para agregar mapas de fluxos relevantes	Fluxos de processos na fábrica, ocupação, perdas, confiabilidade	Espaço reservado para agregar mapas de fluxos relevantes

CLIENTE/CONSUMIDOR

Já a Figura 6.9 mostra um exemplo de quais são esses dados, divididos por fases no processo dentro da cadeia de valor.

capítulo 6

Figura 6.9 – Exemplo ilustrativo de um painel IBO

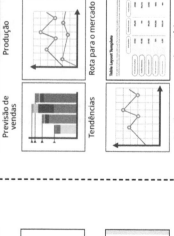

Ksandr Bryliaev, Tomas Knopp, Kostiantynl, Scharfsinn, sylvirobi, M Four Studio, stasi1 e Macrovector/Shutterstock

Conforme ilustrado na figura, esse é um bom exemplo de como criar um IBO com gestão visual. O ato de coletar todos os dados e fixá-los em uma parede serve para facilitar a visualização completa das áreas envolvidas na cadeia de valor. Como consequência, por meio de um evento estruturado e com pessoas-chave da organização, será possível tomar profundas e importantes decisões sobre os próximos passos em relação à estratégia do negócio. Com um diagnóstico desse nível, pode-se tomar decisões como: interromper a produção de determinado produto ou serviço; eliminar uma área dentro do processo; reduzir insumos, equipamentos e mão de obra; ou, até mesmo, fechar ou abrir um centro de distribuição ou uma unidade de negócio.

Em suma, para se fazer um bom IBO, o segredo está, primeiro, na preparação do evento; em segundo lugar, no nível dos participantes; e, por fim, na qualidade e na quantidade dos dados vivos coletados.

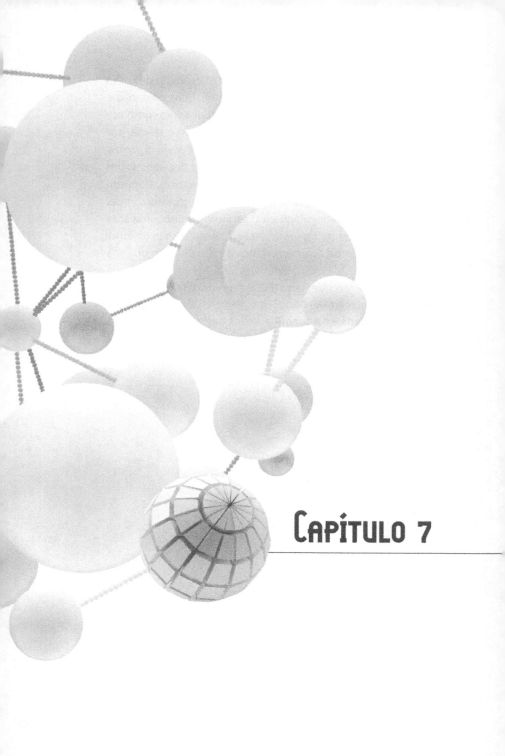
Capítulo 7

Preparando o terreno

Depois de mapear o terreno/processo e capturar todas as oportunidades de melhorar a *performance* do negócio, o passo seguinte é preparar o terreno/a organização para uma implementação/jornada. Tal procedimento consiste em propor treinamentos e capacitações, com o uso de calibração da gestão, conteúdos direcionados aos fundamentos *lean* e a suas ferramentas, regras em uso e liderança *lean*, desenvolvendo-se, em paralelo, visitas/avaliação comparativa (*benchmarking*).

7.1 Treinamentos e capacitações

Independentemente da escolha do tipo de diagnóstico para buscar oportunidades de melhora de *performance* ou de implementação de uma jornada de excelência operacional, depois de mapear e diagnosticar tais oportunidades e estabelecer os projetos de execução para implementar o estado futuro, faz-se necessária a preparação da liderança e dos colaboradores para realizar o alinhamento dos conceitos promovidos.

Basicamente, as ferramentas mais recomendadas para fazer esse alinhamento são:

- calibração da alta direção para a jornada *lean*;
- fundamentos *lean* e suas ferramentas por meio do *play lean*;
- regras em uso;
- liderança *lean*.

7.1.1 Calibração da alta direção para a jornada *lean*

A calibração da alta direção consiste em preparar os principais gestores da empresa para a implementação da jornada *lean* e fazê-los apoiar e multiplicar os conceitos dentro da organização. Normalmente, organiza-se um evento com duração de um dia, fora

capítulo

7

da empresa (com toda a direção e, de preferência, com a presidência), para não haver interferência no programa. Nesse evento, são mostrados os conceitos e as aplicações das ferramentas *lean*. Também são abordados temas orientativos sobre como uma jornada *lean* deve ser implementada e quais devem ser a postura e o comportamento da direção em relação às equipes e a essa nova filosofia.

O objetivo principal desse evento é alinhar e calibrar o conceito com os membros da direção, para que todos possam multiplicar a filosofia em um mesmo padrão e também conheçam, de forma macro, as ferramentas, a fim de apoiar as equipes com propriedade, evitando questionamentos acerca do conteúdo técnico da ferramenta. Além disso, trata-se de uma boa oportunidade para conhecer as principais características do negócio e levar essas informações para os projetos mapeados.

É importante que nesse tipo de evento a direção esteja bem preparada e sensibilizada com a jornada que será implementada, para que possa auxiliar e sustentar os projetos e as futuras mudanças na organização.

7.1.2 Fundamentos *lean* e suas ferramentas por meio de *play lean*

Da mesma maneira que a direção deve estar alinhada com os conceitos da filosofia *lean*, os gestores intermediários também precisam calibrar seus conhecimentos sobre a metodologia. Esse tipo de evento se aprofunda mais nos fundamentos *lean* e nas respectivas ferramentas. A depender da necessidade, pode ser prudente que a direção também faça o treinamento, mas de preferência em sessões separadas dos níveis intermediários.

Parte dessa calibração não reside somente em transferir os conceitos *lean*. Com efeito, assim como indicado para a direção, é interessante aproveitar o momento para preparar os gestores intermediários em relação à postura de apoio à metodologia. Isso é fundamental para uma boa implementação e sustentação da jornada. Por isso, o desenvolvimento das equipes deve ser um processo permanente, executado ao longo das atividades do dia a dia de trabalho.

Como informado, esse evento pode ser realizado em um dia e deve abordar os seguintes tópicos:

- fundamentos *lean* e suas ferramentas;
- conceitos básicos de excelência operacional;
- tipos de desperdícios;
- atividades que agregam e não agregam valor;
- pré-planejamento do projeto;
- planejamento e controle do *takt* (ritmo de produção);
- logística integrada.

Estrategicamente, para abordar todos esses temas, a melhor maneira de transferir o conceito e facilitar o entendimento da filosofia é aplicar na prática o treinamento *lean*, ou seja, com a simulação de um processo produtivo ou administrativo, representando-se uma empresa. Além de a interpretação se tornar mais fácil, o fato de estar simulando uma situação real de processo é mais convincente para os participantes, pois eles dispõem da possibilidade de aplicar a ferramenta *lean* e verificar sua *performance* e seu impacto nos resultados

Atualmente, no mercado, existem muitos jogos e produtos para simular os processos de uma empresa. Tais jogos são elaborados e direcionados especificamente para esse tipo de treinamento. Para facilitar ainda mais o entendimento dos participantes na aplicação das ferramentas *lean* nessa simulação, o ideal (quando for possível) é trabalhar com o próprio produto/serviço ou com insumos (por exemplo, uma caixa de embalagem, para simular o processo de montagem e aproximar-se da realidade da empresa).

A realização desse evento tem de ocorrer em um ambiente no qual se possa demonstrar os conceitos teóricos relativos aos temas em questão, mas também é importante contar com um espaço para simular o processo produtivo de uma empresa, como ilustrado na Figura 7.1, a seguir.

capítulo 7

Figura 7.1 – *Layout* de distribuição de mesas para simular postos de trabalho

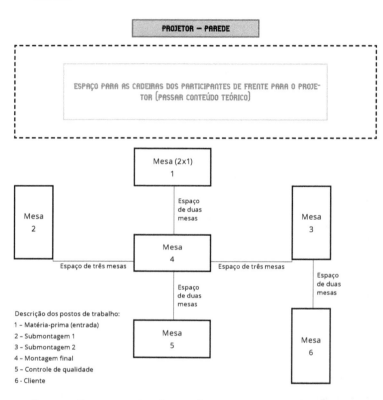

Para realizar essa simulação, é preciso interpretar atores/operadores em um processo de fabricação de determinado produto ou serviço, ocupar os respectivos postos de trabalho e simular um processo produtivo.

Lista de participantes para realizar a simulação:

- operador para manipular matéria-prima;
- operador para submontagem 1;
- operador para submontagem 2;
- operador para montagem final;
- operador para controle de qualidade;

- representante do cliente;
- supervisor de produção;
- gerente da empresa;
- controlador de tempo;
- controlador de resultados de *performance* da empresa.

Em suma, o intuito desse evento, primeiramente, é transmitir os fundamentos *lean* e suas ferramentas, para depois organizar três rodadas na empresa simulada.

A primeira rodada consiste em simular uma situação de uma empresa produzindo em lote e de forma bem próxima da realidade de um processo tradicional, mas sem os conceitos *lean*. A segunda rodada deve simular o processo com a filosofia de fluxo de peça única e sem lote, mas sem alterar o *layout* das mesas (representadas como postos de trabalho). Na terceira e última rodada, a equipe que está sendo treinada tem a liberdade de poder alterar o *layout* e incorporar os conceitos e as ferramentas aprendidas, tornando o processo *lean*.

Durante as rodadas, sistematicamente, os participantes devem contar com uma visão holística de todos os processos necessários para a excelência das operações e para a conexão entre tais processos (envolvimento de todas as áreas) – nesse caso, os postos de trabalho. Além disso, eles precisam receber noções de planejamento, suprimento, abastecimento, distribuição e operação. Assim, as equipes também são treinadas para ter a visão de eliminar desperdícios e visualizar, no contexto da simulação, processos que agregam e não agregam valor aos clientes internos e externos, com processos desdobrados e medidos de maneira visual, transparente e com foco em resultados.

Ao final do programa, as equipes recebem várias ferramentas para implementar uma jornada *lean*, mas sem desconsiderar a aplicação de metodologias complementares para apoiar a sustentabilidade do negócio.

capítulo

7

7.1.3 Regras em uso

Segundo Spear e Bowen (1999), as regras em uso estão incorporadas no DNA do Sistema Toyota de Produção (STP), como mencionado anteriormente. Tais regras são utilizadas de maneira científica, ao provocar as pessoas que estão em atividades para que observem os respectivos processos, mediante perguntas pontuais, e naturalmente efetivem melhorias em suas atividades. Diferentemente de apenas ver (como se faz quando se visita uma fábrica), observar os processos com outros olhos traz um impacto significativo na *performance* no dia a dia.

Enquanto no *play lean* se utiliza uma sala para fazer uma simulação de uma fábrica produzindo um produto ou serviço, nas regras em uso se usa o próprio processo das empresas para mostrar, inclusive para a alta direção, como enxergar o processo diretamente no *gemba* (local em que as coisas acontecem). A ideia é provocar a busca de oportunidades e identificar as ferramentas e os conceitos *lean* mais adequados para melhorar o processo. Estrategicamente, trata-se de uma ótima oportunidade, pois muitos executivos ficam em seus escritórios e não conhecem em detalhes o processo produtivo da empresa. Somente algumas vezes se dirigem ao piso da fábrica para ver o processo de perto e, quando o fazem, não adotam uma perspectiva *lean*, isto é, não enxergam o processo como deveriam enxergar, buscando oportunidades relacionadas à melhoria contínua.

Durante um evento de regras em uso, a alta direção é levada até o processo produtivo (chão de fábrica) e, por meio de uma série de perguntas, explica-se a que elas se referem. O objetivo é proporcionar à alta direção o conhecimento necessário para suportar e liderar (com exemplo) a implementação da jornada *lean* no negócio. Isso facilita, valoriza e acelera o progresso da implementação da excelência operacional nas organizações.

São quatro as regras em uso. Para cada regra, existe uma série de perguntas e definições para se explorar o conteúdo.

Regra 1 – Atividade

Na Regra 1 (R1), deve-se observar a atividade que está sendo executada. Para isso, ela está dividida em: estruturada, autodiagnóstica e com teste de hipótese.

No caso da **estruturada**, é preciso examinar quatro aspectos:

1. Conteúdo: como a atividade é realizada.
2. Sequência: em que ordem cada atividade é executada.
3. Tempo: quanto se leva para fazer cada atividade (tempo de ciclo).
4. Resultado: qual é o entregável do produto ou serviço desejado.

Já a **autodiagnóstica** deve conter dois testes:

1. *Leading* (guia-principal): indica de imediato quando ocorre um problema, por que o conteúdo, a sequência ou o tempo diferem do padrão estabelecido.
2. *Lagging* (atraso): indica de imediato quando ocorre um problema, por que a quantidade ou o tempo de ciclo diferem do padrão estabelecido.

Por fim, o **teste de hipótese** se refere a duas hipóteses que podem ser testadas e devem ser observadas para cada repetição de todas as atividades:

1. O operador consegue executar a atividade na sequência e no tempo determinados.
2. Quando a atividade é executada conforme o padrão estabelecido, a entrega ocorre sem defeitos, na quantidade e no tempo requeridos.

Basicamente, a R1 diz respeito à observação de atividades, máquinas, processos, pessoas e resultados. A seguir, na Figura 7.2, apresentamos de que forma os funcionários da Toyota aprendem as regras quando são questionados mediante perguntas provocativas sobre as atividades realizadas.

capítulo
7

Figura 7.2 – Exemplo de perguntas feitas para funcionários da Toyota

Como os funcionários da Toyota aprendem as regras

Se não são explícitas, como as regras do Sistema Toyota de Produção são transmitidas? Os gerentes da Toyota não dizem aos funcionários e supervisores como eles devem, especificamente, executar o seu trabalho. Ao contrário, eles utilizam um método de ensino e aprendizado que permite aos funcionários descobrir as regras como uma consequência da resolução dos problemas. Por exemplo, para ensinar os princípios da primeira regra, o professor vai até o local de trabalho do funcionário e, enquanto este está fazendo o seu trabalho, ele faz uma série de perguntas:

- Como você faz esse trabalho?
- Como você sabe que está fazendo corretamente?
- Como você sabe que o resultado estará livre de defeitos?
- O que você faz quando tem um problema?

Esse processo de questionamento contínuo dá ao funcionário um conhecimento cada vez mais profundo do seu trabalho. A partir de muitas experiências desse tipo, o funcionário gradativamente aprende a generalizar o processo de projeto de todas as suas atividades segundo os princípios contidos na Regra n. 1.

Todas as regras são ensinadas dessa mesma maneira socrática de questionamento iterativo e resolução de problemas. Embora seja particularmente eficaz para ensinar, esse método também leva ao conhecimento implícito. É por isso que, até hoje, o Sistema Toyota de Produção só foi transmitido com sucesso quando os gerentes tinham capacidade e disposição para se engajar em um processo semelhante de questionamento para facilitar o "aprender fazendo".

Fonte: Spear; Bowen, 1999, p. 5.

Regra 2 – Conexão

No caso da Regra 2 (R2), o foco está em conectar as atividades executadas na R1 umas às outras, isto é, fornecedor e cliente interno devem estar sincronizados de forma direta, binária, ritmada e autodiagnosticada.

- **Direta**: nesse caso, o cliente dispõe de todas as informações e elementos para solicitar ao fornecedor o que necessita sem passar por um intermediário ou outro departamento. Já o fornecedor tem a capacidade de atender aos requerimentos do cliente diretamente sem ter a necessidade de também passar por um intermediário ou departamento.

- **Binária**: a forma pela qual o cliente solicita um produto/serviço é fundamental para uma comunicação eficiente. Nesse caso, a solicitação deve corresponder a um aviso, um sinal simples para entregar na quantidade, na qualidade e no tempo requeridos. O fornecedor, por sua vez, precisa responder a esse aviso de forma que a entrega seja feita na quantidade, na qualidade e no tempo solicitados, respeitando o *takt* (ritmo).

- **Ritmada**: o fornecedor, por sua vez, precisa responder a esse aviso, de maneira que a entrega seja feita na quantidade, na qualidade e no tempo solicitados, respeitando o *takt* (ritmo).

- **Autodiagnosticada**: é quando a conexão emite um sinal imediatamente após a ocorrência de um problema ou anomalia.

Já no teste de hipótese, há duas possibilidades testáveis e que devem ser realizadas em cada ciclo de solicitação e entrega:

1. O cliente precisa de um produto ou serviço, na quantidade e no tempo requeridos ao fornecedor.
2. O fornecedor consegue atender a todas as exigências específicas do cliente.

Regra 3 – Fluxo

Na Regra 3 (R3), exige-se que não se interrompa o fluxo normal de um produto ou serviço, ou seja, o objetivo maior é que seja um fluxo contínuo. Nesse caso, ele precisa ser simples, especificado e autodiagnosticado.

capítulo

7

- **Simples**: são fluxos diretos sem idas e vindas, contínuos, sem muitas curvas ou ramificações e sem retornos não programados.

- **Especificado**: cada produto, serviço ou informação deve ter um fluxo lógico, padronizado e sem retrabalho com caminhos alternativos.

- **Autodiagnosticado**: cada vez que ocorrer uma anomalia ou um problema que esteja fora das especificações do padrão de percurso/rota definido, deve-se imediatamente disparar um sinal informando que o fluxo foi interrompido.

Regra 4 – Melhoria do processo

Na Regra 4 (R4), depois de enxergar as atividades, compreender as conexões, analisar os fluxos e identificar as oportunidades, o principal objetivo é ter a habilidade de trazer ferramentas para melhorar o processo e sustentá-lo mediante controles de *performance*. Também é ideal que isso seja feito na fonte, a fim de evitar perda de tempo, bem como para não impactar negativamente o custo, buscando-se sempre a causa raiz e evitando-se a reincidência do problema. Tomando-se contramedidas, por meio dessas ações, os resultados serão melhorados, levando as organizações a um processo ideal.

Em resumo, as regras em uso consistem em uma excelente ferramenta para alinhar os conceitos *lean* nas organizações e são uma ótima oportunidade para elevar o conhecimento da direção, de modo que consiga enxergar melhor como se caracterizam os processos e como é possível conectar as oportunidades capturadas nessa nova visão diante da implementação da jornada *lean*.

7.1.4 Liderança *lean*

Liderança *lean* é um programa que pode ser desenvolvido em uma sessão de oito horas, sendo um complemento do *play lean* e das regras em uso, pois tem como principal objetivo alinhar os conceitos e as ferramentas com a liderança, que tem a responsabilidade de patrocinar, promover, executar e sustentar a jornada *lean* como um todo. A liderança está sempre envolvida com uma certa complexidade do processo e, mais do que nunca, precisa ter habilidades para reagir a constantes mudanças do negócio, identificando oportunidades, implementando soluções de contramedida e entendendo a causa raiz. Para tanto, novas formas de trabalho e, principalmente, posturas e condutas em face da transformação são fundamentais.

A filosofia *lean*, quando bem aplicada, sempre colabora com a mudança de *performance*, mas, para que a transformação seja sustentada dentro da organização, o papel da liderança é de suma importância para capitanear essa mudança. Nesse contexto, os líderes devem estar preparados para atuar como alavancas das melhores práticas, exercendo seus papéis para a condução da jornada *lean*.

O programa também tem o objetivo, para a liderança, de desenvolver um novo *mindset* (pensamento), por meio do aprimoramento das habilidades da liderança, fazendo-a reconhecer seu papel na aplicação das metodologias, dos conceitos e das ferramentas que suportam a gestão *lean*.

Para as organizações, o programa traz apoio na condução das metodologias e prontidão para a identificação de oportunidades para a companhia, promovendo a melhoria contínua para a sustentação do negócio, com uma visão enxuta e sistêmica que permite maximizar o valor para o cliente.

A aplicação desse programa no início da jornada para a liderança vai facilitar a implementação no que se refere tanto à rapidez quanto à qualidade. Não basta apenas ser um gestor. Em tempos de mudanças complexas, a chave para o sucesso da implementação é a postura e a mentalidade, aliadas ao desempenho para atuar como um genuíno líder *lean*. Os líderes refletem os modelos a serem seguidos e representam as novas âncoras para impedir que seus times sejam arrastados de volta para as velhas práticas. Para tanto, desenvolver novos hábitos se faz necessário.

Estrategicamente, o programa procura motivar a liderança e mostrar como aplicar a melhoria contínua diariamente, buscando justamente gerar a rotina/hábito de trabalhar com a respectiva equipe, patrocinando eventos e práticas *lean*.

capítulo

7

Basicamente, o programa visa:

- conectar estratégias, objetivos e propósitos significativos do papel da liderança;
- descobrir melhores maneiras de trabalhar liderança e equipe;
- entregar constantemente valor para os clientes internos e externos;
- possibilitar a contribuição das pessoas com seu potencial máximo.

Em suma, a realização ou não desse programa de treinamento para a liderança ou de outro com conteúdo similar não vai impedir ou inviabilizar a implementação de uma jornada *lean*. O importante é a sugestão de aplicar esse programa para a liderança com o objetivo de facilitar a implementação e evitar a necessidade de fazer correções de rota na jornada.

7.2 Visitas/avaliação comparativa (*benchmarking*)

Todos os programas descritos são de extrema importância para a implementação de uma jornada *lean*, mas também é estrategicamente correto procurar conhecer quem já implementou com sucesso essa filosofia. Assim, visitar as empresas e ver com os próprios olhos as mudanças físicas, culturais e de *performance* ajuda a antever quais caminhos seguir e quais percalços evitar. Para isso, a prática de realizar o *benchmarking* na fase inicial de uma jornada é fundamental.

Originalmente, o *benchmarking* foi idealizado para se fazer uma avaliação comparativa em detalhes entre dois negócios envolvendo concorrentes, seja em produtos/serviços, sejam em processos, seja nas estratégias adotadas. Trata-se de uma excelente prática para visualizar o quanto o negócio está competitivo ou não e o quanto a organização está à frente do mercado. Isso permite, até mesmo, que a estratégia de abordagem da organização para projetos futuros sofra alterações.

O *benchmarking* não foi criado com o intuito de fazer visitas às empresas e de reconhecer como se faz um produto ou serviço. Visitar uma organização com esse viés em mente também é importante, mas aqui tem outro propósito. Quando falamos em realizar um *benchmarking* em sua essência, ou seja, conhecer o que o concorrente está fazendo e compará-lo tecnicamente com o próprio negócio, os benefícios para a empresa são imensos, pois ela acaba se posicionando em um contexto mais realista em relação a ações a serem tomadas. Quando surge o propósito de implementar uma jornada *lean* – ou a dúvida em implementá-la –, uma boa sugestão é conhecer quem já a realizou, quem teve sucesso e até mesmo quem não teve sucesso – isso é ótimo para evitar que se cometam os mesmos erros. Nesse sentido, a ideia não é visitar e conhecer uma empresa apenas por conhecer ou ter de usar uma metodologia de *benchmarking* para visitar o concorrente, por exemplo.

Quando se faz uma visita ou *benchmarking* em empresas *lean*, não é necessário dirigir-se até o concorrente para ver o que ele está fazendo, e sim visitar organizações que implementaram bem a filosofia, independentemente de serem ou não concorrentes, isto é, o ideal é buscar quem implementou a ferramenta corretamente.

Para resumir, quando se quer implementar a filosofia 5S, deve-se procurar visitar empresas que são exemplos em 5S. Não precisa ser um concorrente. O importante é conhecer organizações que são referência na aplicação dessa ferramenta.

Ainda, quando se quer saber de que maneira as empresas criaram um escritório de melhoria contínua, convém identificar no mercado a instituição que se constitui no melhor exemplo e organizar uma visita para conhecer de perto esse escritório, seus benefícios, os pontos positivos e negativos. Isso deve ser feito para qualquer ferramenta ou conceito *lean* que se queira implementar.

Em outras palavras, o objetivo principal dessas visitas é conhecer, aprender, comparar, verificar os sucessos e os fracassos com as implementações e buscar replicar essas experiências no próprio

capítulo 7

negócio. Para algumas situações, não é preciso "inventar a roda"; basta replicá-la e adaptá-la ao processo, ao produto e à cultura da empresa.

Outra sugestão para conhecer as jornadas implementadas nas empresas de forma rápida e com inúmeros exemplos é mediante a participação em congressos e fóruns específicos. São eventos destinados ao compartilhamento das experiências vividas em empresas que tenham um bom exemplo de implementação de jornada *lean* – verdadeiros casos de sucesso. Tais eventos normalmente são enobrecidos com alguns especialistas *lean* de renome internacional, que divulgam novas técnicas de abordagem por meio de grandes depoimentos ilustrados com diversos exemplos. Empresas multinacionais também são convidadas para apresentar seus casos de sucesso, tais como Mercedes-Benz, Nestlé, Bunge e Alcoa. Essas apresentações seguem um protocolo bem disciplinado para que se possa aproveitar melhor o tempo e explorar ao máximo o convidado. Logo após a apresentação do conceito ou caso, é promovido um momento de debate entre o especialista e os participantes, tornando o evento ainda mais apropriado.

Além disso, trata-se de uma grande oportunidade para acompanhar bons exemplos de aplicação de ferramentas *lean* que também sofreram uma repaginação/modernização em sua aplicação, com a geração de resultados surpreendentes. Logo, é possível identificar de que maneira grandes empresas estão administrando jornadas que estão começando ou sustentando jornadas já implementadas. Vale a pena ressaltar que tais encontros se constituem em uma excelente oportunidade para estabelecer *network* (rede de contatos) e conhecer pessoas que estão com o mesmo objetivo de implementar uma jornada *lean*.

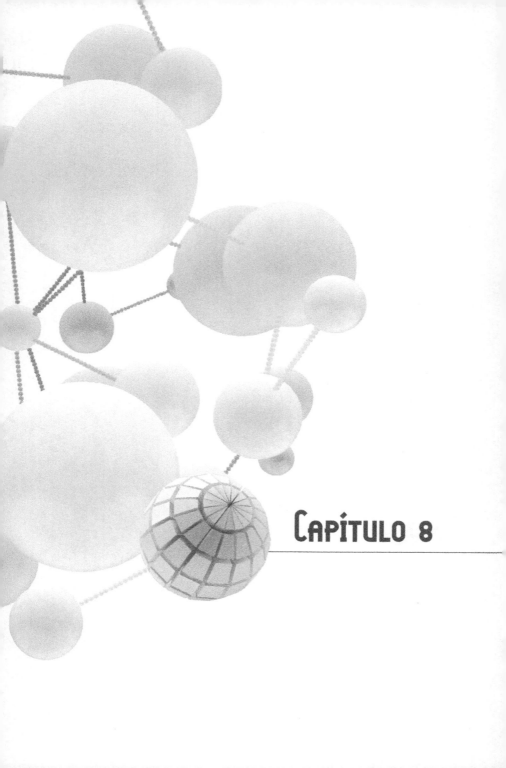

Capítulo 8

Fazendo acontecer

Depois de mapear o cenário atual e fazer a preparação dos principais protagonistas do negócio, a organização está pronta para realizar as semanas de *kaizen* ou seis sigma, com programas de 5S e gestão visual, seja para áreas produtivas/administrativas, seja para o planejamento estratégico do negócio.

8.1 Kaizen

Transformar uma organização em um empreendimento melhor não é tarefa fácil nem rápida. Na realidade, trata-se de uma atividade que deve ser encarada como um processo cíclico e permanente. Dessa forma, a empresa deve, inicialmente, ter um profundo conhecimento dos próprios processos, para, em um segundo momento, adotar as ferramentas adequadas para buscar as melhorias julgadas necessárias, entre as quais se destaca o *kaizen*.

A filosofia *kaizen* está fundamentada na eliminação de desperdícios, aumentando o percentual de agregação de valor com base no bom senso e no uso de soluções baratas que se apoiem na motivação e na criatividade dos colaboradores para melhorar a prática de seus processos de trabalho, com foco na busca pela melhoria contínua.

Os caracteres japoneses que correspondem à palavra *kaizen* representam os significados expostos a seguir, conforme Sharma e Moody (2003, p. 109).

capítulo

8

Dessa maneira, o termo é comumente traduzido como "mudança para melhor" ou "melhoria contínua". A metodologia ficou mundialmente conhecida pela sua aplicação no Sistema Toyota de Produção (STP), tendo sido criada no Japão pelo engenheiro Taiichi Ohno com a finalidade de reduzir os desperdícios gerados nos processos produtivos e administrativos (atualmente, também pode ser encontrada em serviços), buscando-se a melhoria contínua da qualidade dos produtos e o aumento da produtividade.

O *kaizen* não tem por objetivo somente obter ganhos de produtividade, redução de custos e eliminação de desperdícios, mas também promover a melhoria contínua das condições de trabalho das pessoas, buscando a total interação entre os processos e a qualidade do ambiente de trabalho.

Essa filosofia se baseia na eliminação de desperdícios em três postos-chave: qualidade, custo e entrega dos produtos/serviços. Em busca da redução do prazo de entrega (*lead time*) do produto, uma empresa típica geralmente concentra seus esforços para melhorar justamente a parte que agrega valor ao produto, otimizando os processos e obtendo uma pequena melhoria nas atividades, já que geralmente a otimização nesses processos não acarreta grandes impactos. Entretanto, uma organização que emprega a redução de desperdícios utilizando a filosofia *kaizen* prioriza a melhoria em atividades que não agregam valor e que podem ser descartadas, o que implicará a eliminação de atividades desnecessárias, com ganhos nos resultados financeiros, no prazo de entrega, na qualidade do produto e no processo, além de outros.

Assim, é importante que as atividades nos processos produtivos, administrativos e de serviços sejam classificadas quanto à agregação de valor ao cliente. As atividades que agregam valor são as que transformam matérias-primas e informações em produtos que os clientes desejam, ou seja, são aquelas pelas quais os clientes estão dispostos a pagar. Já as atividades que não agregam valor são aquelas que consomem recursos, mas não contribuem diretamente para os produtos, o que significa que os clientes não querem pagar por elas. Portanto, eliminar desperdícios significa concentrar esforços diretamente nas atividades que não agregam valor ao produto.

Como comentado ao tratarmos do conceito *lean*, no *kaizen* também é importante reconhecer os principais tipos de desperdícios no processo, que serão foco de aplicação na semana *kaizen* para sua eliminação: superprodução, processos desnecessários, excesso de estoque, de transporte e movimentação, produtos com defeito, espera e desperdício do intelecto. A eliminação ou diminuição desses desperdícios incrementa os processos, aumentando a *performance* nas organizações, o que contribui para a geração de produtos e serviços melhores, com custos reduzidos, entrega pontual e melhora considerável no ambiente de trabalho.

8.1.1 *Workshop* produtivo e administrativo

Um evento *kaizen* (de uma semana) consiste na aplicação da filosofia para melhorar a *performance* ou eliminar problemas, em um processo escolhido ou mapeado mediante o *Value Stream Mapping* (VSM), por meio de uma metodologia bem definida. A semana *kaizen* é realizada por uma equipe de colaboradores de diferentes áreas da empresa, que ocupam diversos cargos hierárquicos, focados em metas arrojadas estabelecidas pela direção.

Normalmente, os objetivos estabelecidos concentram-se na melhora da *performance* dos processos, seja na qualidade, seja na redução dos custos, seja na produtividade, além da melhoria das condições do ambiente de trabalho. Entretanto, é importante destacar: para que a aplicação da filosofia gere excelentes resultados, toda a empresa precisa se envolver nesse processo, mantendo o foco na busca pela melhoria contínua, na predisposição para a ação e na utilização da criatividade antes de se realizarem investimentos. É relevante mencionar, também, a necessidade do envolvimento da alta gerência, que deve demonstrar apoio e incentivo à participação de todos os colaboradores, com sugestões de melhoria para desenvolver pessoas orientadas pelo pensamento *kaizen*.

capítulo
8

Sob essa ótica, a filosofia *kaizen* trabalha os processos por meio de equipes focadas na eliminação de desperdícios e na criação de fluxos adequados, gerando soluções criativas para sanar problemas. Verifica-se, assim, o diferencial competitivo de que uma organização pode usufruir ao incorporar à sua política a aplicação da filosofia. O *kaizen* pode adequar os processos e as atividades da empresa, a fim de que ela trabalhe com uma visão de produção *lean*, ou seja, com um sistema de produção que não apresente imperfeições, que gere produtos em fluxo de peça única (quando o processo suportar) e com qualidade perfeita, até que faça parte da cultura da empresa "fazer certo na primeira vez" em toda a cadeia de valor. Tendo isso em vista, podemos afirmar que "qualquer empresa que faz produtos e serviços melhores, mais rápidos, em tempo, em maior variedade, e mais baratos do que os concorrentes possuem a melhor vantagem competitiva a longo prazo que qualquer empresa poderia desejar" (Slack et al., 1996, p. 66).

Para que um evento *kaizen* tenha êxito, a organização deve oferecer à equipe todos os recursos necessários, já que o programa é tido como prioridade para a empresa. Isso faz com que a direção tenha maior comprometimento com a equipe escolhida para a realização do *kaizen*. Outra importante premissa a ser destacada é o respeito e a valorização da criatividade dos colaboradores ao propor melhores processos e ambientes de trabalho, aumentando também a rentabilidade da organização.

De acordo com Sharma e Moody (2003, p. 111), "o *Kaizen* coloca a inteligência pelo processo e a responsabilidade pela tomada de decisões diretamente nas mãos dos especialistas do chão de fábrica". Assim, é facilmente perceptível a força que a equipe *kaizen* tem dentro da organização. O time tem autonomia para promover melhorias e implantá-las para alcançar ou, até mesmo, ultrapassar as metas inicialmente estabelecidas.

> *O desafio, tanto para as organizações quanto para os adeptos mais experientes dessas metodologias, é compreender que o significado do* Lean *e do* Kaizen *é manter o processo sólido e confiável, enquanto proporciona-se a liberação de ondas de criatividade e*

inovação para transformar completa e continuamente a maneira de como o trabalho é feito. (Sharma; Moody, 2003, p. 73)

Para a aplicação bem-sucedida de um evento *kaizen*, a metodologia conta com a adoção de diversas ferramentas *lean*, as quais são normalmente utilizadas em uma sequência dentro da semana, conforme descrito a seguir:

- VSM (utilizado para escolher em qual área o *kaizen* será realizado);
- mapa de processos (enxergar de forma rápida o processo macro da atividade que vai ser melhorada);
- tabela hora x hora, utilizada como pré-trabalho (*pre-work*) para coletar as estatísticas do processo;
- formulário de identificação dos oito tipos de desperdícios;
- gráfico de Pareto, diagrama de causa e efeito, cinco porquês, espaguete diagrama, ciclo PDCA etc. (ferramentas para identificar a causa raiz do problema);
- técnicas de *brainstorming* (utilizado para buscar alternativas para a solução do problema);
- matriz de impacto e esforço (classificar e priorizar todas as ideias originadas no *brainstorming*);
- plano de ação (depois de priorizar as ideias, é preciso concentrar-se nas ideias mais relevantes para o objetivo do *kaizen*).

Logicamente, nem sempre todas as ferramentas mencionadas são utilizadas, assim como, caso elas sejam adotadas, não é necessário que tal aplicação ocorra necessariamente nessa ordem. Os objetivos de cada semana *kaizen* devem ser analisados, a fim de que se saiba escolher corretamente quais ferramentas deverão ser utilizadas. Desse modo, ao final da semana, o objetivo do *kaizen* deverá ser alcançado em sua plenitude, mediante o menor esforço possível.

capitulo
8

8.1.2 Papéis e responsabilidades dos participantes

Com o objetivo de garantir uma semana de sucesso, é necessário contar com uma excelente equipe, que precisa ser muito bem conduzida. Para isso, os papéis e as responsabilidades de alguns participantes devem ser definidos para o evento, conforme apresentamos a seguir.

Sponsor (padrinho/patrocinador da equipe)

Normalmente, quem tem a função de *sponsor* na metodologia *kaizen* são os responsáveis pela alta gestão, assim como diretores, gerentes de planta etc., isto é, quem vai decidir e ter a palavra final. Nesse contexto, o *sponsor* define as metas e os objetivos para o *kaizen*, mas também tem a responsabilidade de participar dos eventos para a sustentação do programa, tais como: cerimônias de certificação; início e encerramentos de sessões; treinamento e apresentações dos resultados dos projetos.

É muito importante que o *sponsor* esteja envolvido com o processo, valorizando a participação dos colaboradores, patrocinando o evento e endossando as ações e os resultados das equipes.

Outro ponto relevante entre as responsabilidades do *sponsor* é a viabilização dos recursos financeiros e humanos para apoiar a execução dos eventos, com participação na formação das oportunidades e consequente aprovação dos projetos, mediante reuniões periódicas de acompanhamento do programa.

Líder

Em geral, o líder da equipe é de um departamento que não está envolvido diretamente com o projeto da semana *kaizen*. Essa é uma regra prudente para que ele não tenha influência técnica ou pessoal no projeto. É importante que o líder seja um colaborador com noções básicas de *lean*, apresente boa relação com todos os níveis hierárquicos da organização e, naturalmente, seja um motivador e moderador de equipes.

Durante a semana, o líder tem como atribuições: verificar a situação das atividades dos membros da equipe; manter todos os envolvidos em ações específicas para as metas projetadas para a semana; administrar possíveis conflitos de interesse pessoal ou técnicos; e coordenar os participantes da equipe durante a preparação da apresentação. Assim, ele tem um papel relevante durante a semana, atuando como um pequeno chefe do *kaizen*, um moderador da equipe, um administrador do tempo e da comunicação entre o *sponsor* e o time e, principalmente, como o responsável por levar a equipe a alcançar as metas do *kaizen*.

Colíder

O colíder deve ser da área envolvida no projeto e apresentar bom conhecimento técnico do problema em questão. Esse profissional tem quase as mesmas funções do líder na condição de suporte e moderador que auxilia na conquista dos objetivos. Contudo, durante a semana, ele é o responsável por orientar tecnicamente a equipe no caminho correto das ações. Por ser da área na qual se está realizando o *kaizen*, o colíder precisa ter o conhecimento necessário para esclarecer os detalhes do processo, o que pode ou não pode ser feito tecnicamente. Logo, é grande seu interesse no resultado, pois ele e seu departamento serão os beneficiados pelas melhorias trazidas pela equipe.

Tanto o líder como o colíder precisam apresentar o mesmo nível hierárquico na organização; assim, um não se sobrepõe ao outro. Eles têm a responsabilidade de escolher os participantes para o evento (endossados pelo *sponsor*) e são facilitadores e moderadores durante a semana, disponibilizando recursos para as equipes e conferindo velocidade e qualidade ao evento. Também devem dividir as tarefas de forma equilibrada entre os participantes. Para isso, precisam estar focados na meta e no respeito à metodologia. Trata-se de uma responsabilidade de extrema importância para que se mantenha um ambiente agradável durante a semana, de modo que os participantes tenham prazer de realizar o *kaizen* e desejem

capítulo
8

participar novamente dos próximos eventos. O objetivo da semana não é somente buscar um resultado financeiro, mas promover uma transformação cultural.

Participantes

Um dos fatores de sucesso na semana *kaizen* são os participantes. É por meio deles que tudo acontece no evento: as melhores e mais criativas ideias, o maior envolvimento e participação. Uma equipe boa de *kaizen* consegue bons resultados, mas uma equipe excelente consegue resultados extraordinários. Por isso, a escolha do perfil dos participantes é muito importante. Nesse sentido, também existe uma regra para tal seleção.

Para esclarecer melhor a regra da escolha do perfil dos participantes, podemos fazer a seguinte simulação: um *kaizen* será promovido na indústria automotiva, mais precisamente no departamento de pintura de veículos. A quantidade de participantes pode variar em relação ao tamanho da empresa ou da urgência com que se deseja implementar a transformação cultural, porém, na maioria dos casos, o ideal é contar com 12 participantes. O *kaizen* pode ser realizado com mais ou menos pessoas, mas isso dependerá da cultura e da necessidade da empresa.

Para um *kaizen* no departamento de pintura de veículos, seriam doze participantes, divididos da seguinte maneira:

- quatro participantes do departamento de pintura e que representem tecnicamente o departamento – nesse caso, incluindo o colíder;
- dois participantes da área que antecede a pintura (fornecedor) e dois participantes da área posterior à pintura (cliente);
- quatro participantes que não estejam envolvidos diretamente com o departamento de pintura (neutros) – grupo do qual se extrai o líder.

No primeiro caso, a justificativa para a participação é clara: para se fazer um *kaizen* no departamento de pintura, é necessário contar com colaboradores que pertençam a essa área. Sob essa perspectiva, é de suma importância observar que não se faz um *kaizen* só com engenheiros ou apenas com operadores – mesclar é mandatório. Para a formação para um projeto na pintura, deve-se contar com, no mínimo, um operador de pintura e um coordenador ou supervisor, ou seja, trata-se de uma boa representação técnica do departamento.

No segundo caso, sempre que se faz um *kaizen*, independentemente do processo, produto ou serviço, é prudente envolver os departamentos antecessores e posteriores. Dessa maneira, o departamento que antecede (fornecedor) pode começar a enviar produtos, serviços ou informações de forma diferente e que atenda ao novo conceito de executar a atividade sugerida no *kaizen*. No caso do departamento posterior (cliente), a ideia é a mesma: conhecer a real necessidade para enviar de forma diferente, de modo a facilitar o novo processo de pintura.

No terceiro caso, a intenção é que um terço da equipe do *kaizen* não esteja envolvida com as atividades do dia a dia. Tais participantes (conhecidos como *neutros* ou *estrangeiros*), pela falta de conhecimento do departamento, acabam questionando muito o processo e, com frequência, fornecem ótimas ideias, justamente por não estarem viciados com as atividades. Por essa razão, o líder deve ser escolhido nesse grupo, para apresentar imparcialidade nas decisões.

Consultor

Essa função pode ser interna (colaboradores da empresa) ou de uma consultoria externa (normalmente, para quem vai começar uma jornada *lean*, a ideia é ter uma consultoria externa). De todo modo, é importante que sejam consultores capacitados para orientar as equipes durante a realização de uma semana *kaizen*. Assim, eles precisam ter um profundo conhecimento sobre a metodologia, o sistema de produção da empresa, os negócios e seus principais indicadores, a fim de que possam apoiar as equipes na realização do VSM, do mapeamento do fluxo de valor dos processos organizacionais e do gerenciamento de conflitos. Tais consultores devem estar cadastrados em uma matriz de qualificação composta por diversos requisitos, para que possam atuar com as equipes durante o *kaizen*.

Duração do evento

É importante observar que a semana *kaizen* tem, em média, 40 horas, ou seja, vai de segunda a sexta, na maioria dos casos, contando com a participação integral do líder, do colíder, dos participantes e do consultor. Esses integrantes não podem ser interrompidos por reuniões paralelas ou saídas prematuras, respeitando-se a filosofia e buscando-se não prejudicar o rendimento dos demais participantes.

8.1.3 Semana *kaizen*

No Quadro 8.1, a seguir, apresentamos um exemplo de uma semana típica de *kaizen*. Cada semana tem de ser adaptada ao processo, ao produto e à cultura da organização, respeitando as regras, a escolha e o perfil dos participantes, a condução do evento, o tempo de permanência dos participantes, a atuação do *sponsor* e dos demais gestores com as equipes e, principalmente, a escolha do tema e dos objetivos. Se essas premissas forem observadas, provavelmente a semana *kaizen* terá um grande êxito.

Quadro 8.1 – Semana típica de *kaizen*

Período	Segunda	Terça	Quarta	Quinta	Sexta
08:00 – 09:30	Abertura (palavra da alta direção sobre os objetivos, *sponsor*)	Divisão do grupo em subequipes para medir o processo	Implantação das ações	Implantação das ações	Finalizar ações, documentar trabalho realizado e preparar a apresentação (resultados e exemplos do antes e depois)
09:30 – 10:00	Alinhamento das atividade e expectativas	Análise da situação atual, detalhamento do problema, levantamento de dados, análise do fluxo (utilizar ferramentas *lean* conforme a necessidade)			
10:00 – 10:30	Apresentação da equipe, expectativas e papéis				
10:30 – 12:30	Treinamento técnico				
12:30 – 13:30	INTERVALO				
13:30 – 14:30	Treinamento técnico (continuação)	Preparação para apresentação das subequipes	Implantação das ações	Refinamento e ajuste do novo processo e validação das alterações físicas implementadas	Ensaio dos participantes para a apresentação final
14:30 – 15:30	Treinamento comportamental	Apresentação das subequipes			Apresentação final do *kaizen*
15:30 – 16:00	Atividade em sala – alinhamento (criar o fluxo macro do processo)	Seção de brainstorming e classificação das ideias			Certificação dos participantes e celebração dos resultados
16:00 – 17:00	Atividade prática gemba (observar área do *kaizen*)		Apresentação do avanço das ações (*sponsor* e gestores envolvidos no processo)	Apresentação no gemba das alterações físicas (*sponsor* e gestores envolvidos no processo)	Livre
17:00 – 18:00	Consolidar oportunidades de capturadas (visão de oito desperdícios)	Elaboração do plano de ação e validação com o *sponsor*	Retroalimentação do grupo e atualização do *status* do plano de ação	Preparação dos materiais da "Apresentação final" (encerramento)	

capítulo

8

Como ilustrado no quadro, a semana *kaizen* segue uma metodologia padronizada para obter êxito. Quando se interfere na metodologia ou se muda o padrão, corre-se o risco de prejudicar a qualidade do resultado. Isso não significa que nada possa ser alterado; pelo contrário, o evento deve ser adaptado para cada processo, produto ou cultura da empresa, como já mencionado. O que não se deve fazer é perder o conceito da semana *kaizen*, pois seus benefícios vão além de um expressivo resultado financeiro.

Quando falamos em interferir no conceito da semana, referimo-nos à questão da sequência do dia a dia, ao conteúdo de cada dia, à abordagem, à condução da equipe, ao envolvimento da alta direção etc.

Cada dia tem sua importância. Para alguns especialistas, o mais importante é o primeiro; para outros, é o último, quando os resultados são celebrados. Independentemente, deve-se valorizar e respeitar cada hora e cada minuto da semana *kaizen*. Só assim será possível garantir uma semana de sucesso.

Na sequência, apresentaremos uma breve descrição do que acontece ou pode acontecer em cada dia durante uma semana *kaizen* e seus impactos positivos e negativos.

Primeiro dia: alinhando os conceitos

No primeiro dia, realiza-se um alinhamento dos conceitos. Além de apresentar a filosofia *kaizen*, a alta direção (*sponsor*) faz a abertura do evento, momento de suma importância e que precisa ocorrer com a participação de todos os gestores envolvidos no processo a ser melhorado durante a semana. Dessa forma, evidencia-se a relevância do evento, mostrando aos participantes que eles precisam estar comprometidos com a metodologia e apoiar suas equipes. Existe um protocolo padronizado para a abertura do evento. Assim, sempre que houver uma semana *kaizen*, esse mesmo protocolo deverá ser utilizado, denotando-se a importância da padronização com a metodologia.

Na abertura do evento, também se deve apresentar uma agenda com as entregas de cada dia, os objetivos do *kaizen* que deverão ser expostos no último dia e os papéis e responsabilidades de cada participante durante a semana. É igualmente um bom momento para responder as dúvidas e inquietudes.

Normalmente, já se estabelece uma ótima relação entre os participantes e a direção (para muitos participantes, esse momento pode representar o primeiro contato com a direção, mesmo que já trabalhem há muito tempo na empresa).

Depois de as aberturas oficiais serem encerradas, as atividades seguintes são o treinamento técnico e o treinamento comportamental, nos quais são apresentados diversos conceitos e temas.

Treinamento técnico

O intuito desse treinamento é fornecer noções de ferramentas *lean* aos participantes, por meio dos conceitos básicos da metodologia *kaizen*. A ferramenta *lean* selecionada deve estar de acordo com o objetivo da semana estipulado pela organização. O conteúdo técnico abordado normalmente é composto dos seguintes elementos:

- história do *lean*;
- metodologia *kaizen* com suas fases e atividades;
- visão geral sobre o *lean* e o sistema de produção;
- a importância da padronização;
- programa 5S e gestão visual;
- treinamento de produtividade, qualidade, redução de custos, *Single Minute Exchange of Die* (SMED), logística, *Total Productive Maintenance* (TPM) e treinamentos para eventos administrativos (a depender do objetivo da semana).

Essa etapa é fundamental, pois supre a necessidade de conhecimento técnico do tema e norteia os princípios que poderão ser aplicados durante a criação de melhorias.

Treinamento comportamental

O treinamento comportamental tem por objetivo despertar a criatividade e a percepção (ambiente), por meio de situações desafiantes e da influência da comunicação no trabalho em grupo, bem como promover o entrosamento das equipes. A ideia principal desse

capítulo
8

treinamento é fazer com que os participantes se conheçam, principalmente o líder e o colíder, pois nem sempre os participantes já trabalharam juntos na empresa. Por isso, trata-se de um bom momento para que comecem a se integrar e entendam os princípios comportamentais que regem o *kaizen*.

O objetivo desse treinamento também é estimular os participantes a quebrar os paradigmas, pois durante a semana a ideia é mudar o processo e fazer diferente. Logo, se eles continuarem fazendo as coisas da mesma forma, o resultado será o mesmo. Outro ponto de suma importância no evento é propor alguns exercícios e simulações para que os participantes mostrem seu lado criativo (trabalho em equipe, saber a hora de ouvir e falar), ou seja, fornecer oportunidades para que os líderes do evento conheçam tecnicamente seus participantes (analogamente, trata-se de saber quem é o goleiro para colocá-lo no gol, e não no ataque).

Nessas dinâmicas, normalmente se aplicam os conceitos e as ferramentas *lean* recém-apresentadas, para que os participantes as utilizem. Entretanto, muitas vezes as equipes falham em sua aplicação, e é nesse momento que eles devem aprender com os erros para não falhar novamente durante a semana, isto é, são exercícios de aquecimento para as equipes.

A maioria das semanas *kaizen* não adota essa prática de realizar os treinamentos comportamentais, mas é notória a diferença de *performance* entre equipes que realizam o treinamento comportamental e aquelas que só fazem o treinamento técnico. Em resumo, vale a pena investir esse tempo de calibração antes de realizar o evento, para que o resultado ao final da semana seja mais expressivo.

Fluxo macro do processo

Depois da realização dos treinamentos, líder e colíder devem apresentar o fluxo do processo da área em que o *kaizen* será realizado (esse fluxo pode ser feito no *pre-work* ou no momento, junto com a equipe). A ideia do fluxo macro do processo, como mencionado anteriormente, é demonstrar à equipe, de forma rápida e teórica, como funcionam as atividades/processos em questão antes de ir ao *gemba* e ver o processo na prática. Trata-se, portanto, de uma boa oportunidade para alinhar os conceitos com os demais participantes que não conhecem o departamento, a fim de nivelar as informações. Tais fluxos promovem uma boa representação gráfica do processo e têm como principais contribuições a possibilidade de realizar um estudo da melhor sequência de etapas para determinada ideia de melhoria e as ações de visualizar, localizar, corrigir ou eliminar atividades desnecessárias. Usualmente, quem apresenta ou conduz a realização do mapa de processo é o colíder, apoiado pela equipe do departamento, pelo fato de terem maior conhecimento dos processos e dos problemas.

Conhecendo o inimigo

Depois de desenhar e apresentar o processo macro (na teoria), os participantes se reúnem para ir ao *gemba* (local onde vai ser realizado o *kaizen*) para conhecer o processo na prática e iniciar a análise do problema, realizando um levantamento da situação atual. Nessa fase, o time utiliza um formulário como ferramenta de captura de oportunidades vinculadas aos oito tipos de desperdícios. O objetivo aqui também é começar a planejar as atividades, utilizando-se as ferramentas para o melhoramento da qualidade, e conhecer o processo atual. Nesse dia, as atividades devem se voltar à coleta da maior quantidade possível de informações, primordiais para a tomada de decisão. Assim, a equipe precisa concentrar esforços em conhecer o processo, já que desse trabalho dependerá toda a linha de ações que orientará os trabalhos da semana. Depois de conhecer o processo na prática e preencher o formulário de oito tipos de desperdícios, a equipe deve retornar à sala para compilar em painéis as informações capturadas.

Alguns gestores têm a ideia de que no primeiro dia se perde muito tempo com os treinamentos e não se investe em ações corretivas (pensamento de quem não conhece o *lean*). Porém, na realidade, trata-se de um ótimo investimento na transferência de conhecimento e na transformação cultural.

Estes são os conteúdos do primeiro dia: aberturas oficiais, treinamentos técnicos e comportamentais, fluxo macro do processo, ida até o *gemba* para conhecer o processo atual e, ao final do dia, devolutiva do exercício referente aos oito tipos de desperdícios.

capítulo 8

Segundo dia: plano de ação

O segundo dia é caracterizado pela continuidade do levantamento de informações sobre o processo em questão. Os participantes são divididos em subequipes para terem maior amplitude de medição e realizarem várias atividades em paralelo. Eles trabalham com a produção de gráficos, fluxos de informação e movimentação do operador (gráfico *spaghetti*). Além disso, avaliam as atividades e devem classificá-las quanto à agregação de valor para a análise dos desperdícios, além de medir e analisar os tempos de ciclo das operações, entre outras informações.

Os participantes também utilizam os cinco porquês para conhecer e identificar a causa raiz das oportunidades levantadas. Para cada tema de *kaizen* a ser desenvolvido, a equipe deve levantar e analisar as informações pertinentes e, em seguida, cada subequipe passa a conhecer o processo e os problemas em profundidade. Na sequência, cada subequipe deve fazer uma pequena apresentação para expor às demais subequipes o que desenvolveram até ali. Assim, todo o time *kaizen* terá o conhecimento de todas as observações e medições. Dessa forma, a equipe poderá iniciar a aplicação da técnica de *brainstorming*, momento em que cada participante terá condições de gerar ideias para melhorar ou resolver os problemas e, assim, atingir as metas propostas.

O *brainstorming* é um momento de extrema relevância para o *kaizen*, pois se caracteriza pela geração e motivação do processo criativo. Uma seção de *brainstorming* durante um evento *kaizen* pode gerar, em média, cem ideias (variam conforme o tema), as quais devem ser analisadas e classificadas em um quadrante de acordo com o impacto e o grau de dificuldade de implantação (alto ou baixo).

Após a classificação das ideias na matriz de impacto *versus* dificuldade (Figura 8.1), o grupo escolhe as atividades classificadas no quadrante 1, que são de alto impacto e baixa dificuldade, para elaborar um plano de ação que vá ao encontro das metas estabelecidas para o grupo.

Figura 8.1 – Exemplo de matriz de impacto *versus* dificuldade

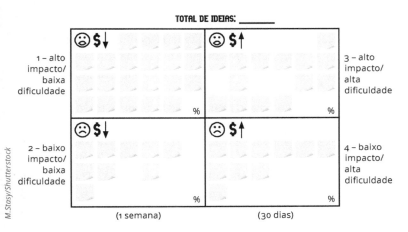

Depois de o plano de ação ser finalizado, o consultor avalia junto com a equipe se as ações descritas no plano realmente atingirão as metas propostas. Caso sejam ideias sem muito impacto para as metas, ações deverão ser criadas para que a equipe possa cumprir seu compromisso. Se as ações no plano forem satisfatórias para atingir as metas, o passo seguinte será apresentar e aprovar o plano com o *sponsor*, para que a equipe possa seguir adiante com a implementação. É importante ressaltar que, se a equipe finalizar o segundo dia com um plano de ação elaborado, ela estará rigorosamente em dia com a agenda *kaizen*.

Para muitos, o segundo dia é o mais importante da semana, pois a equipe sai de um cenário tático, analisando dados no começo do dia, e finaliza em um cenário estratégico, com um plano de ação para os próximos dias.

Terceiro dia: plano de ação

Esse é o dia da "mão na massa", do início das modificações, ou seja, quando se começa a implantação das ideias. A equipe *kaizen* precisa ter à disposição todos os recursos de que necessita, para uma adequada condução das atividades. Assim, o time realiza as alterações tendo sempre em mente os princípios do programa 5S, a segurança e

capítulo

8

a ergonomia, fundamentais para a organização do posto de trabalho, dos equipamentos, bem como de insumos, materiais, documentos etc. Todas as ações pertinentes às alterações de processos devem ter a aprovação do responsável pelo departamento e, antes de serem implementadas em definitivo, devem ser testadas e acompanhadas, para se verificar se estão de acordo com os objetivos, respeitando as políticas da organização.

Antes do final do dia, o líder, o colíder, o consultor, o *sponsor*, o responsável pelo departamento e um representante da equipe participam de uma reunião (com duração de não mais que 30 minutos) para alinhar as atividades do dia e averiguar se a equipe está no caminho certo. Nessa reunião, discute-se o que pode ou não ser feito e são solicitados recursos para a equipe, caso necessário. O objetivo principal dessa reunião é evitar que ocorra alguma surpresa ao final da semana durante a apresentação dos resultados e que a gestão precise adotar alguma providência em plenária, prejudicando-se, assim, a filosofia *kaizen* e a celebração do evento.

É durante a semana que todas as dúvidas devem ser esclarecidas, e não no último dia, no encerramento do evento.

Quarto dia: validação

O quarto dia não difere muito do terceiro. A equipe continua a implementação das ações. A diferença é que, nesse dia, iniciam-se as validações das modificações, mediante a captura de resultados obtidos ou previstos. Além disso, realiza-se a reunião de alinhamento com o *sponsor* ao final do dia, e alguns dos participantes começam a se dedicar à preparação da apresentação final do último dia.

A fim de que a equipe não fique apreensiva em relação à apresentação final, é prudente que, já no quarto dia, tal apresentação esteja 80% pronta. Dessa forma, a equipe terá mais tempo no último dia para introduzir mais exemplos de melhorias obtidas e ensaiar o conteúdo a ser exposto. É importante lembrar que podem existir participantes que nunca fizeram uma apresentação. Logo, o ensaio será fundamental para a equipe mostrar com propriedade tudo o que foi realizado durante a semana.

Quinto dia: celebração

O quinto dia é dedicado à finalização das ações e da preparação da apresentação dos resultados. A equipe elabora uma apresentação com um padrão definido e realiza ensaios, visto que todos os participantes têm de apresentar uma parte dos resultados alcançados. Durante o encerramento, conduzido pelo escritório de melhoria contínua da empresa, a equipe apresenta os resultados, e o *sponsor* e o gerente do departamento no qual foi realizado o evento realizam um pronunciamento em agradecimento ao time, entregando um certificado de conclusão do *kaizen*. Após o encerramento do evento, ocorre uma celebração da conquista dos resultados.

É interessante destacar que o escritório de melhoria contínua da empresa precisa acompanhar as atividades das equipes durante a semana, mostrando-se disponível para resolver qualquer eventualidade e para verificar a real aplicação da metodologia. As ações que não foram implantadas durante a semana serão realizadas durante os 30 dias seguintes ao encerramento. Esse período é utilizado para controlar as atividades aplicadas e solucionar as pendências por meio de reuniões semanais, de responsabilidade do líder, que acompanha o *status* de cada tarefa, cobrando os responsáveis da equipe. Para cada atividade, deve haver apenas um responsável, a fim de que não ocorra duplicidade de responsabilidade durante a cobrança dos resultados por parte do líder.

Quando o *kaizen* é encerrado por completo, ou seja, todas as atividades são implantadas, o líder da equipe consolida os resultados em um formulário específico e o entrega aos responsáveis no escritório *kaizen*, para contabilizar os ganhos.

Outro ponto a ser destacado diz respeito à questão da dificuldade de receber as mudanças por parte dos funcionários, que muitas vezes ficam relutantes em aceitar as ideias implantadas pela equipe de *kaizen*. Quando uma jornada *lean* é implementada de forma adequada com o apoio da direção, as mudanças passam a ser absorvidas de maneira mais receptiva, ou seja, os colaboradores entendem que o objetivo do *kaizen* é promover benefícios a todos, preocupando-se em tornar os processos melhores para a empresa e para os funcionários. Por isso, é importante implementar em paralelo o programa 5S, como já comentado.

capítulo
8

> A força da filosofia *kaizen* pode ser mais bem compreendida quando vemos os resultados em *cases* de sucesso, como o da fábrica da Mercedes-Benz unidade de Juiz de Fora, que, durante os cinco primeiros anos de implantação da filosofia, realizou 139 semanas *kaizen* e concluiu 961 ações para 30 dias. Avaliando-se os resultados, o *kaizen* foi responsável por uma redução média de 40% nos tempos de processo e pela disponibilização de uma área de 15.316 m². Foi gerada uma economia financeira em torno de R$ 5 milhões, bem como um ganho total (liberação para aplicação em outras atividades) em torno de R$ 14 milhões. Os resultados são surpreendentes e denotam quantos desperdícios foram eliminados e quantas otimizações foram realizadas nos processos analisados.

8.2 Seis sigma (*six sigma*)

O seis sigma também é uma poderosa ferramenta para fazer acontecer, ajudando a mudar o cenário atual para o futuro. Junto com o *kaizen*, torna-se ainda mais benéfico, pois se incorpora à velocidade de implementação dessa filosofia.

8.2.1 Conceito e história do seis sigma

O seis sigma (*six sigma*, em inglês) é uma filosofia de melhoria de processo que busca a excelência operacional por meio da redução ou extinção da variabilidade das atividades, visando eliminar ou minimizar os defeitos mediante ferramentas estatísticas e métodos de solução de problema. Muitas organizações utilizam essa filosofia como uma estratégia gerencial para melhorar a lucratividade, com o incremento da produtividade e da qualidade dos produtos.

O seis sigma surgiu na Motorola, nos anos 1980, para atender a uma estratégia de negócio. A empresa sofria com a concorrência, pois seus produtos eram mais caros e de menor qualidade, o que fazia com que a Motorola perdesse *market share* (quota de mercado). Já na década de 1990, com o surgimento de novas tecnologias e programas avançados de *softwares*, as ferramentas estatísticas ganharam maior desempenho, facilitando sua aplicabilidade. Nessa mesma época, as empresas Allied Signal e General Electric começaram a utilizar o seis sigma, obtendo ótimos resultados com a melhoria da qualidade de seus produtos.

Já no final dos anos 1990, com inúmeros exemplos de sucesso da aplicação do conceito, o seis sigma deixou de ser uma ferramenta de melhoria contínua nas atividades da operação e passou a ter uma importância significativa na *performance* do negócio. Atualmente, com a concorrência mais acirrada, a sazonalidade das crises e a maior exigência dos clientes, torna-se necessário criar processos mais eficientes, sem variabilidade, mais econômicos e que garantam a qualidade do serviço prestado. Nesse cenário, atualmente muitas organizações utilizam o seis sigma como uma base de apoio em conjunto com o *lean*, para a busca da melhoria de *performance* de seus processos, a fim de permanecerem competitivas no mercado.

O seis sigma também representa uma medida de variação utilizada em estatística. Nas empresas, é usado para mensurar a variabilidade dos processos por meio dos dados estatísticos coletados durante as atividades da operação. O principal objetivo dessa coleta de dados e da utilização da estatística é promover um diagnóstico da situação real e do nível de desempenho do processo. Com essas informações, pode-se visualizar onde está a causa raiz do problema ou uma tendência operacional negativa.

Existe um nível de classificação qualitativo no seis sigma, em que 1 sigma representa o nível mais baixo, por ter mais produtos com defeitos em uma produção de um milhão de produtos. Já o 6 sigma representa o nível de excelência, pois são encontrados apenas três defeitos em um milhão de produtos.

Para uma empresa chegar ao nível de 6 sigma e atingir a excelência incorporada aos seus processos, ela precisa ter uma margem de desvio mínima, com baixa variabilidade e alto padrão de qualidade. Para chegar ao nível 6, deve haver a aplicação de uma metodologia bem padronizada. O sucesso dos projetos e da implementação da filosofia seis sigma, assim como no *lean*, depende da definição correta das metas, da escolha dos participantes e do envolvimento da direção.

8.2.2 DMAIC

No âmbito da metodologia padronizada mencionada anteriormente, destaca-se o DMAIC (Definir, Medir, Analisar, Melhorar, Controlar). O DMAIC é utilizado para a resolução de problemas/projetos de melhoria. De forma geral, significa:

- D – *Define* (Definir): definir qual processo deve ser melhorado e estabelecer o escopo do projeto;
- M – *Measure* (Medir): determinar o foco do problema e a frequência dos defeitos;
- A – *Analyse* (Analisar): encontrar as causas do problema e onde ocorrem os defeitos;
- I – *Improve* (Melhorar): implementar ações para corrigir e resolver os problemas;
- C – *Control* (Controlar): sustentar as ações implementadas e manter o processo alterado.

Definir

Trata-se de definir metas/objetivos claros e determinar com precisão o escopo do projeto (onde se vai atuar). Isso deve estar alinhadas com as necessidades dos negócios e com as expectativas da direção, do acionista, dos colaboradores e dos clientes internos e externos. Nessa etapa, é importante poder responder às seguintes perguntas: Qual é o problema a ser resolvido? Qual processo precisa ser melhorado? Qual meta se pretende atingir no projeto?

Para definir corretamente um projeto de seis sigma, existem várias fontes de informação/ferramentas. Uma das ferramentas que podem auxiliar na escolha do projeto é o mapeamento do fluxo de valor (*Value Stream Design* – VSM), que permite identificar qual projeto teria mais impacto na cadeia de valor. Outra fonte para elaborar um projeto pode ser oriunda da direção da empresa, que dispõe das informações estratégicas do negócio. Por fim, pode-se estabelecer um projeto emergencial quando ocorre um grande problema na organização que não estava nos planos e está afetando a *performance* e os resultados operacionais e financeiros.

Medir

Nessa etapa do DMAIC, é necessário conhecer em detalhes a situação atual do processo para verificar onde estão as oportunidades, refinar o problema e medir a frequência dos defeitos. Para isso, é importante identificar quais variáveis deverão ser medidas para a obtenção de dados e quais serão os focos prioritários do projeto. Para medir o processo, podemos utilizar o mapa de processo, a análise dos sistemas de medição (MSA), a estratificação por meio do gráfico de Pareto e o próprio VSM, já empregado na fase anterior. Cabe ressaltar que a medição deve ser realizada antes de qualquer alteração ou melhoria no processo. É preciso conhecer as atividades e todas as oportunidade em sua totalidade e saber o que acontece em cada etapa do processo e suas interfaces.

Analisar

Depois de coletar todas as informações na fase de medição, a fase de análise consiste em identificar caminhos para eliminar as diferenças entre os números atuais e as metas definidas (indicadores de baixa *performance*), analisar os fatores que prejudicam o processo, confirmá-los com base nos dados e encontrar oportunidades para melhorar a *performance* do negócio. O importante, nessa etapa, é sempre fazer uma análise baseada em fatos e dados estatísticos, sem permitir a influência de sentimentos ou impressões.

Nessa fase, verifica-se quais são as relações existentes entre as variáveis X e Y e quais são os principais problemas e desperdícios existentes no processo. Nessa verificação, normalmente se utilizam um diagrama de dispersão, uma análise de regressão, teste de hipóteses FMEA (*Failure Mode and Effect Analysis* – análise de modos de falha e seus efeitos) etc.

capítulo

8

Melhorar

Com a medição dos processos e a análise correta dos dados, na fase de melhoria se procura desenvolver e testar ideias para aprimorar as oportunidades encontradas e eliminar a causa raiz. Nessa etapa, a ideia é também verificar quais mudanças devem ser desenvolvidas, o que deve ser alterado e como saber que a mudança realizada trará melhoria nas atividades. Todas as mudanças deverão ser testadas antes das alterações nas instruções dos trabalhos padronizados.

Para a consecução dessa fase, algumas ferramentas podem e devem ser usadas, como a matriz de priorização, o *brainstorming*, a troca rápida de ferramentas (TRF), a filosofia 5S e, principalmente, o *kaizen*, utilizando-se a criatividade das equipes para encontrar novas soluções e melhorar os processos.

Controlar

Trata-se de uma fase importante, pois é nela que são sustentadas as ações implementadas e os ganhos adquiridos e se perpetuam as melhorias conquistadas no projeto desenvolvido, fazendo-se com que as metas e os objetivos determinados na fase *Definir* realmente sejam implementadas.

Vale ressaltar que essa fase é a mais difícil de se realizar. Porém, ela tem uma grande importância não somente para o projeto em questão, mas para a credibilidade da metodologia, trazendo confiança em relação a outros projetos implementados. Nessa etapa, é preciso levar em conta o plano de implementação, considerando-se como será o novo sistema e sua padronização e quem serão os envolvidos para serem treinados no novo processo e procedimento. Sempre que se implementam as ações de melhoria, é importante verificar qual será o sistema de controle ou quais indicadores serão escolhidos para monitorar os resultados.

Para essa fase, normalmente se utilizam planos e gráficos de controle, controle estatístico de processo (CEP) e, de preferência, uma sala de controle (*obeya*), temática que será abordada mais adiante.

A seguir, apresentamos os objetivos da implementação do seis sigma:

- reduzir a variabilidade dos processos;
- melhorar a *performance* das operações;
- eliminar os defeitos, aumentando o percentual do valor agregado do produto;
- melhorar a satisfação dos clientes por oferecer produtos sem defeitos;
- reduzir os custos da operação sem precisar cortar o efetivo da organização.

8.2.3 Papéis e responsabilidades dos participantes

Como visto anteriormente no *kaizen*, a metodologia seis sigma também requer uma equipe multifuncional para poder executar os respectivos projetos, e cada participante tem um papel com características e responsabilidades específicas para cada fase da metodologia. Tais papéis têm uma denominação similar à usada no judô, interpretados como *belts* (faixas).

Yellow belt (faixa amarela) e *white belt* (faixa branca)

São profissionais do nível operacional ou administrativo da empresa, preparados para dar suporte a faixas superiores como *black belt* (faixa preta) e *green belt* (faixa verde). Além disso, são treinados na filosofia seis sigma, bem como em fundamentos *lean* e em suas ferramentas.

Green belt (faixa verde)

Podem ser os mesmos profissionais de *yellow belt*, porém com outro nível de treinamento, com ferramentas *lean* mais específicas para as atividades dessa função. O *green belt* não tem uma dedicação integral do tempo, e sim parcial (geralmente, entre 30% e 40%). Mesmo tendo uma atividade parcial para auxiliar o *black belt*, ele continua respondendo hierarquicamente a seu superior imediato. Não existe relação hierárquica entre *black belt* e *green belt*, apenas uma vinculação orientada ao desenvolvimento e à aplicação dos projetos.

A principal função do *green belt* é aplicar as atividades de melhoria contínua que foram elaboradas para alcançar o objetivo proposto.

Black belt (faixa preta)

Com o mesmo critério da função anterior, os *black belts* podem ser profissionais no nível do *green belt*, mas normalmente são escolhidos aqueles que têm um cargo mais elevado na empresa, podendo responder diretamente ou indiretamente ao *master black belt* para facilitar a implementação do projeto. Diferentemente do *green belt*, os *black belts*, quando têm um projeto para executar, dedicam-se a isso em tempo integral. Isso seria o ideal para trazer velocidade e envolvimento nos projetos, mas geralmente não é o que acontece. Em virtude das importantes funções do *black belt* nas organizações, são poucas as empresas que conseguem deixá-los atuando em tempo integral.

Master black belt (mestre faixa preta)

Normalmente, os *masters black belts* são profissionais com cargo de gestão na hierarquia na empresa, respondendo diretamente à alta direção. São treinados com ferramentas avançadas e estão habilitados para treinar os *black belts*. Sua principal função, além de propor esse treinamento, é fornecer mentoria e apoiar os projetos. Por isso, a dedicação de seu tempo normalmente é de 100%. Não existe uma especificação de qual cargo hierárquico o *master black belt* precisa ocupar. Seja de qualidade, seja produção, o importante é que desempenhe funções executivas na organização e, mais que isso, apresente perfil para a função, pois precisa ser um profissional que tenha didática e consiga replicar os conceitos. Além disso, é necessário que ele conheça muito bem as ferramentas para apoiar os *belts* ao longo do desenvolvimento do projeto, garantido a aplicação da metodologia e das fases do DMAIC.

Champion

Os *champions* são gestores cuja responsabilidade é apoiar os projetos e remover possíveis barreiras ao seu desenvolvimento, motivando as equipes. Geralmente, são diretores ou gerentes da organização estrategicamente escolhidos para facilitar a implementação e trazer recursos para os grupos, conferindo velocidade à execução dos projetos.

Acionistas e *sponsor*

O *sponsor* (normalmente, um diretor) deve participar na formação das oportunidades e na consequente aprovação dos projetos, com reuniões periódicas de acompanhamento do programa. Tem como responsabilidade participar dos eventos para a sustentação do programa, tais como cerimônias de certificação ou início, encerramentos de sessões, treinamento e apresentações dos resultados dos projetos. Outra responsabilidade importante do *sponsor* é facilitar a viabilização da disponibilidade de recursos financeiros e participantes para apoiar a execução dos projetos.

Esses são os papéis e as responsabilidades dos envolvidos para executar os projetos de seis sigma. Logicamente, os papéis e as responsabilidades devem ser adaptados à cultura, ao processo e ao produto da empresa, mas, normalmente, essas são as funções para se obter êxito na implementação.

8.24 Implementando os projetos seis sigma

Para iniciar uma boa implementação, não basta apenas dispor dos papéis apresentados. Também é necessário contar com uma boa preparação, planejamento e organização do projeto escolhido. As metas e os objetivos devem ser estabelecidos conforme as melhorias desejadas, com o objetivo de atender às necessidades estratégicas do negócio.

É importante lembrar que se deve mensurar e analisar todo o sistema existente e entender em sua plenitude o estado atual e o que acontece em cada etapa dos processos internos da organização. Para aplicar o processo na empresa, é preciso envolver todas as equipes escolhidas para executar o projeto. Mesmo sendo necessário dispor de algumas lideranças com *expertise*, os projetos podem e devem envolver o maior número de pessoas das mais diferentes áreas e níveis hierárquicos. Isso é fundamental para a calibração do conceito e para a multiplicação da metodologia.

Avaliando a metodologia

Cada projeto implementado e apresentado, antes de ser validado, deve ser controlado, observando-se não somente se o projeto alcançou o objetivo, mas também se os responsáveis seguiram passo a passo a metodologia e as fases do DMAIC. Essa avaliação é feita pelo *master black belt* ou por um comitê de especialistas em seis sigma, considerando-se os seguintes critérios:

- domínio das ferramentas seis sigma e do *lean*;
- qualidade e formatação do projeto apresentado;
- aplicação do DMAIC fase a fase;
- alcance do objetivo e dos resultados financeiros;
- ganhos organizacionais;
- habilidades gerenciais para lidar com situações desafiantes;
- realização do projeto conforme o cronograma.

Tais avaliações são de extrema importância, pois a certificação de cada *belt* depende da forma como o projeto foi executado. Os critérios mencionados colaboram para uma padronização da implementação e disseminam o respeito ao conceito e à metodologia.

Muitas organizações utilizam corretamente essas certificações para promover colaboradores e, até mesmo, gestores. À medida que os funcionários vão sendo treinados nas faixas e, consequentemente, executam os respectivos projetos, o seis sigma passa a representar uma excelente oportunidade para encontrar talentos e promovê-los dentro de um programa de plano de carreira.

Um dos *cases* mais famosos de implementação e bons resultados do seis sigma é da General Electric, nos anos 1990. Atualmente, a empresa é uma referência na implementação da metodologia, pois foi a partir do seis sigma que houve uma grande mudança cultural na organização, mais especificamente na forma de capacitação e treinamento de equipes e nos critérios de promoção e remuneração. O desempenho e os resultados obtidos com o seis sigma começaram a servir de base para fazer essas promoções. Além da transformação cultural, a metodologia proporcionou à empresa uma melhoria considerável em sua *performance*, acarretando uma grande economia de recursos e ganhos em aumento de produtividade, qualidade e entrega.

O seis sigma não é simplesmente mais uma prática da moda ou mais um programa de qualidade. Trata-se de uma filosofia com um conceito bem definido e reconhecido e um comprovado método de identificação de oportunidades para detectar a causa raiz, principalmente na variabilidade dos processos, para a redução dos custos, a melhora da qualidade e a entrega pontual. Com esses resultados, as empresas não só melhoram sua *performance*, mas também se tornam mais competitivas no mercado.

8.3 Programa 5S

O programa 5S é uma filosofia com um método para criar e manter o local de trabalho organizado, seguro, limpo e de alto desempenho. É uma disciplina que apoia as iniciativas de *kaizen* e, principalmente, contribui para que se atinja a transformação cultural nas organizações. O 5S não é uma ferramenta para deixar o posto de trabalho bonito em ordem para agradar ao diretor da empresa quando ele passar em uma visita programada. Pelo contrário, consiste em uma filosofia que busca promover um ambiente de trabalho agradável, seguro, produtivo e de alta *performance*.

A denominação 5S tem origem no Japão. Faz referência a cinco palavras que começam com a letra "s": *seiri, seiton, seiso, seiketsu*

capítulo 8

e *shitsuke*. A tradução literal das palavras não faria muito sentido em português, por isso a alternativa encontrada foi usar a palavra *senso*. Ao serem traduzidos para o português, tais termos foram definidos como:

- senso de utilização (*seiri*);
- senso de organização (*seiton*);
- senso de limpeza (*seiso*);
- senso de padronização (*seiketsu*);
- senso de autodisciplina (*shitsuke*).

História

A filosofia 5S, ou programa 5S, surgiu no Japão nas décadas de 1950 e 1960. Após a Segunda Guerra Mundial, o país vivia uma crise e estava arrasado. Além disso, nas indústrias japonesas, havia muita desorganização, falta de segurança e sujeira. O Japão se encontrava com poucos recursos, e a população estava em pânico. Percebeu-se, então, a necessidade de implementar os conceitos do programa 5S para auxiliar na reestruturação e ajudar as indústrias japonesas, que precisavam colocar no mercado produtos com preço e qualidade capazes de competir na Europa e nos Estados Unidos.

Conceito

O 5S foi desenvolvido primeiramente para definir regras e procedimentos internos cujos objetivos são eliminar desperdícios, melhorar a produtividade e a qualidade, reduzir custos e promover a alta *performance* nas empresas. Atualmente, também se aproveita o programa 5S para realizar uma mudança cultural nas organizações, de modo que os colaboradores enxerguem a importância de fazer as coisas certas desde a primeira vez, em um ambiente saudável, seguro e de alto rendimento. O programa foi igualmente explorado para trazer melhorias nas áreas administrativas, atendendo, assim, toda a organização. Mesmo após tantos anos de sua criação, o 5S continua sendo umas das principais filosofias do *lean* para melhorar os indicadores do processo nas empresas.

A filosofia 5S normalmente é implementada como um programa estratégico nas organizações. Assim, tem como foco não somente os resultados financeiros como também os aspectos culturais. Portanto, o programa vai muito além do que a mera busca por ganhos financeiros. Trata-se de uma mudança cultural, patrocinada e iniciada desde o presidente até o menor cargo dentro da hierarquia. Quando o programa é implementado de forma 100% correta, nota-se uma grande mudança de mentalidade. Isso fica evidente pela colaboração natural dos funcionários na busca pela excelência operacional em todos os níveis hierárquicos da empresa. Um dos principais objetivos estratégicos do programa é fazer com que o colaborador tenha prazer de cuidar do patrimônio da empresa e de seu posto de trabalho, tornando o ambiente saudável e o mais agradável possível, a fim de eliminar possíveis riscos de acidente, melhorando a qualidade e a produtividade dos processos, ou seja, incorporando a alta *performance*.

Hoje, para implementar melhorias em um ambiente produtivo ou até mesmo administrativo, é necessário, inicialmente, dispor de um local organizado, limpo e com todos os procedimentos padronizados.

Objetivos do programa 5S

Os objetivos do programa 5S são: treinar e educar as pessoas com o fim de aprimorar e manter a filosofia *lean*; combater eventuais perdas e desperdícios nos processos produtivos e administrativos, com vistas à mudança de comportamento e de atitudes dos colaboradores; e promover a conscientização acerca da importância dos conceitos.

A ideia principal é fazer com que o 5S se transforme em um hábito em sua aplicação diária, mas podemos citar também outros objetivos relevantes dessa filosofia:

- desenvolver o trabalho em equipe, envolvendo todos dentro da hierarquia;
- criar um plano de comunicação interno para facilitar as atividades dentro dos processos e na divulgação do programa;

capítulo
8

- organizar os postos de trabalho a fim de facilitar a arrumação interna e a procura de objetos, otimizando o tempo das pessoas;
- aumentar a segurança e a ergonomia nos postos de trabalho, produtivos e administrativos, diminuindo acidentes;
- melhorar a imagem da empresa diante de seus acionistas e clientes.

Por que implementar um programa 5S?

A implementação de um programa 5S possibilita criar um ambiente apropriado ao trabalho padronizado, encorajando a gestão visual, bem como ajuda a identificar o desperdício e facilita o desenvolvimento das atividades. O 5S é um prerrequisito para aperfeiçoar a qualidade e a produtividade, promovendo a satisfação e o crescimento dos colaboradores.

Os principais benefícios da metodologia 5S são:

- redução de custos e melhor aproveitamento dos insumos e materiais – com a organização dos postos de trabalho, só há espaço para quantidades necessárias de materiais, eliminando-se os desperdícios de consumo excessivo;
- melhoria da qualidade de produtos e serviços, em decorrência do uso de ferramentas que monitoram os processos;
- redução de acidentes, por meio da configuração de postos de trabalho mapeados, atentos a possíveis riscos e estruturados ergonomicamente;
- maior produtividade, pela redução da perda de tempo com a procura por produtos, insumos e objetos – só ficam no ambiente os objetos necessários e ao alcance da mão;
- maior satisfação das pessoas, por terem um ambiente saudável de trabalho.

Como mencionado anteriormente, cada "senso" tem uma explicação lógica, uma definição prática e um momento específico de implementação, que deve ser feita de forma sequenciada e cíclica dentro do programa 5S, seja no processo produtivo, seja no administrativo. Segundo Mendonça (2004, p. 29-30), a aplicação do 5S traz uma mudança de comportamento das pessoas, afetando positivamente a chamada *gestão da qualidade total*:

> *pode-se perceber que um dos principais desafios reside na dificuldade de reverter comportamentos e atitudes incorporados e, de certa forma, cristalizados pela força de trabalho. Portanto, com base nesta afirmação, pode-se presumir que a mudança comportamental tem papel preponderante na implementação da GQT [gestão da qualidade total]. Neste contexto, a prática do programa 5 S assume a condição de excelente meio para a busca por alterações de ordem comportamental, tanto pela revolução que provoca no ambiente físico, quanto pelo empenho e engajamento que gera nas pessoas.*

8.3.1 Sensos

Nesta subseção, apresentaremos definições mais detalhadas de cada senso, lembrando que, para facilitar a intepretação dos termos originais em japonês, usamos sempre a palavra *senso* seguida da característica principal da fase em questão, cuja implementação deve obedecer à sequência predeterminada no programa.

Seiri – senso de utilização

O objetivo do primeiro senso (*seiri*) é separar o material necessário, descartar o desnecessário e guardar o necessário conforme a frequência de uso. Trata-se de uma prática para verificar se todas as ferramentas e materiais empregados nos postos de trabalho são realmente necessários para a realização das atividades dentro do tempo de ciclo. O que não for utilizado dentro desse tempo deve ser descartado ou guardado em local apropriado.

capítulo 8

Para saber o que realmente é necessário no posto de trabalho, existe uma definição simples: todos os materiais que são utilizados a todo momento, ou seja, pelo menos uma vez por dia, devem estar próximos ao alcance das mãos, sem precisar de deslocamento. Já os materiais que são utilizados semanalmente devem estar em uma gaveta próxima, sem a necessidade de se deslocar para consegui-los. Os itens que são utilizados uma vez ao mês podem ser colocados dentro de um armário, próximo ao local de trabalho. Por fim, o que for utilizado uma vez por ano deve ser transferido para o almoxarifado.

É importante observar que, quando houver dúvida quanto ao momento em que será necessário utilizar o material, isso significa que provavelmente esse item poderá ser descartado. Quando falamos em descarte no *seiri*, entendemos que é preciso livrar-se do material, o qual pode ser vendido, doado, transferido para outro departamento ou até mesmo jogado fora. O fundamental é remover o material do posto de trabalho. Algumas ferramentas podem auxiliar na hora de separar os materiais necessários dos desnecessários, entre as quais citamos o cartão vermelho, conforme exposto na Figura 8.2.

Figura 8.2 – Exemplo de cartão vermelho para identificar materiais desnecessários

Cartão vermelho (Identificação de anormalidades)		
	N.	
	Data:	
Tipo de anormalidade:		
( ) Matéria-prima ( ) Produto em processo (WIP) ( ) Produto acabado	( ) Ferramentas ( ) Equipamentos/Máquinas ( ) Insumos	( ) Material de escritório ( ) Documentos ( ) Mobília
Descrição da anomalia:		
Localização:		
Quantidade:		
Motivo:		
Tratativa:		
( ) Descarte ( ) Venda ( ) Transferência outra área	( ) Armazenagem na área ( ) Armazenagem na empresa ( ) Doação	( ) Outros:

O cartão vermelho é útil justamente para identificar todos os materiais e artigos que estão no processo, mas não têm mais serventia. Ele serve como forma de gestão visual e organização do descarte, para que não haja nenhum equívoco no momento de separar os materiais desnecessários.

Seiton – senso de organização

Após a separação dos itens em necessários e desnecessários, é preciso fazer o *seiton*, organizando-se os itens que serão utilizados e identificando-se todos os materiais e os locais onde serão guardados. Nesse sentido, a organização se refere à disposição dos materiais, que devem ficar fixados em um local de fácil acesso, para facilitar a manipulação, favorecendo o tempo de ciclo.

A ideia principal é ter um lugar reservado para cada item. Isso pode ser realizado a partir do momento em que se começa a utilizar a gestão visual (conceito abordado na sequência) a seu favor, etiquetando-se e identificando-se lugares, *containers*, equipamentos e mobílias de combate a incêndio, recipientes de armazenagem, ferramentas, guias e dispositivos. Os documentos podem ser organizados em pastas e identificados por relevância, ou seja, tudo o que o colaborador precisa utilizar a todo momento deve ser identificado em um lugar sinalizado.

Entre os benefícios que o *seiton* oferece tanto para a empresa como para o colaborador estão:

- melhorar o tempo de ciclo – o operador não perde mais tempo procurando materiais para executar as atividades;
- facilitar a comunicação do colaborador em relação aos materiais necessários, por meio da gestão visual;
- aumentar a produtividade, pelo fato de que tudo de que o colaborador precisa está próximo;
- melhorar a qualidade do produto, por possibilitar que se trabalhe em um posto de trabalho limpo e organizado;
- reduzir os custos, por evitar compras desnecessárias de itens que já foram comprados, por não estarem organizados e visíveis.

capítulo

8

Por fim, um dos grandes benefícios do *seiton* é promover uma melhora considerável em relação à segurança e à ergonomia.

Seiso – senso de limpeza

Simultaneamente à separação e à organização dos itens necessários, coloca-se em prática o *seiso*. Apesar de ser traduzido como "senso de limpeza", seu conceito vai muito além. A ideia central é manter o local limpo, ou seja, não sujá-lo. No *seiso*, deve-se limpar todas as áreas e procurar lidar com as causas gerais da sujeira. Isto é, trata-se de manter limpos áreas e equipamentos específicos, partes dos equipamentos e ferramentas específicas, para encontrar e eliminar as causas da sujeira.

A proposta é que sempre se deve limpar os equipamentos após o uso, com base no princípio de não sujar, a fim de manter equipamentos, ferramentas e materiais (tudo o que se utiliza nos processos produtivos e administrativos) sempre na melhor condição de uso possível. Pode-se usar o conceito e a essência do *seiso* para ensinar e mudar a mentalidade das pessoas em relação à necessidade de não jogar lixo no chão ou em locais inapropriados, implantando-se uma cultura de conscientização quanto ao meio ambiente e promovendo-se o descarte do lixo seletivo.

Em virtude do objetivo de manter limpos o local de trabalho e os equipamentos, um dos principais benefícios do *seiso* é identificar as causas da sujeira (fontes) e do mau funcionamento dos equipamentos. Outros benefícios também incorporados ao *seiso* estão relacionados ao bem-estar quanto à saúde física e mental dos colaboradores, por trabalharem em um local limpo e agradável, melhorando também a imagem interna e externa do ambiente. Com os cuidados relativos à limpeza de equipamentos, máquinas e ferramentas, melhora-se consideravelmente a manutenção preventiva, que contribui para eliminar possíveis quebras e aumentar a vida útil dos equipamentos.

Em suma, no *seiso* o ambiente mais limpo não é o que mais se limpa, e sim o que menos se suja. Traduzindo-se para o universo *lean*, menos limpeza significa maior produtividade.

Seiketsu – senso de padronização

Nesse senso, a principal finalidade é garantir que os três primeiros "Ss" (utilização, organização e limpeza) não sejam perdidos. Para tal, deve-se estabelecer um conjunto de normas que devem ser cumpridas por todos, a fim de promover a saúde física, mental e emocional, mantendo-se um ambiente de trabalho favorável à segurança e à higiene, além de preservar o meio em que se vive.

No *seiketsu* (em tradução livre, "padronização"), o principal objetivo é definir padrões de limpeza e organização para orientar e criar comprometimento na realização do trabalho. Trata-se de promover condições de repetir as atividades de forma produtiva e segura, todas as vezes e da mesma maneira. Sempre que são aplicados os três primeiros "Ss", é de suma importância padronizar e criar procedimentos, pois alguns valores e normas de comportamento devem começar a fazer parte da cultura da empresa. Esse é um dos pontos que mais colaboram para sustentar os três primeiros "Ss" e é uma forma de garantir que exista a conscientização de todos sobre as melhores atitudes e comportamentos.

Tornar saudável o ambiente de trabalho é o lema do *seiketsu*. Para isso, é preciso ter uma atenção redobrada em relação às condições físicas da empresa, tais como iluminação, ruídos, vibrações, risco de acidente, autonomia e temperatura. Quanto aos postos de trabalho, é importante verificar a ergonomia, os esforços físicos do colaborador e a identificação dos materiais e insumos utilizados, assim como a visualização das áreas comuns, como faixas de corredores e saídas de emergência corretamente sinalizadas.

Com o *seiketsu*, os principais benefícios são: o aumento no senso de segurança e satisfação pessoal; a prevenção de acidentes; e a melhoria da qualidade de vida. Também se trabalha muito a comunicação como ferramenta de divulgação dos novos procedimentos e de informações sobre a filosofia, transparecendo que o conceito 5S faz parte da estratégia de uma boa implementação.

Para resumir, o *seiketsu* se refere à criação de um hábito, de uma disciplina que deve ser incorporada a todas as práticas, sustentando-se naturalmente o que foi implementado, a fim de que as pessoas

capítulo 8

percebam o valor da filosofia e a executem porque a entenderam, e não porque são obrigadas a fazê-lo.

Shitsuke – senso de autodisciplina

Shitsuke é um senso que está atrelado à ideia de motivar para manter e tem como objetivo sustentar o bom funcionamento de todos os "Ss" descritos. É por meio da autodisciplina e de ferramentas apropriadas que será possível manter o conceito e a filosofia 5S.

Normalmente, na implementação da filosofia 5S, as empresas conseguem, de forma rápida e eficaz, introduzir os três primeiros "Ss". O maior problema está na implantação dos últimos dois, justamente porque é necessária muita disciplina para executá-los e sustentá-los. No *shitsuke*, a finalidade é propiciar ferramentas e recursos para facilitar a sustentação do conceito e da filosofia.

A seguir, apresentamos alguns critérios para uma boa implementação do *shitsuke*:

- desenvolver processos padronizados, com normas definidas para cada conceito aplicado da filosofia;
- ter disciplina com a execução das auditorias, desde a aplicação de um *checklist* de verificação diário até uma auditoria anual;
- dispor de um plano de contenção para as anormalidades identificadas, tanto nas caminhadas do *gemba* como nos resultados das auditorias;
- para toda causa raiz identificada, ter um plano com medidas corretivas para eliminar a fonte e a recorrência do problema.

Cada uma dessas medidas objetiva eliminar as atividades que não agregam valor. Depois de mitigar esses tempos perdidos, pode-se dispor de um maior percentual de tempo para as atividades de agregação de valor.

Como benefício, o *shitsuke* propicia uma melhora considerável na disciplina e na ética, com o incremento de bons hábitos e a multiplicação do conceito de trabalho em equipe, mediante métodos apropriados, o que promove uma notável melhora na segurança e ergonomia dos postos de trabalho. O *shitsuke* também acarreta uma melhora na qualidade do produto e nos processos, na produtividade e na redução dos custos operacionais, mas o principal benefício é promover um ambiente agradável e saudável para se trabalhar, instaurando-se uma transformação cultural relevante para a organização.

Auditoria 5S

A auditoria 5S consiste em uma das principais ferramentas/práticas para promover a transformação cultural e sustentar a filosofia 5S. Deve ser realizada não só no ambiente produtivo, mas também nas áreas administrativas, inclusive nas imediações da fábrica (ou seja, áreas de armazenagem, recebimento, expedição, estacionamentos etc.). Isso é fundamental para ganhar a aderência de toda a cadeia da organização.

Como no *seiketsu*, a padronização também se faz necessária quando falamos em auditoria. Nesse caso, o melhor é ter um procedimento ou um guia de como realizar as auditorias internas. A padronização é importante também para esclarecer as "regras do jogo". A solução é dispor de uma política de auditoria 5S.

Cada empresa deve criar a própria política de auditoria e adaptar-se ao produto, ao processo e à cultura interna. Na sequência, apresentamos exemplos de critérios para uma política de auditoria:

- É preciso separar as auditorias por departamentos, para identificar qual área está contribuindo com a implementação e qual área precisa de mais atenção.

- Deve-se definir a frequência das auditorias; porém, em alguns casos, não é necessário divulgar a data do evento. No início da implementação do programa 5S, essa frequência deve ser maior, mas, à medida que as notas vão melhorando, a frequência pode diminuir.

- Os auditores devem ser nomeados pela direção, mas precisam ser treinados para essa função, principalmente para que todos os auditores tenham o mesmo critério de análise.

capítulo 8

- Durante a auditoria, deve-se considerar os principais indicadores de *performance* da empresa (qualidade, custo, entrega e saúde).

- O resultado das notas das auditorias deve ser divulgado para que todos na empresa tenham conhecimento dele.

- Após a auditoria, um plano de ação deve ser criado para as não conformidades apontadas.

- A direção controla as ações corretivas elaboradas para melhorar a nota com vistas à próxima auditoria.

Lista de verificação diária

As auditorias servem para atribuir notas e verificar a situação de uma área ou da empresa em relação à metodologia que se quer implementar. Já as listas de verificação diária servem para controlar todos os dias, e por turno, a situação no momento. Isso funciona também como um preventivo para as auditorias. O controle por turno é igualmente relevante como estratégia de "passagem de bastão". Em outras palavras, trata-se de uma verificação da situação da área que o turno A realiza antes de passar para o turno B, e assim sucessivamente.

Plano de comunicação

A comunicação é muito importante para o alinhamento do conceito da filosofia, das auditorias programadas e da premiação que pode estar relacionada à nota da auditoria como uma meta de implementação. Nessa ótica, é fundamental considerar a situação da comunicação por toda a empresa, o treinamento, a auditoria e a adesão ao trabalho padronizado. Apoiando-se em uma gestão visual, é possível divulgar e esclarecer todo o conceito e alinhar todas as expectativas dos colaboradores. Essa é a forma correta de se iniciar uma implementação, começando com a transparência.

Motivar para manter

Como vimos, *shitsuke* significa "motivar para manter", considerando-se a maneira como se pode motivar os colaboradores a implementar a filosofia 5S e, mais importante ainda, sustentar o que foi implementado. Algumas alternativas podem ser utilizadas, tais como:

- bonificações relacionadas a metas preestabelecidas na empresa, como premiação pelo alcance de metas;
- utilização do 5S como estratégia para a consolidação da visão e dos valores da empresa;
- promoção dos colaboradores, estimulando-se o crescimento profissional;
- premiação das áreas que deram bons resultados nas auditorias, para servir de exemplo a outras áreas e estimular uma competição interna sadia;
- aplicação em programas de remuneração e plano de carreira.

Entre as organizações que utilizaram ou utilizam esse critério para remuneração variável estão Mercedes-Benz, Nestlé, ESAB, Embraco, MRS Logística, Belgo-Mineira, Fiat e Toyota.

Orientações para implementar a filosofia 5S

- Todas as áreas (administrativas, produtivas, terceiros etc.) que façam parte da empresa devem ser envolvidas.
- Deve-se criar um plano de comunicação e divulgação da filosofia e atender às expectativas e à implementação do 5S.
- A direção deve estar 100% envolvida em todos os aspectos (em todos os níveis, participando de todos os eventos, direta ou indiretamente).
- Todas as vezes que se realizar uma iniciativa *kaizen* (produtiva ou administrativa), deve-se ter como meta da equipe a conexão com o 5S.

capítulo 8

- Líderes devem assegurar que suas áreas estejam comprometidas com as ações e com os conceitos do 5S a cada dia.

- Deve-se assegurar a transparência na divulgação dos resultados dos eventos realizados e das auditorias.

- Deve-se reconhecer e promover pessoas que se destacaram na implementação de áreas "modelo" e reconhecer as equipes bem-sucedidas.

Resumindo os sensos

O Quadro 8.2, a seguir, apresenta uma descrição resumida de cada senso.

Quadro 8.2 – Programa 5S

Símbolo	Senso	Tradução	Descrição
整理	Seiri	Senso de utilização	Os itens são guardados conforme utilização e descartados quando não são mais utilizados.
整頓	Seiton	Senso de organização	Todos os itens são organizados e identificados.
清掃	Seiso	Senso de limpeza	Todos os locais são limpos e mantidos assim para a identificação de problemas.
清潔	Seiketsu	Senso de padronização	Todos os itens e os locais devem manter um padrão de limpeza e organização.
躾	Shitsuke	Senso de autodisciplina	Incorporar todas as práticas dos demais sensos, manter a disciplina e seguir melhorando.

A filosofia 5S estabelece uma cultura que constantemente confere bons exemplos de comportamento. Apesar de ter se originado no Japão (exemplo de disciplina), pode ser implementada em qualquer outro país. Exemplos são vistos em diversos lugares, independentemente da cultura, do processo ou do produto. Quando uma organização entende 100% o propósito da filosofia, a implementação fica mais fácil e mais rápida, exigindo menos esforço para ser sustentada. É importante lembrar que o 5S pode ser atrelado à sustentação de algumas iniciativas, como o *lean*. Na implementação de uma jornada *lean*, é mandatório desenvolver o programa 5S, pois ele ajuda a criar a cultura da disciplina, buscando-se identificar problemas e gerar oportunidades para melhorar os processos e o ambiente. A proposta do 5S, assim como de algumas outras ferramentas *lean*, é reduzir os desperdícios de recursos e buscar a excelência operacional.

8.4 Gestão visual

Se uma jornada *lean* não pode ser implementada sem um programa 5S, também é impossível implementá-lo sem a aplicação da gestão visual – ambos são conceitos obrigatoriamente interdependentes. A gestão visual nos processos produtivos, administrativos e em temas pessoais faz com que as pessoas percebam rapidamente a informação e se orientem por meio dela. Também é útil para que os problemas e as oportunidades sejam conhecidos por todos.

A gestão visual nas organizações permite que as pessoas reconheçam imediatamente o padrão e qualquer desvio em relação a ele, bem como tomem decisões oportunas para sua correção. O propósito é ter um posto de trabalho gerenciado visualmente, em que qualquer colaborador reconheça as instruções de forma rápida e precisa, oferecendo-se informações acessíveis e simples, o que contribui para facilitar e aumentar a autonomia das pessoas no trabalho diário.

Se a intenção é passar uma informação/instrução correta, rápida e concisamente, a melhor estratégia é utilizar a comunicação visual, pois as pessoas capturam uma mensagem mais rapidamente por meio da visão, depois pela audição, pelo olfato, pelo tato e pelo paladar.

Vantagens da gestão visual

- Aumentar a segurança nos postos de trabalho.
- Reduzir o tempo de procura dos materiais e insumos necessários para a atividade, sem prejudicar o tempo de ciclo.
- Melhorar a comunicação e estabelecer um padrão de informação para que todos os colaboradores executem as atividades da mesma maneira.
- Diminuir os custos, em razão de haver uma melhor gestão do estoque (não comprar materiais que estão à disposição).
- Aumentar a satisfação do colaborador, pelo fato de ter um posto de trabalho limpo, organizado e com informações disponíveis.

Como aplicar a gestão visual

Cada organização tem seu padrão de comunicação. O importante, nesse caso, é utilizar esse padrão também para identificar quais processos, produtos ou serviços devem ser gerenciados com maior controle. Dessa forma, é fundamental usar gráficos e outros artifícios que melhor representem o desempenho do item gerenciado (uma forma de verificar o desempenho é por meio do *obeya*, que será explicado na sequência).

Estrategicamente, tais informações devem ser posicionadas em um ponto em que todos possam vê-las e onde o processo acontece – no caso de uma instrução de trabalho padrão (ITP) – e fixadas o mais próximo possível da atividade. Além de divulgar um conteúdo técnico, deve-se esclarecer a finalidade do recurso e treinar os colaboradores envolvidos.

Na Figura 8.3, a seguir, apresentamos um exemplo de como utilizar padrões conhecidos para fazer uma gestão visual e transmitir uma informação rápida e precisa.

Figura 8.3 – Placas de sinalização de trânsito – exemplo de gestão visual

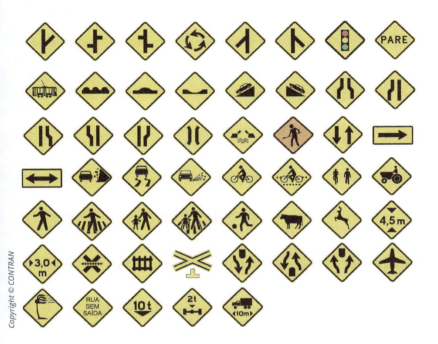

8.5 Segurança e ergonomia

Na ampliação da jornada *lean*, um tema primordial e mandatório diz respeito à segurança e à ergonomia. Não é possível melhorar a qualidade do processo, do produto ou do serviço se a questão da segurança não for abordada. Sabemos que muitas empresas adotam medidas de segurança por uma questão legal, apenas para cumprir uma legislação, e não por ser uma real iniciativa do *lean*. Isso gera um impacto significativo no que diz respeito à sustentação da jornada, pois, sempre que um posto de trabalho é alterado para obter maior produtividade e melhorar a qualidade do produto ou serviço,

capítulo 8

deve-se ter em conta a segurança e a ergonomia do colaborador. Esta é a melhor estratégia para sustentar uma jornada *lean*: o respeito.

Nos últimos anos, o pensamento correto em relação à segurança vem ganhando seu devido espaço, e muitas ferramentas *lean* têm contribuído para isso. O *lean* e a segurança visam à criação de um ambiente de trabalho seguro, ergonomicamente correto e que gere motivação nos trabalhadores, além de um bom sistema de gestão de segurança e saúde do trabalho. Nesse sentido, muitas organizações utilizam o conceito *lean* para melhorar também a segurança, mas, como ocorre em toda e qualquer implementação de processo nas organizações, a resistência ao novo é inevitável. Por isso, o engajamento dos funcionários é a chave para alcançar resultados sustentáveis em *lean* e em segurança, os quais podem ser atingidos simultaneamente.

A semana *kaizen* é uma ótima oportunidade para envolver os colaboradores em uma nova mentalidade, a fim de promover um clima organizacional em que possam dar ideias e implementar ações de melhoria das condições de segurança e saúde dos postos de trabalho.

> *A ergonomia enxuta, utilizando a metodologia kaizen para repensar a maneira de projetar o trabalho, é um elemento crítico do portfólio de todo fabricante, porque proteger a saúde e o bem-estar dos trabalhadores é tão importante quanto produzir fortes fluxos de receita e lucros maiores. A má ergonomia resulta inevitavelmente em estresse do trabalhador e em consequências piores. Os aumentos de produtividade são limitados quando as empresas permitem que práticas inadequadas de fluxo de trabalho continuem sendo realizadas.* (Sharma; Moody, 2003, p. 151)

O *lean*, como já mencionamos, tem como foco a identificação dos desperdícios e o aumento do percentual de agregação de valor das operações. O objetivo principal é trazer a excelência operacional para a organização, mas também tornar o trabalho mais seguro, agradável e, principalmente, mais saudável, ou seja, menos desgastante para o corpo.

Tendo em vista esse princípio, o *lean* disponibiliza uma série de ferramentas para focar a qualidade do posto de trabalho, em vez de pensar apenas na produtividade. Podemos afirmar, até mesmo, que o entendimento e a aceitação da jornada *lean* surgem quando a operação começa a perceber a melhora na segurança e na ergonomia. Com relação às ferramentas *lean* que possibilitam estabelecer um posto de trabalho mais saudável, podemos citar alguns exemplos:

- *Value Stream Mapping* (VSM) – mapeamento do fluxo de valor –, para medir as principais oportunidades encontradas;

- gestão visual;

- cinco porquês;

- *Total Productive Maintenance* (TPM) – manutenção produtiva total;

- soluções de problemas e A3;

- *kaizen* e programa 5S;

- *poka-yoke*, para prevenir ou inibir falhas e também para evitar acidentes.

O *kaizen* pode igualmente ser um excelente exemplo de aplicação de segurança e ergonomia. Como comentado anteriormente, um dos objetivos do *kaizen* é aumentar a produtividade. Quando isso acontece, é inevitável que as estações de trabalho sofram alterações de posicionamento, de *layout*, de parametrização etc. Como tais alterações estão programadas, pode-se aproveitar para maximizar o posto e, ainda, obter melhor segurança e ergonomia. Além de trazer um benefício coletivo e individual para os colaboradores, essa é uma das melhores ferramentas para sustentar a filosofia *lean*.

Assim, aplicar a segurança e a ergonomia junto com o *lean* consiste na melhor maneira de convencer os colaboradores de que a filosofia não foi idealizada para favorecer apenas as organizações, mas também as pessoas, com vistas a entender suas necessidades e respeitar o ambiente saudável. Dessa forma, as empresas também começam a construir a confiança entre os funcionários e essa filosofia. Com isso, elas podem manter os colaboradores motivados e convencidos dos benefícios da implementação da jornada *lean*.

capítulo

8

Em resumo, estas são as principais ferramentas e metodologias para se implementar uma jornada *lean* rumo à excelência operacional:

- diagnósticos e mapeamentos;
- treinamentos de calibração e conscientização;
- *kaizen*;
- seis sigma;
- filosofia 5S.

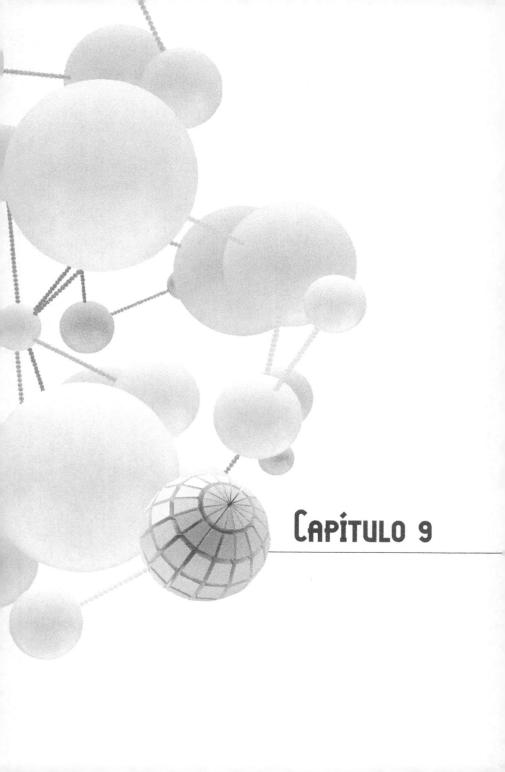
Capítulo 9

Sustentando
a implementação

Fazer um evento de mapeamento para conhecer os processos, produtos ou serviços e identificar oportunidades e, consequentemente, melhorar a *performance* das organizações é relativamente fácil, quando a metodologia é corretamente aplicada. O desafio reside em sustentar os ganhos obtidos. Para isso, a melhor estratégia a ser seguida é a transformação cultural e, depois, o convencimento e o envolvimento da liderança na jornada.

9.1 Transformação cultural

Quando falamos em transformação cultural nas organizações, estamos nos referindo ao quanto uma empresa mudou sua forma de pensar, de processar seu produto ou serviço e de tratar colaboradores e clientes. A transformação cultural é o melhor termômetro para saber se a organização realmente mudou, se adaptou às novas tendências e melhorou sua *performance* por meio dos fundamentos *lean* e de suas ferramentas.

Existem várias filosofias, metodologias e/ou estratégias para apoiar a transformação cultural no universo *lean*. A seguir, destacamos cinco elementos fundamentais para incorporar a transformação cultural nas organizações:

1. liderança;
2. escritório de melhoria contínua;
3. *obeya* (sala de controle);
4. *gemba* (rotinas de gestão);
5. olimpíadas *kaizen*.

Na sequência, vamos apresentar em detalhes cada um desses elementos.

capítulo

9

9.2 Liderança *lean*

As organizações sempre sofreram grandes mudanças ao longo dos anos, incorporando novas tendências e desafios. Porém, nos últimos tempos, tais mudanças passaram a exigir maior agilidade e velocidade nas alterações para processar um produto, processo ou serviço, bem como no comportamento de gestão.

Nesse cenário cheio de desafios, com a tecnologia e as tendências sendo constantemente modificadas, o papel da liderança se torna fundamental para incorporar essas mudanças nas organizações, pois isso exige ainda mais a capacidade de se adaptar a um novo modelo de negócio. Com a globalização e o aumento da concorrência, cada vez mais as atenções se concentram nos clientes e consumidores.

Atualmente, mais do que nunca, faz-se necessário que os líderes de alta *performance* estejam constantemente atualizados no novo modelo de negócio e nas novas tendências de mercado, oferecendo experiências positivas e garantindo às organizações o sucesso e a sustentação das mudanças.

Segundo Sharma e Moody (2003), empresas pioneiras do *kaizen*, como Lantech, Critilon, Pella, Alexander Doll Company e Mercedes-Benz, desenvolveram, cada uma, um sistema particular de realização dos eventos *kaizen*. No entanto, foi a liderança observada nessas mudanças e no estilo de conduzir a implementação da jornada *lean* que fez a total diferença. Sharma e Moody (2003) enfatizam também que essas empresas não atingiram esse sucesso rapidamente, isto é, demorou um tempo considerável para alcançar esse estado. É preciso notar igualmente que esse sucesso não se deu apenas pela leitura de um livro ou pela elaboração de uma apresentação. Líderes de organizações enxutas, como Pat Lancaster, da Lantech, Art Byrne, da Wiremold, Gary Christensen, da Pella, Herb Brown, da Alexander Doll Company, Corole Uhrich e Karsten Weingarten, da Mercedes-Benz, lutaram muitos anos para gerar essa transformação. E, apesar de os resultados atingirem a faixa de dois a três dígitos, eles ainda não se deram por satisfeitos.

> *Os líderes empresariais de hoje devem ter princípios estratégicos e valores essenciais fundamentalmente seguros, além de adaptar o modelo de negócio de acordo com as mudanças necessárias para satisfazer as exigências mutáveis dos clientes. A evolução digital oferece retroalimentação mais rápida e direta, mas não necessariamente uma compreensão mais inteligente. Ouvir os clientes é, portanto, a cada dia, mais importante para a compreensão e a definição de novas direções.* (Sharma; Moody, 2003, p. 55)

Como toda mudança, sempre existe resistência nos níveis hierárquicos de uma organização, e com a liderança não é diferente. Tipicamente, alguns desses líderes são incapazes de colaborar com a jornada *lean* ou não desejam fazê-lo, dificultando ou proibindo sua implementação. Essa resistência normalmente acontece porque nem todas as boas decisões são igualmente bem recebidas.

Muitos casos de resistência desses líderes também estão relacionados à falta de conhecimento sobre a filosofia, e não à personalidade ou ao estilo do líder. Por isso, o treinamento de calibração do conceito, explicado anteriormente, é importantíssimo para minimizar ou eliminar essa resistência.

Outro tema que ajuda a minimizar a resistência às mudanças nas organizações é a escolha dos primeiros eventos de *kaizen*. Um evento com potencial de entregar bons resultados pode auxiliar muito no início da jornada *lean*. Aqui se faz jus ao famoso jargão: a primeira impressão é que fica.

É importante selecionar o lugar certo e a equipe ideal, como comentado, e não medir esforços para obter os recursos necessários para a realização dos primeiros eventos. Casos de sucesso nos primeiros eventos têm um impacto significativo no convencimento dos colaboradores e, principalmente, dos gestores, que serão os patrocinadores e apoiadores da implementação.

Sharma e Moody (2003) citam três áreas de oportunidades para que a liderança atue como plataforma inicial e transformação *lean*: liderança de processos internos e pessoas; liderança da cadeia de suprimento; e liderança para a reação ao mercado. A seguir, cada uma delas será abordada individualmente.

capítulo

9

9.2.1 Liderança de processos internos e pessoas

Tanto a Mercedes-Benz como a Toyota, primeiramente, melhoraram seus processos internos para torná-los robustos, antes de aprimorar seus processos administrativos ou de seus fornecedores. Assim, incrementar primeiro o próprio processo é estrategicamente mais interessante, mais seguro e, além disso, constitui uma ótima oportunidade para treinar as equipes nessa nova filosofia. Configura-se, assim, um excelente palco para visualizar na prática a aplicação das ferramentas *lean* e seu resultados, bem como o comportamento das equipes durante a semana *kaizen*.

Logicamente, fazer eventos internos dessa natureza consome tempo, mas já foi mais do que comprovado que eles podem ser realizados com sucesso. A maior dificuldade é mudar a cultura organizacional e a mentalidade das pessoas, assim como fazer com que isso se torne parte da rotina e do estilo de vida dentro das empresas. Como afirmam Sharma e Moody (2003, p. 61), "A transformação cultural requer liderança e cuidados constantes para impedir que as sementes da dúvida tomem conta do novo jardim 'enxuto'".

Muitos líderes entenderam rapidamente a importância da semente da transformação cultural, e uma maneira de fazer germiná-la e sustentá-la é por meio de exemplos, ou seja, participando de eventos *kaizen*. De acordo com Sharma e Moody (2003), Bill Kassling, diretor-presidente da Wabtec, em 1991, percebeu que a melhor maneira de conhecer seus processos e a metodologia *lean* era participando em tempo integral de uma semana *kaizen*. Com isso, ele aprendeu mais e deu um excelente exemplo de como estava envolvido com a filosofia. Nos cinco anos seguintes, ele reservava em sua agenda dez semanas por ano para participar de um evento *kaizen*.

Outro excelente exemplo aconteceu na Mercedes-Benz, na unidade de Juiz de Fora, quando o diretor de produção, Axel Weltzel, decidiu participar de um evento *kaizen* para conhecer a metodologia. Durante essa semana, dois bons exemplos foram evidenciados. O primeiro foi a forma como ele conduziu o evento, ou seja, não se prevaleceu de seu cargo de diretor e participou a semana toda como um participante de um evento *kaizen*. O segundo se deu depois que ele sentiu o prazer de participar da primeira semana: colocou como obrigação que todos os gestores da unidade participassem de, ao menos, dois eventos por ano e, para garantir essa participação, atrelou essa atividade à meta anual dos executivos.

Esses e outros exemplos, de verdadeiros "embaixadores de mudança", reforçam a importância do comportamento da liderança e do respeito não só com a filosofia, mas com o propósito da organização.

Aos olhos dos colaboradores, esse comportamento modelo é fundamental nos primeiros eventos de qualquer transformação. Se um evento não tem o envolvimento da direção ou, até mesmo, se peca pela ausência de detalhes simples, como a falta de pontualidade, entre outros fatores (como não haver uma abertura oficial ou a celebração de um resultado etc.), tudo isso é notado rapidamente pelos funcionários e leva a um descrédito da filosofia.

Dessa forma, podemos perceber a importância da liderança nesse contexto, principalmente nos primeiros eventos, tal como os gurus da Toyota sempre falaram: fazer certo da primeira vez.

9.2.2 Liderança da cadeia de suprimento

Segundo exemplos e a própria história do Sistema Toyota de Produção (STP), como citado em capítulo anterior, em todo início de uma jornada *lean*, recomenda-se começar pela área de operação, no chão de fábrica, nos processos que agregam valor ao cliente. Assim se torna mais fácil fazer a implementação e surgem bons exemplos para compartilhar e replicar nas demais áreas da empresa, como nas áreas administrativas, para depois multiplicar essa filosofia entre os respectivos fornecedores.

Tal estratégia decorre do fato de que os fornecedores estão dentro da cadeia de valor do produto ou serviço, e não faria sentido melhorar apenas os processos internos. Isso não afetaria a *performance* da cadeia de valor como um todo – por exemplo, na redução do *lead time* da entrega e, consequentemente, no atendimento às necessidades do cliente em relação ao tempo. Para isso,

capítulo
9

a comunicação entre clientes e fornecedores deve ser consistente, especialmente na troca de informações e necessidades e de treinamentos. A esse respeito, uma opção relevante é executar eventos *kaizen* em conjunto com equipes multifuncionais de ambas as partes, com o objetivo de melhorar a *performance* dos processos dos fornecedores e, consequentemente, o produto final do cliente.

Empresas como Pella, Chrysler, Mercedes e a própria Toyota são referências no que se refere ao desenvolvimento do trabalho em equipe, com a intenção de incentivar iniciativas de enxugamento entre seus fornecedores. A Mercedes-Benz, por exemplo, tinha um escritório de melhoria contínua para implementar a jornada *lean* nos processos internos e outro escritório exclusivo para seus fornecedores. Essa relação entre cliente e fornecedor representa a melhor estratégia para uma convivência harmoniosa, promissora e capaz de gerar bons frutos para ambas as partes. Ou seja, quando se realiza um *kaizen* no fornecedor e a equipe consegue reduzir em 30% o custo na operação, essa redução não é repassada para o cliente em sua totalidade, e ambas as empresas podem se beneficiar da economia.

Empresas que contam com um *lean* bem-sucedido em sua organização dividem esses resultados (mesmo tendo arcado com as despesas de realização do evento *kaizen*) em 50% para o cliente e 50% para o fornecedor. Isso torna o fornecedor um parceiro na cadeia de valor: "os líderes podem ter estruturado seus novos relacionamentos na linguagem da parceria e da confiança, mas os fornecedores, há muito acostumados a abordagens opressivas na forma de conversa dúbia corporativa, reconhecem um mau líder pelo cheiro" (Sharma; Moody, 2003, p. 63).

Por que a necessidade de realizar os eventos *kaizen* nos fornecedores? Pelo simples fato de que, assim como os processos internos são melhorados, geram-se oportunidades nos processos dos fornecedores. Por exemplo, é possível aprimorar a pontualidade de entrega, a qualidade do produto ou serviço e a capacidade de reagir às constantes alterações da demanda dos consumidores.

9.2.3 Liderança para a reação ao mercado

Por conta das grandes oscilações de demanda, a liderança precisa estar preparada para a diversidade de desejos dos clientes e consumidores. Por isso, há necessidade de projetar linhas de produção flexíveis para atender a essas flutuações. Antecipar-se a tais necessidades e realizar eventos destinados a entender os reais anseios de clientes e consumidores é um bom exemplo de uma empresa *lean*. Organizações como a Nestlé, por exemplo, têm vários programas estratégicos dedicados a conhecer as constantes flutuações de sua demanda, aproximando-se, consequentemente, de suas necessidades.

Em resumo, a liderança precisa apoiar e melhorar seus processos internos, estar conectada com as mudanças de mercado e buscar a excelência operacional para uma implementação bem-sucedida da jornada *lean*, sem se esquecer da mudança cultural. Logicamente, durante toda essa jornada, muitos percalços aparecerão no caminho, como ocorreu com empresas como Pella, Wiremold, Lantech e Mercedes-Benz. Todas tiveram de reagir e superar os próprios resultados de crescimento. Vivenciaram altos e baixos durante o processo de transformação, mas isso não as impediu de procurar estímulos internos para resolver os problemas.

No Gráfico 9.1, a seguir, Sharma e Moody (2003) explicam, de forma simplificada, os altos e baixos que uma organização pode encontrar no início de sua jornada *lean*.

Gráfico 9.1 – Gráfico de maturidade de implementação lean

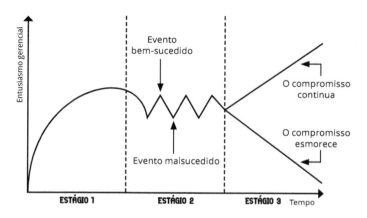

Fonte: Sharma; Moody, 2003, p. 81.

O Estágio 1 mostra o quanto a empresa está entusiasmada, como as pessoas entendem o processo e estão motivadas para seguir com a filosofia, muito em função dos eventos bem-sucedidos.

No Estágio 2, já existe uma oscilação entre projetos bem-sucedidos e malsucedidos ou sem tanto sucesso. Por vezes, resultados não tão expressivos são suficientes para gerar um descrédito ou uma certa desconfiança em relação à metodologia.

Por sua vez, o Estágio 3 define o momento em que a liderança precisa ser protagonista para sustentar a filosofia e motivar aqueles que se mostram negativos quanto à metodologia e aos resultados, a fim de continuar seguindo na implementação da jornada lean.

Tanto no segundo como no terceiro estágio é fundamental a participação da alta gerência para reverter o quadro. Sem essa participação, é quase certo que a jornada perderá força e estará fadada ao insucesso. Por isso, a liderança tem como principal objetivo mudar o comportamento dos colaboradores dentro das organizações, estar atenta aos que não apoiam a metodologia, para não disseminar a discórdia em relação ao conceito, e apoiar quem entendeu o propósito da filosofia e da jornada *lean*. Como observam Bossidy e Charan (2002, p. 105, tradução nossa), "A cultura de uma empresa é o comportamento de seus líderes. Os líderes obtêm o comportamento que exibem e toleram. Você muda a cultura de uma empresa mudando o comportamento de seus líderes".

9.3 Escritório de melhoria contínua

O escritório de melhoria continua é onde se centralizam as iniciativas *lean*, os recursos e os resultados para a empresa. Serve para implementar a jornada de forma rápida, correta e sustentável. Inúmeras empresas começam bem com a implantação da filosofia, mas se perdem no meio do caminho justamente por não terem um departamento responsável para fazer a gestão da jornada *lean*.

A implantação de um escritório de melhoria contínua não requer muitos esforços. Basta perceber, na empresa, quem se destacou na aplicação do *lean* e convidar tal colaborador para fazer parte de uma nova e poderosa estrutura. Por exemplo, para uma organização com aproximadamente mil colaboradores centralizados em uma única planta, são necessários para formar o departamento um gerente, um analista e um estagiário. Isso é suficiente para compor uma equipe de apoio à implementação e à sustentação da jornada *lean*.

Sharma e Moody (2003) também comentam como é importante contar com a área de melhoria contínua e como é fundamental ter um departamento para ajudar na transformação cultural da organização. Na Figura 9.1, os autores mostram a importância da área de melhoria contínua e reforçam a necessidade do envolvimento da liderança, como mencionamos anteriormente, e da gestão dos dados, conforme será abordado a seguir.

Figura 9.1 – Sustentar o ganho é uma abordagem de três pontas

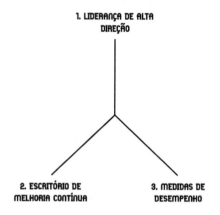

Fonte: Sharma; Moody, 2003, p. 188.

Uma atribuição importante do departamento refere-se à gestão dos números. Todos os dados e informações obtidos por meio dos projetos de melhoria contínua são coletados e valorizados pelo departamento, com o intuito de confirmar todos os resultados dos projetos e a estatística da jornada. Os dados coletados precisam estar em um sistema de gerenciamento de resultados no qual devem ser cadastrados todos os eventos já realizados desde o início da implantação da filosofia.

Esse banco de dados se constitui em uma poderosa fonte de informações sobre o *kaizen* realizado, registrando-se, por exemplo: qual foi o ganho de produtividade e da melhora da qualidade; em quanto tempo foi reduzido o *lead time*; quais foram os resultados financeiros e as economias monetárias; quantos foram os participantes em *kaizen*. Normalmente, tais bancos podem gerar diversos relatórios de monitoramento/controle de resultados, que serão acompanhados pela gestão da organização.

A coordenação também é responsável por realizar projetos de melhoria contínua em fornecedores. Tal prática representa uma maneira de garantir o melhoramento em toda a cadeia do produto. Todo esse gerenciamento e a coordenação dos colaboradores visam à motivação e ao desenvolvimento deles, com a participação em projetos de melhoria para garantir a disseminação das filosofias *kaizen* e *lean* na empresa.

Atualmente, muitas organizações entendem a necessidade de criar um departamento de melhoria contínua para dar suporte à implementação e à sustentação da jornada e contribuir com a excelência operacional na empresa. Todas as suas atribuições estão envolvidas com a organização e com o acompanhamento das atividades relacionadas à melhoria contínua, ou seja, à realização de projetos *kaizen* e *lean*.

São de responsabilidade do departamento o treinamento, a atualização e a formação dos consultores internos de *lean*. Os consultores internos, ou líderes de *work stream*, são colaboradores capacitados para orientar as equipes durante a realização de uma semana *kaizen* ou a aplicação de uma ferramenta *lean* específica. Eles recebem vários treinamentos, a fim de aprenderem sobre conceitos e fundamentos *lean* e sobre programas de mapeamento do fluxo de valor dos processos organizacionais e de gerenciamento de conflitos.

Como dito em outros momentos, o *lean* contribui para a empresa de diferentes formas, tendo como meta vários objetivos: aumento de produtividade; redução de *lead time*; redução do estoque em processo; criação de um fluxo uniforme de produção; redução do tempo de *setup*; melhorias ergonômicas e segurança; aumento da qualidade; padronização de operações, entre outros. Por isso, a área de melhoria contínua deve estar sempre empenhada para que os temas sejam trabalhados e alcancem o sucesso desejado.

Tanto os colaboradores da área de melhoria contínua quanto os consultores internos de *lean* devem estar engajados na disseminação da filosofia em toda a organização. Dentro da estrutura, eles continuam respondendo diretamente às respectivas áreas e, pontual e matricialmente, à área de melhoria contínua. Tais colaboradores apresentam um perfil motivador, ativo e criativo e atuam na empresa para demonstrar a importância da filosofia *lean* e disseminá-la na organização.

Outro excelente exemplo é o do Grupo Pão de Açúcar (GPA), que, em parceria com a consultoria Ekantika, implementou, rapidamente e com grande êxito, um dos melhores escritórios de melhoria contínua já registrados. O grupo entendeu a importância do tema e, em agosto de 2018, iniciou a estruturação do escritório de melhoria contínua com o objetivo inicial de obter o *know-how* necessário à implantação e à sustentação da transformação *lean* nas centrais de distribuição do GPA. A formação do escritório conta com profissionais de experiência em outras empresas e no mercado, mas principalmente com profissionais do GPA que se destacaram e se desenvolveram durante os *kaizen* em toda a jornada.

Danilo Vilar (2021), gerente de Melhoria Contínua do GPA, comenta que um escritório de melhoria contínua tem um benefício intrínseco que vai além da "simples" qualificação e treinamento, isto é, abrange também o *coaching* técnico, que equilibra a teoria com a prática da filosofia, das metodologias e das ferramentas envolvidas. A missão de um escritório de melhoria contínua é doar constantemente conhecimentos vivenciados na prática e fomentar a melhoria contínua das pessoas e dos processos. Aqui está a geração de valor do escritório!

André Piccinin Gualda (2022), diretor financeiro da Atlas Schindler, reforça que, "Em toda jornada de implementação do *lean*, o escritório de melhoria contínua é a pedra fundamental para o sucesso. É nele onde começa a transformação cultural da organização, desde a integração e a atualização dos processos até a definição do modelo de governança e os principais KPIs. A existência do escritório de melhoria contínua promove um ambiente favorável à sustentabilidade do programa na empresa".

9.4 *Obeya* (sala de controle)

De nada adianta realizar um excelente *kaizen* com resultados extraordinários ou aplicar alguma ferramenta *lean* para solucionar um problema específico se não for feita a gestão dos resultados e das ações corretivas após as inciativas de melhoria do processo. Ou seja, se o que foi feito não for controlado, haverá grandes chances de o problema voltar. No âmbito da estratégia da sustentação da filosofia *lean*, um dos temas apresentados para essa solução é o *obeya*.

Traduzindo-se do japonês, *obeya* significa "sala grande". O conceito também é traduzido para o inglês como *war room* (sala de guerra). A ideia do *obeya* não é apenas controlar as iniciativas do *lean*. Nessa sala, também se aproveita para facilitar o trabalho em equipe, gerenciar melhor outros projetos e, principalmente, controlar e angariar recursos para melhorar a *performance* de áreas e processos. Esse espaço deve ser materializado, de preferência, em um lugar de fácil acesso e que possa oferecer todos os recursos necessários para as reuniões e discussões.

Segundo Régis Medina e Sandrine Olivencia (2019), em seu artigo publicado no Lean Institute Brasil, o *obeya* surgiu no Japão no início dos anos 1990. Na época, a Toyota queria projetar um carro para o século XXI com consumo de combustível bem reduzido. A missão desse projeto foi de responsabilidade do engenheiro-chefe Takeshi Uchiyamada. Em menos de três anos, foi lançado no mercado o primeiro carro híbrido, chamado Prius. Takeshi conseguiu essa proeza 15 anos à frente de seus principais concorrentes, mas, para conseguir atingir seu objetivo, teve de inventar uma nova abordagem de desenvolvimento de produtos e processos.

Ele projetou um novo tipo de gestão visual, com um conceito de centro de controle, o qual, desde então, espalhou-se pelos escritórios de engenharia da Toyota e de outras empresas.

> *Uma obeya é claramente uma ferramenta de trabalho em equipe: ajudando os gerentes em várias funções a resolver problemas além de suas fronteiras funcionais. Como parte de um projeto ou equipe de gestão, o que a obeya deve fornecer é uma ideia clara sobre no que seus colegas estão trabalhando e por que (e também por que eles acham que o que estão fazendo está ajudando), para que você possa enxergar com seus próprios olhos onde seus esforços os ajudam ou causam problemas adicionais. (Ballé, 2019)*

Para que uma sala *obeya* ofereça todas as condições necessárias para realizar reuniões com eficácia sobre os números de *performance* dos principais processos, um dos temas a serem considerados é a gestão visual (como utilizado por Takeshi). Essa gestão tem de ser

capítulo 9

bem definida e transparente em relação aos fatos, de modo que possa apoiar a reunião com qualidade. Para isso, normalmente se utilizam as paredes para fixar grandes painéis, com tabelas, fotos, gráficos e um plano de ação ou *heijunka box* (controle de atividades planejadas), com os respectivos marcos e contramedidas para as anomalias encontradas no processo, refletidas nessa gestão visual.

As paredes normalmente são divididas em quatro temas:

1. todos os principais indicadores (*Key Performance Indicators* – KPIs) que mostrem 100% o processo, desde as áreas administrativas envolvidas até a expedição do produto ou serviço, acoplados ao *heijunka box*, em conjunto com um plano de ação das atividades;

2. calendário de projetos realizados em 8-10 semanas de eventos para a melhoria contínua (semanas *kaizen*);

3. parede de sustentação para projetos realizados em que as ações de 30 dias ainda estejam abertas;

4. painéis de gestão de *obeya*, como A3 e matriz de qualificação, com cronograma de treinamento, lista de presença, guia para conduzir a reunião e formulários customizados para determinado processo, produto e cultura da empresa.

O *obeya* é considerado uma ferramenta da filosofia *lean* que permite às equipes ter um lugar para comunicar a *performance* dos processos, escalar os problemas e priorizar as atividades. Como já comentado, ele deve estar localizado em um lugar acessível, no qual todas as áreas da cadeia do processo precisam se fazer presentes mediante indicadores e representantes diretos. Basicamente, o conceito principal do *obeya* é alinhar os objetivos do projeto com o planejamento de curto e médio prazos, comprometendo todos com a jornada *lean* e promovendo uma visão simples e clara da situação atual do processo, considerando-se o que deve ser feito para se chegar ao estado futuro.

As sessões são realizadas com os responsáveis (equipe selecionada de profissionais) de cada departamento que envolva a cadeia de valor, todos os dias, com uma rotina padronizada, com muita disciplina e comprometimento de todos. Os benefícios de um *obeya* bem realizado ficam explícitos já nas primeiras sessões: prioridades alinhadas e acordadas; métricas visíveis por meio da gestão visual; rapidez nas decisões (existe prazo para início e fim da reunião); eliminação de ilhas de departamentos, transformando-se os setores em uma só organização.

Na Figura 9.2, a seguir, apresentamos uma ilustração com o exemplo de um *obeya* na produção.

Figura 9.2 – Sala *obeya* na produção, com gestão visual de painéis nas três paredes

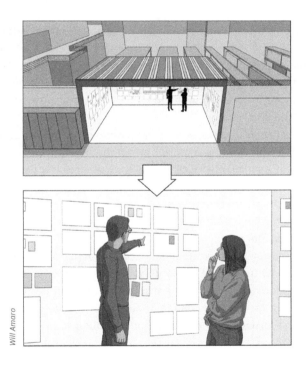

Em resumo, o *obeya* é um sistema de gestão visual para contar a história de onde estamos, para onde vamos e aonde queremos chegar. Permite a rápida adaptação a novos problemas e oportunidades, com foco na obtenção de recursos e suporte aos times por meio de projetos de melhoria contínua.

O *obeya*, assim, constitui-se em um centro de comando para controlar a *performance* do negócio e da jornada *lean*, envolvendo o planejamento e a execução de ações de eventos futuros, o monitoramento de ações de projetos realizados e a garantia da sustentabilidade da cultura implementada.

9.5 *Gemba walk* e rotinas de gestão

Gemba é uma palavra de origem japonesa que significa "verdadeiro lugar". Já *gemba walk* (caminhando no local) refere-se a uma rotina em que a liderança tem a oportunidade de estar próximo ao local onde acontece o processo e acompanhar de perto a *performance* do negócio. Trata-se de uma mudança de comportamento da liderança e da empresa.

Essas caminhadas devem ser feitas sem a "roupa de bombeiro", ou seja, o objetivo não é utilizar o momento para "apagar o fogo" (corretivo), e sim manter os olhos atentos para enxergar desperdícios e oportunidades a fim de prevenir o aparecimento de novos desperdícios. Também constituem um bom momento para disseminar os conceitos *lean*, promovendo, assim, o contínuo crescimento da excelência operacional.

Um dos objetivos da caminhada é continuar patrocinando a transformação cultural. Esse apoio do *sponsor* e da liderança deve ser concretizado nas caminhadas em uma rotina preestabelecida, e não somente durante as atividades de *kaizen*. Continuar patrocinando também a jornada *lean* nas caminhadas é muito saudável, por meio de relações estáveis com os colaboradores que justamente são responsáveis pelas atividades que agregam valor ao produto.

Imai (2014) comenta que a implementação da rotina *gemba* não acompanhou a mesma profundidade de adoção do *kaizen* no mundo. Isto é, estar no *gemba* é muito mais difícil, porque realmente demanda uma grande mudança de mentalidade e de comportamento, bem como uma quebra de paradigmas. É bem diferente do que simplesmente realizar um evento *kaizen*.

> *Em japonês*, gemba *significa o "verdadeiro lugar", o lugar onde ocorre a ação real. Os japoneses usam a palavra* gemba *em seu discurso diário. Sempre que um terremoto sacode o Japão, os repórteres de TV no local indicam que estão falando a partir "do* gemba". O gemba *pode ser qualquer local de trabalho, cena do* crime, set *de filmagem ou mesmo um sítio de escavação arqueológica. O* gemba *é onde está a ação e onde os fatos podem ser encontrados. No mundo dos negócios, as atividades para agregar valor que satisfazem o cliente acontecem no* gemba. (Imai, 2014, p. 12)

Imai (2014) também explica que ficar próximo do *gemba* e entender com mais facilidade e velocidade os problemas quando surgem é o primeiro passo para estabelecer uma gestão eficaz. O autor cita cinco regras de ouro para se fazer a gestão do *gemba*:

1. Sempre que possível, quando um problema (anormalidade) surge, vá primeiramente até o *gemba*, verifique o que está acontecendo e pergunte aos operadores, com respeito, os motivos.

2. Verifique o *gembutsu* (objetivos relevantes), não faça uma "caça às bruxas", não fique procurando o causador, e sim a causa.

3. Realize contramedidas temporárias no local para sanar o problema e evitar que chegue à operação seguinte ou, até mesmo, ao cliente ou consumidor.

4. Uma vez realizada a contramedida, o próximo passo é encontrar a causa raiz para elaborar ações corretivas e novos procedimentos de trabalho.

5. Depois de encontrar a causa raiz e sanar o problema, padronize a nova operação, para que todos executem a atividade da mesma maneira, impedindo a recorrência.

Inicialmente, tais regras parecem simples de serem aplicadas, mas demandam um grande esforço de liderança em relação à

capítulo

9

mudança de mentalidade e de comportamento e, principalmente, à quebra de paradigmas. Um exemplo de quebra de paradigmas e mudança radical de comportamento ocorre quando a liderança entende a filosofia *lean* e naturalmente muda sua mesa do escritório e a coloca próximo ao *gemba*. Normalmente, a mesa dos gestores está longe de onde está acontecendo o processo e, consequentemente, de onde estão as oportunidades. O resultado negativo dessa distância é que a maioria dos gestores conhece os números da operação pelo "retrovisor". Em outras palavras, eles ficam sabendo do resultado da produção por meio de relatórios ou de reuniões que, por vezes, não são diárias, mas semanais ou até mensais.

Supondo-se que, por algum motivo muito específico, não seja possível mover a mesa da liderança até o *gemba*, uma das soluções é fazer o *gemba walk*. Mas como fazer para implementá-lo?

Primeiro, deve-se estabelecer um roteiro, um caminho, por meio do qual a liderança vai passar. Nesse roteiro, devem constar quais departamentos e processos críticos merecem uma visita (por exemplo, processos que acabaram de ter uma iniciativa *lean/kaizen*). É muito importante visitar essas áreas com um olhar crítico (*lean*). Durante essa caminhada, deve-se observar:

- qual é a qualidade do posto de trabalho em relação ao 5S, à segurança e à ergonomia, questionando-se operadores quanto a detalhes da operação;
- se o operador está trabalhando de acordo com a nova instrução de trabalho padrão (ITP);
- se o processo está livre da geração de defeitos, ou seja, se existem *jidoka* e *poka-yoke* instalados nos processos;
- se os operadores sabem da existência da cadeia de ajuda e como acioná-la (como vimos, para cada ITP deve haver um *help chain*);
- se a operação está preparada e estruturada para a solução de problemas.

Em suma, é fundamental que as caminhadas sejam realizadas periodicamente e por, pelo menos, dois níveis de liderança (por exemplo, o gerente geral e o gerente de área ou gerente de área e o chefe ou supervisor). Ou seja, a caminhada nunca deve ser feita sozinho, pois é preciso compartilhar com a equipe o que está sendo observado. Além disso, deve ser uma prática rotineira entre as lideranças e, em algumas circunstâncias, pode-se fazer as reuniões durante a operação, em vez de realizá-las em sala.

O *gemba walk* facilita o "aprender fazendo" e torna o pensamento enxuto parte da cultura da organização. Essas caminhadas periódicas também viabilizam que se coloque o foco em três pontos:

1. não deixar que aconteça o problema, principalmente com a segurança (olhar preventivo);

2. quando o problema ocorrer, ter a sabedoria e o entendimento necessário para buscar a solução, de preferência em conjunto com a operação;

3. acompanhar os resultados, utilizando-se inclusive o *obeya* e buscando-se sempre patrocinar a jornada *lean* e a transformação cultural.

9.6 Olimpíadas *lean*

Fazendo uma analogia com o quinto "S" do programa 5S, podemos afirmar que a principal proposta das olimpíadas *lean* é o *shitsuke* (motivar para manter). Mas o que vem a ser esse conceito?

Trata-se promover um encontro entre áreas, plantas ou unidades de uma empresa no qual todos possam mostrar suas melhores práticas de iniciativas *lean*. É uma competição sadia que tem como objetivo principal não a competição em si ou a premiação dos melhores, mas o compartilhamento dos melhores resultados, das boas práticas, das melhores ideias e dos bons exemplos de implementação da jornada *lean*. Esses encontros deixam o espaço aberto à a criatividade das organizações. Existem empresas que investem em um grande encontro em um lugar reservado, enquanto outras

capitulo 9

optam por organizar o encontro internamente. Independentemente do local, o importante é celebrar o evento e o resultado.

Multinacionais como a Mercedes-Benz, por exemplo, organizam esses eventos na Alemanha, e representantes de todas as suas unidades, de todos os países, apresentam seus melhores exemplos e concorrem a uma premiação, respeitando-se alguns critérios de avaliação vinculados à metodologia aplicada e aos resultados alcançados. A motivação em cada unidade é enorme, pois as equipes vislumbram a possibilidade de ir ao encontro internacional e participar de um evento de grande magnitude dentro da organização. A questão aqui não está muito na premiação, mas na oportunidade de poder representar sua planta, seu país e seu projeto. As equipes ficam motivadas para ir ao evento e mais ainda quando retornam.

Como comentamos, não é necessário fazer um megaevento. O importante é gerar essa competição sadia a fim de que as equipes estejam constantemente preocupadas em realizar um bom projeto não só pelo objetivo em si, mas também pela possibilidade de participar de um concurso e expor o trabalho desenvolvido.

Existem outros modelos para expor as boas práticas sem precisar realizar uma olimpíada ou um concurso. Pode-se simplesmente criar uma grande exposição por meio de estandes, onde cada equipe apresenta seu projeto da melhor forma, seja mediante uma apresentação via computador ou maquete, seja mediante uma exposição com *banners*.

Sabemos que o *lean* promove muitas pessoas. Há colaboradores que chegam ao nível executivo da empresa por conta da jornada *lean*, mas o *lean* não consegue promover todos hierarquicamente por uma razão simples: não há vagas para todos. No entanto, tais eventos podem ser aproveitados para promover e reconhecer aqueles que fizeram um grande esforço para finalizar um projeto com sucesso.

Imagine agora o nível de satisfação de um colaborador que teve a oportunidade de viajar. Como ele volta para sua unidade, com que motivação e, mais, com que força ele vai inspirar outros colaboradores? Podemos chamar isso de *semente de transformação*.

Outro tipo de evento que pode ser organizado para promover as melhores práticas ou os conceitos e ferramentas *lean* são os eventos culturais de cada país/região. Por exemplo, na Nestlé México, na semana dos Dia dos Mortos (evento cultural muito prestigiado em todo o país), uma unidade organizou uma exposição de "altares", como de costume nessa época do ano. Cada altar tinha a decoração de uma ferramenta *lean* (por exemplo, *Single Minute Exchange of Die* – SMED), e os representantes de cada altar faziam uma breve explicação da decoração, a qual estava relacionada à ferramenta. De forma lúdica e criativa, a ferramenta era apresentada – detalhe que gerou conhecimento para quem preparava o altar e para quem assistia à apresentação.

Como citado anteriormente, fica-se aberto à criatividade das organizações nesse tipo de evento, e não existe um modelo padrão ou procedimento único. Na Colfax/ESAB Brasil, por exemplo, todo ano se reserva um teatro, e cada equipe vencedora de cada unidade apresenta seu projeto *kaizen* em forma de peça teatral. Assistir a essas peças e à *performance* dos colaboradores, que interpretam, cantam e dançam, é um momento de muita descontração e, ao mesmo tempo, de muita entrega para quem está participando, além de promover muito conhecimento para quem está assistindo, e de forma divertida. Cada peça apresentada também participa de um concurso com prêmios de viagens para toda a equipe vencedora.

Em todos esses eventos, o propósito principal é compartilhar, respeitar os esforços das equipes para conquistar os resultados, valorizar os participantes, promover indiretamente pessoas que se destacaram com a implementação, continuar capturando talentos e, principalmente, motivar para manter. Em resumo, a transformação cultural é de extrema importância para a sustentação da jornada, para a mudança de mentalidade e para a condução da maioria, ou de todos, na mesma direção.

Na Figura 9.3, observe que a mudança de mentalidade gera um grande esforço, por contando da resistência natural das pessoas à mudança, ao novo. Repare que existem três grupos de funcionários: os resistentes, chamados de *arrastadores de âncora*, a massa descompromissada, no meio, e os primeiros adeptos. A atenção dos dirigentes na situação tradicional está sempre voltada para os funcionários resistentes, que impedem a organização de seguir com a filosofia.

Já em um ambiente de mudanças rápidas, como as iniciativas *kaizen*, os dirigentes precisam ter mais atenção com funcionários que entendem rapidamente os benefícios da filosofia e são adeptos à mudança. Nesse caso, a massa descompromissada acompanha os funcionários adeptos, formando um grande conjunto de funcionários que querem mudar a cultura da organização. Nessa situação, é apenas uma questão de tempo para também convencer os funcionários resistentes.

Figura 9.3 – Impacto dos dirigentes

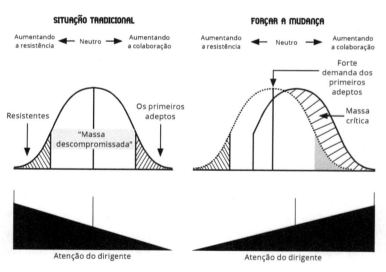

Fonte: Sharma; Moody, 2003, p. 83.

Para entender melhor a importância da transformação cultural, fornecerei um excelente exemplo ocorrido na Mercedes-Benz do Brasil. A equipe *kaizen* tinha o objetivo de aumentar em 33% a produtividade em determinada área da produção. O *sponsor* estava muito focado nessa meta, mas eu não. Ele percebeu e me questionou; eu respondi afirmando preferir que a equipe chegasse a 15% da meta ou, até mesmo, que não atingisse a meta, mas que entendesse a filosofia em 100%. Meu foco como responsável pelo escritório de melhoria contínua não estava só nos números. Eu sabia de sua importância para poder continuar com a filosofia, mas a transformação cultural era mais importante. De que adiantaria atingir 33% da meta ou superá-la se depois de 30 dias tudo não se sustentasse porque os colaboradores não entenderam o propósito? O impacto disso seria pior: além de perder a produtividade, também se perderia a credibilidade da filosofia. Se os colaboradores a entendessem, gradativamente, com o tempo, eles chegariam aos 33% de produtividade e de uma forma sustentada.

Por isso, a transformação cultural está ligada diretamente aos temas abordados anteriormente: o envolvimento total da liderança, o escritório de melhoria contínua, o *obeya*, o *gemba walk* e as olimpíadas *lean*. Esses cinco elementos geram a transformação cultural da organização, pois sustentam a jornada *lean*.

Considerações finais

Vamos retomar as perguntas realizadas na "Introdução" desta obra: O que é *lean business*? Por que e como implementar o *lean*? Como sustentar o *lean*?

As respostas a esses questionamentos foram apresentadas ao longo da exposição dos conceitos e dos exemplos discutidos neste livro. De forma resumida, podemos afirmar que o *lean* é enxuto e que se constitui em uma filosofia que visa melhorar a *performance* e o ambiente das organizações e dos respectivos negócios, basicamente identificando e eliminando desperdícios, com base em uma análise profunda de quais atividades agregam ou não valor para os clientes e consumidores. *Lean* é um conjunto de ferramentas que, com uma metodologia aplicada corretamente, é capaz de mudar os números e a cultura de uma empresa.

E por que implementar o *lean*? Essa é uma pergunta fácil de ser respondida. Deve-se implementar o *lean* para melhorar a qualidade, aumentar a produtividade, reduzir os custos e entregar no prazo, instaurando-se um ambiente seguro, saudável e agradável de se trabalhar. Em resumo, atualmente, com tanta concorrência e clientes cada vez mais exigentes, implementar o *lean* é uma questão de crescimento sustentável e de sobrevivência do negócio.

E como implementar uma jornada *lean*? Na Figura A, apresentamos um resumo do conteúdo exposto neste livro, dividido em cinco fases e conforme uma sequência de implementação.

Figura A – Sequência de implementação de uma jornada *lean*

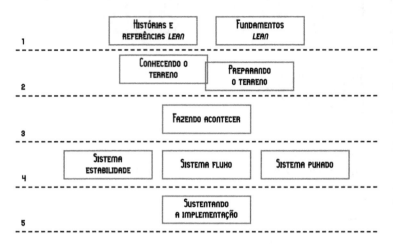

A Fase 1 está dividida em história e fundamentos. Contar a história é necessário para mostrar aos interessados em implementar a jornada a origem do *lean*, sua importância e sua cultura, além de esclarecer como a filosofia funciona. Se ela existe há muitas décadas e funcionou para várias empresas, pode continuar sendo eficaz para muitas outras. Com relação aos fundamentos *lean*, apresentamos a essência da filosofia, seu conceito, sua metodologia e seu funcionamento na prática, mediante exemplos compartilhados e de algumas ferramentas aplicadas. É por meio dos fundamentos que podemos situar a organização em relação à filosofia.

Já com relação à Fase 2, procuramos deixar claro que não se implementa uma jornada sem medir, sem diagnosticar, sem conhecer o processo, o ambiente e o negócio. É realmente importante criar um mapa do estado atual, com todos os detalhes, para poder desenvolver um estado futuro com propriedade. Preparar o terreno consiste em planejar a organização para a mudança – fazer certo da primeira vez. E, havendo qualquer situação ou processo que precise ser alterado, quando o *pre-work* é realizado adequadamente, a ação requer menos esforços e, consequentemente, fica mais fácil de ser implementada.

É na Fase 3 que conquistamos as pessoas, pois saímos da teoria e vamos para a prática, momento em que podemos ver e experimentar os benefícios da filosofia. É quando capturamos as aderências e os apoios necessários para a aplicação e a sustentação da metodologia. Essa fase diz respeito a situações nas quais podemos verificar o processo e comparar os cenários antes e depois da metodologia, a fim de provar que, sim, é possível mudar. Porém, a atenção deve ser redobrada no que se refere ao propósito de trazer resultados para ambas as partes (empresa e colaborador), ou seja, temos de nos preocupar com os resultados financeiros, mas não devemos nos esquecer da transformação cultural.

Por sua vez, a Fase 4 implica dividir as ferramentas *lean* em sistemas necessários a uma implementação correta da jornada. Primeiro, precisamos trazer a estabilidade para dentro do processo. Não podemos implementar o *lean* se o processo não é confiável. Em seguida, devemos estabelecer um fluxo correto e constante para o processo. Por fim, devemos considerar o sistema puxado, que é o mais difícil de se implementar, em virtude da dependência dos primeiros sistemas. É aqui que começamos realmente a ver a mudança cultural na empresa e na *performance*, pois é o momento em que se começa a executar o processo de maneira completamente diferente e com uma *performance* explicitamente melhor.

As quatro primeiras fases correspondem à implementação de uma jornada *lean*. Cada implementação tem de ser customizada e adaptada ao processo, ao produto, ao negócio e à cultura da empresa. Podemos afirmar que, seguindo-se essa sequência e aplicando-se o conceito com as ferramentas e a metodologia adequadas, com certeza é possível implementar o *lean*.

Quanto à Fase 5, cabe ressaltar que ela foi elaborada para sustentar toda a jornada implementada. Como comentado ao tratarmos da Fase 3, não se deve investir na filosofia apenas para trazer resultados financeiros. É preciso preocupar-se com a transformação cultural, que é o segredo para a sustentação da jornada.

Em mais de 20 anos de aplicação do *lean*, pude observar boas e más implementações, excelentes casos de sucesso, mas também muitos insucessos. O aspecto mais comum que pude constatar em todas essas jornadas implementadas é que, em paralelo à implementação, caso não se invista na transformação cultural, a jornada, ao final, terá um trágico resultado.

Para encerrar esta seção, vou compartilhar aqui um excelente exemplo de transformação cultural, referente a um grande varejista no Brasil. A organização tem um programa intitulado Café com a Diretoria. Muitas empresas fazem esse tipo de programa, que consiste em organizar um evento pela manhã no qual os diretores tomam café com alguns colaboradores (os mais destacados), mas sem a presença do gerente direto. O objetivo desse programa é dar oportunidades aos colaboradores para expressarem suas ideias. Quando começamos com a jornada *lean* nessa empresa, depois de um ano de aplicação, a diretoria nos revelou que era notória a diferença de depoimentos entre colaboradores de unidades que já tinham a jornada implementada e funcionários de unidades que ainda não tinham começado o programa *lean*. Nesse caso, os colaboradores que ainda não tinham conhecido a filosofia faziam mais questões de cunho pessoal (reivindicação). Já os colaboradores que conheciam a filosofia questionavam mais em relação ao suporte para melhorar os processos internos, e não a seus problemas pessoais. Isso é um bom exemplo de transformação cultural.

Outro ponto interessante diz respeito à aceitação de mudanças. O *lean* é representado pela ação para a mudança, que nem sempre é bem recebida pelos colaboradores. Alterar rotinas de trabalho, postos de trabalho e ambientes físicos sempre causa certo desconforto e uma sensação de insegurança quanto ao que pode acontecer. Atualmente, no entanto, o *lean* já não representa uma transformação tão agressiva como no passado, e as pessoas estão mais receptivas às mudanças.

Tanto no Brasil como em outros países, independentemente do segmento, do produto ou do serviço, o processo de melhoria contínua está diretamente ligado a dois fatores: a cultura da empresa e o total envolvimento da alta gestão. Implementar a jornada *lean* nas empresas não é tarefa fácil. De todo modo, logo no início, a diretoria precisa oferecer apoio constante, mesmo sem total conhecimento da filosofia (isso vem com o tempo), mostrando que está 100% envolvida, com base em muita disciplina, criando regras e procedimentos e possibilitando que sejam cumpridos.

O segredo não está em aplicar as ferramentas para buscar a *performance* desejada. Hoje, isso pode ser feito com facilidade, por conta dos inúmeros recursos disponíveis para essa tarefa. A dificuldade está na sustentabilidade – por isso dedicamos um capítulo especialmente para esse tema.

Podemos concluir que, pelo conteúdo apresentado nesta obra, repleto de bons exemplos e de depoimentos de outros autores, fica evidente que, se uma empresa quer melhorar sua *performance*, sua competitividade e sua sustentabilidade nos negócios, um dos caminhos mais curtos a seguir é por meio da excelência operacional, ou seja, do *lean*.

Boa jornada!

Lista de siglas

AGV – *Automated Guided Vehicle*
CEP – Controle estatístico de processo
DMAIC – Definir, Medir, Analisar, Melhorar, Controlar
ECRS – Eliminar, Combinar, Reorganizar e Simplificar
FMEA – *Failure Mode and Effect Analysis*
Fifo – *First In, First Out*
FTL – *Full Truck Load*
GBO – Gráfico de balanceamento operacional
IA – Identificação de anormalidades
IBO – *Identify Business Opportunities*
IMPV – International Motor Vehicle Program
ITP – Instrução de trabalho padrão
JIT – *Just in time*
KPIs – *Key Performance Indicators*
MP – Manutenção preventiva
MSA – Análise dos sistemas de medição
MTBF – *Mean Time Between Failures*
MTTR – *Mean Time To Repair*
NCE – Nestlé Continuous Excellence
ODD – *Operational Due Diligence*
PDCA – *Plan, Do, Check, Act*
PEP – Plano para cada parte
PPT – Pequena parada técnica
SKU – *Stock Keeping Unit*
SMED – *Single Minute Exchange of Die*
SPJ – Sistema de Produção Juiz de Fora
STP – Sistema Toyota de Produção
SWIP – *Standard Work in Process*

TC – Tempo de ciclo
TPM – *Total Productive Maintenance*
TPS – *Toyota Production System*
TRF – Troca rápida de ferramentas
VA – Valor agregado
VSD – *Value Stream Design*
VSM – *Value Stream Mapping*
WIP – *Work in Process*

Glossário

Cadeia de valor: atividades específicas necessárias para projetar, pedir e oferecer um produto específico, da concepção ao lançamento, do pedido à entrega e da matéria-prima às mãos do cliente.

Causa raiz: a verdadeira causa de um problema. Quando um problema ocorre, é preciso analisar e descobrir a causa raiz (a real causa da ocorrência). Se não encontrarmos a causa raiz do problema, poderemos tomar medidas e ações que não o resolverão. Uma técnica que pode ajudar a encontrar a causa raiz é a dos cinco porquês.

Cinco porquês: método utilizado pela Toyota com o objetivo de encontrar a causa raiz de um problema. A ideia consiste em utilizar a pergunta "Por quê?" sempre que encontrarmos um problema. A pergunta deverá ser repetida até identificarmos a verdadeira causa do problema (causa raiz).

Cycle time: tempo necessário para completar o ciclo de uma operação. Estão incluídos os tempos de operação, de transporte e de inspeção ou controle.

Eliminar, Combinar, Reorganizar e Simplificar (ECRS): uma das técnicas do *lean* para a melhoria de processos. O objetivo da ECRS é utilizar perguntas específicas para analisar e, em seguida, eliminar desperdícios. Pode ser utilizada em conjunto com outras técnicas *lean* para gerar ideias práticas e rápidas a fim de tornar o processo enxuto.

Estoque em processo: prática do sistema de produção em massa em que são produzidas grandes quantidades de um único tipo de peça. Esse estoque é gerado dentro do sistema produtivo quando determinada operação é completada e as peças são enviadas ao processo seguinte, gerando filas de espera.

Flexibilização: capacidade de adaptação da empresa em relação ao *mix* de produtos solicitados pelos clientes.

Folha de combinação de trabalho padrão: folha na qual estão descritas as atividades executadas pelo operador em determinado posto de trabalho. São descritos os tempos manuais, os tempos automáticos e o tempo gasto para o operador se movimentar entre os diversos postos de trabalho. Essa folha deve ser fixada nesse local.

Heijunka (nivelamento): criação de um cronograma nivelado por meio do sequenciamento dos pedidos em um padrão repetitivo e da eliminação das variações cotidianas nos pedidos totais, de modo a corresponder à demanda de longo prazo. Por exemplo, se o cliente, durante o período de uma semana, solicitar 200 unidades do produto A, 200 do produto B e 400 do produto C em lotes de 200, 200 e 400, respectivamente, o cronograma nivelado sequenciará seu processamento na progressão A, C, B, C, A, C, B, C, A.

Lead time: tempo necessário para a transformação do produto, desde o pedido até sua entrega, da matéria-prima até o produto acabado. Estão incluídos os tempos de processamento, espera, controle e transporte.

Lean production: denominação dada pelos autores do livro *A máquina que mudou o mundo* ao Sistema Toyota de Produção. É assim chamado porque utiliza menor quantidade de recursos (máquinas, estoques, mão de obra, área etc.).

Operação: atividade ou atividades realizadas em um produto por uma máquina.

One-piece flow: fluxo de peça única que tem como objetivo otimizar o suprimento de peças para satisfazer à demanda do cliente.

Operário multifuncional: operário treinado para operar diferentes tipos de equipamentos de produção.

Pensamento enxuto: conceito que corresponde à ideia de fazer cada vez mais utilizando cada vez menos, ou seja, menos esforço humano, menos equipamento, menos tempo e menos espaço.

Takt time: ritmo que deve ser aplicado no sistema produtivo; deve ser obtido em função da demanda do cliente, ou seja, para calcular o *takt time*, é necessário dividir o tempo líquido de produção em determinado período pela demanda do cliente no mesmo período.

Técnicas enxutas: técnicas desenvolvidas pela Toyota e que compõem o Sistema Toyota de Produção. Como exemplo, podemos citar o *setup*, as células de manufatura, o *kanban*, o *heijunka* e o *poka-yoke*.

Troca rápida de ferramentas (TRF): ferramenta *lean* elaborada inicialmente por Taiichi Ohno e, mais tarde, consolidada por Shigeo Shingo. Também conhecida pela sigla SMED (*Single Minute Exchange of Die*), a TRF permite a produção em pequenos lotes (flexibilização), gerando ganhos consideráveis de produtividade, quase sem a necessidade de investimentos. O principal objetivo da TRF é eliminar ou minimizar o tempo perdido na preparação da máquina/produção e disponibilizar o tempo ganho para aumentar o volume produzido.

Referências

BALLÉ, M. Como faço para diferenciar as boas obeyas das ruins? **Lean Institute Brasil**, 30 out. 2019. Disponível em: <https://www.lean.org.br/artigos/638/como-faco-para-diferenciar-as-boas-obeyas-das-ruins.aspx>. Acesso em: 17 jun. 2021.

BELL, S.; ORZEN, M. **Lean It**: Enabling and Sustaining Your Lean Transformation. Nova York: Productivity Press, 2011.

BOSSIDY L.; CHARAN, R. **Execution**: the Discipline of Getting Things Done. New York: Crown Business, 2002.

BRIALES, J. A. **Melhoria contínua através do kaizen**: estudo de caso DaimlerChrysler do Brasil. 156 f. Dissertação (Mestrado em Sistemas de Gestão pela Qualidade Total) – Universidade Federal Fluminense, Niterói, 2005.

CARDOSO, A. **Logística lean em centros de distribuição**: melhorando a entrega e a produtividade. São Paulo: Lean Institute Brasil, 2017.

CHAVES, S. **Quer melhorar as pessoas? Invista nos processos!** 6 out. 2014. Disponível em: <https://foodsafetybrazil.org/quer-melhorar-pessoas-invista-nos-processos>. Acesso em: 24 jun. 2021.

COLFAX. **The Colfax Business System**: How It Works. Disponível em: <https://www.colfaxcorp.com/our-approach/colfax-business-system/>. Acesso em: 28 jul. 2021.

CORRÊA, H. L.; GIANESI, I. G. N. **Just In Time, MRPII e OPT**: um enfoque estratégico. 2. ed. São Paulo: Atlas, 1996.

COUTINHO, T. **Entenda o conceito de valor agregado dentro da filosofia lean manufacturing**. 9 jul. 2020. Disponível em: <https://www.voitto.com.br/blog/artigo/valor-agregado>. Acesso em: 21 jun. 2021.

DLEAN SOLUTIONS. **Postos de trabalho**. Disponível em: <http://www.dlean.com.br/>. Acesso em: 29 jul. 2021.

ESAB. **Nossa visão e valores**. Disponível em: <https://www.esab.com.br/br/pt/about/vision/index.cfm>. Acesso em: 29 jul. 2021.

FUJIMOTO, T. **The Evolution of a Manufacturing System at Toyota**. Oxford: Oxford University Press, 1999.

GRAMFIX. **Grampo vertical**. Disponível em: <http://www.gramfix.com.br/>. Acesso em: 28 jul. 2021.

GUALDA, A. P. **Entrevista concedida a Julio Briales**. Curitiba, 2022.

IMAI, M. **Gemba Kaizen**: uma abordagem de bom senso à estratégia de melhoria contínua. 2. ed. Porto Alegre: Bookman, 2014.

KAMADA, S. **Using the Help Chain to Maintain Production Stability**. Disponível em: <https://www.lean.org.br/comunidade/artigos/pdf/artigo_35_ingles.pdf>. Acesso em: 28 jul. 2021.

LEAN SIX SIGMA DEFINITION. **Andon**. Disponível em: <https://www.leansixsigmadefinition.com/glossary/andon/>. Acesso em: 28 jul. 2021.

LÍDER JR. **Entendendo a gestão de estoque na minha empresa**. 9 maio 2019. Disponível em: <https://liderjr.com/blog/entenda-o-papel-da-gestao-de-estoque-na-sua-empresa>. Acesso em: 28 jul. 2021.

LIKER, J. K. **O Modelo Toyota**: 14 princípios de gestão do maior fabricante do mundo. Porto Alegre: Bookman, 2004.

LOPES, S. L. V. L. **Otimização de fluxos internos numa plataforma logística**. 90 f. Dissertação (Mestrado em Engenharia Industrial e Gestão) – Universidade do Porto, Porto, 2014.

LOPEZ, J. **Accelerating Performance through Globe/NCE**. 7 June 2011. Disponível em: <https://www.nestle.com/sites/default/files/asset-library/documents/library/presentations/investors_events/investor_seminar_2011/nis2011-05-globe-nce-jlopez.pdf>. Acesso em: 6 set. 2021.

MEDINA, R.; OLIVENCIA, S. Onde está a verdadeira força de uma obeya. **Lean Institute Brasil**, 21 out. 2019. Disponível em: <https://www.lean.org.br/artigos/637/onde-esta-a-verdadeira-forca-de-uma-obeya.aspx>. Acesso em: 6 set. 2021.

MENDONÇA, R. R. S. **Sumário da disciplina Metodologia Científica em Administração.** Juiz de Fora: UFJF, 2004.

NEOWAY. **Due diligence**: o que é, para que serve e como fazer. Disponível em: <https://blog.neoway.com.br/due-diligence/>. Acesso em: 17 jun. 2021.

NGWENDU, C. **Nestle**: Green Belt Program. 17 Nov. 2010. Disponível em: <http://www.novelidea.co.za/documents/Presentation_CNgwendu.pdf>. Acesso em: 28 jul. 2021.

OHNO, T. **O Sistema Toyota de produção**: além da produção em larga escala. Porto Alegre: Bookman, 1996.

SAMPAIO, P. S.; ZAGO, J. S. **Análise crítica do sistema de produção da fábrica DaimlerChrysler de Juiz de Fora.** 79 f. Monografia (Especialização em Sistemas de Produção da Indústria Automobilística) – Universidade Federal do Rio de Janeiro, Juiz de Fora, 2002.

SHARMA, A.; MOODY, P. E. **A máquina perfeita**: como vencer na nova economia produzindo com menos recursos. São Paulo: Prentice Hall, 2003.

SHINGO, S. **O Sistema Toyota de Produção**: do ponto de vista da engenharia de produção. Porto Alegre: Bookman, 1996.

SLACK, N. et al. **Administração da produção**. São Paulo: Atlas, 1996.

SOUSA, A. **Logística interna, mais eficiente e segura.** 25 jul. 2020. Disponível em: <https://www.actio-consulting.pt/post/log%C3%ADstica-interna-mais-eficiente-e-segura>. Acesso em: 29 jul. 2021.

SPEAR, S.; BOWEN, H. K. Decodificando o DNA do Sistema Toyota de Produção. **Harvard Business Review,** p. 1-15, set./out. 1999. Disponível em: <https://www.researchgate.net/profile/Steven-Spear/publication/267962874_Decodificando_o_DNA_do_Sistema_Toyota_de_Producao/links/54ff3fffocf2672e2244do9f/Decodificando-o-DNA-do-Sistema-Toyota-de-Producao.pdf>. Acesso em: 18 jun. 2021.

UCJ – UFMG Consultoria Júnior. **4 exemplos de mapeamento de processos para você entender na prática.** 1º jan. 2021. Disponível em: <https://ucj.com.br/blog/exemplos-de-mapeamentos-de-processos>. Acesso em: 6 set. 2021.

UVAGP. **Poka Yoke:** dispositivo à prova de falhas humanas. Disponível em: <https://uvagpclass.wordpress.com/2017/09/06/poka-yoke-dispositivo-a-prova-de-falhas-humanas>. Acesso em: 24 jun. 2021.

VILAR, D. **Entrevista concedida a Julio Briales.** Curitiba, 5 set. 2021.

WATERMANN. **eWA:** 5 Tailored Solutions. Disponível em: <http://www.watermann-gmbh.de/en/c-parts-management/ewa-organisational-system/>. Acesso em: 29 jul. 2021.

WERKEMA, M. C. C. **As ferramentas da qualidade no gerenciamento de processos.** 4. ed. Belo Horizonte: Fundação Christiano Ottoni/Escola de Engenharia da UFMG, 1995.

WOMACK J. **Caminhadas pelo gemba.** São Paulo: LIB, 2011.

WOMACK, J. P.; JONES, D. T.; ROOS, D. **A máquina que mudou o mundo.** Rio de Janeiro: Campus, 1990.

WOMACK, J. P.; JONES, D. T. **A mentalidade enxuta nas empresas.** Rio de Janeiro: Campus, 1997.

Sobre o autor

Julio Aragon Briales é mestre em Sistemas de Gestão pela Universidade Federal Fluminense (UFF), Master Black Belt pela TBM Consulting Group (EUA), pós-graduado em Gestão Estratégica da Produção Industrial pela Universidade Federal de Juiz de Fora (UFJF), tecnólogo em Processos Produtivos pela Faculdade Senador Flaquer (SP) e técnico em Mecânica pela Escola Continental; também cursou Aprendizagem Industrial na Mercedes-Benz do Brasil.

Em sua carreira de mais de 40 anos na área industrial, atuou em empresas multinacionais e em consultorias estrangeiras nos segmentos de manufatura, saúde, alimentício, serviços, construção civil, varejo e agronegócio.

Tem experiência em aumentar o valor agregado das empresas, por meio de melhorias de *performance* operacional sustentáveis e reestruturações, para manter e alavancar o *market share* mediante o aumento de flexibilidade, agilidade e eficiência operacional.

Trabalhou por 26 anos na Mercedes-Benz no Brasil e na Alemanha. Foi responsável pela qualificação da mão de obra na implementação da fábrica de carros em Juiz de Fora. Como gerente no Departamento Estratégico da Produção, foi responsável pela implementação da Jornada *Lean*. Pela TBM (consultoria americana), morou quatro anos em Barcelona e foi responsável pela prospecção dos negócios da empresa na Europa.

Na Colfax/ESAB, foi diretor de excelência operacional das unidades na América do Sul e, recentemente, atuou na Nestlé Suíça e Brasil como executivo corporativo responsável pela Jornada *Lean* nas unidades de negócio na América Latina.

Foi professor, em Juiz de Fora (MG), no Instituto Vianna Júnior, na Universidade Estácio de Sá e na Faculdade Machado Sobrinho nos cursos de Engenharia e Administração.

Atualmente, é sócio-fundador da Sembrar e atua como parceiro em algumas consultorias, como Ekantika, TBM Consulting Group EUA, AfferoLab, Voitto e Alvarium, para programas e treinamentos de desenvolvimento e afins.

A seguir, uma lista das empresas nas quais o autor realizou treinamentos e palestras ou deu consultoria para a implementação da jornada *lean*.

País	Cidade	Nome da empresa	Atividade
Alemanha	Speyer	Filtros Mann	Produtos Metálicos
	Düsseldorf	Lippert-Unipol	Papel e Celulose
	Han	Lippert-Unipol	Papel e Celulose
	Stuttgart	Mercedes-Benz	Automotiva
	Worth	Mercedes-Benz	Automotiva
	Friedrichshafen	MTU	Automotiva
	Blumberg	TRW	Autopeças
	Frankfurt	Xerium/Huyck. Wangner	Papel e Celulose
Argentina	Chascomús	Colfax/Conarco	Produtos Metálicos
	San Luiz	Colfax/Conarco	Produtos Metálicos
	Barcarce	McCain	Alimentícia
	Buenos Aires	Nestlé	Alimentícia
	Buenos Aires	Pepsico	Alimentícia
	Buenos Aires	Peugeot	Automotiva
Áustria	Viena	Franke	Móveis
Brasil	Manaus	Andrade Gutierrez	Construção Civil
	Rio de Janeiro	Andrade Gutierrez	Construção Civil
	São Paulo	Assa Abloy/La Fonte	Manufatura
	São Paulo	Bartira	Móveis
	Londrina	Atlas Schindler	Manufatura
	São Paulo	BASF	Química

País	Cidade	Nome da empresa	Atividade
Brasil	São Paulo	BH Airport	Logística
	Curitiba	Bundy	Manufatura
	Cascavel	Bunge	Alimentícia
	Luís Eduardo Magalhães	Bunge	Alimentícia
	Ponta Grossa	Bunge	Alimentícia
	Rio de Janeiro	Bunge	Alimentícia
	São Paulo	Century Link	Serviços
	Juiz de Fora	CMD	Serviços
	Belo Horizonte	Colfax/ESAB	Produtos Metálicos
	São Paulo	Colfax/ ESAB – Eutectic	Produtos Metálicos
	Rio – Niterói	DASA Hospitais	Saúde
	São Paulo	DASA Laboratórios	Saúde
	São Paulo	Ekantika	Serviços
	Joinville	Embraco	Manufatura
	Osasco	Facily	Varejo
	Contagem	Ferrosider	Produtos Metálicos
	Juiz de Fora	FIEMG	Serviços
	Campinas	Filtros Mann	Produtos Metálicos
	Araucária	Fosfertil	Química
	Uberaba	Fosfertil	Química
	Recife	Grupo Pão de Açúcar	Varejo
	São João do Meriti	Grupo Pão de Açúcar	Varejo
	São Paulo	Grupo Pão de Açúcar	Varejo
	Tatuí	Hubbell	Manufatura
	Monte Alto	Hutchinson	Autopeças
	Juiz de Fora	Imbel	Militar
	Mogi das Cruzes	Kimberly-Clark	Papel e Celulose
	São Paulo	Latam	Transporte

País	Cidade	Nome da empresa	Atividade
	Limeira	LimerStamp	Produtos Metálicos
	Belo Horizonte	Linx	Serviços
	Porto Alegre	Linx	Serviços
	Recife	Linx	Serviços
	São Paulo	Linx	Serviços
	Uberlândia	Linx	Serviços
	Franca	Magazine Luiza	Varejo
	Brumado	Magnesita	Mineração
	Juiz de Fora	Mercedes-Benz	Automotiva
	São Bernardo	Mercedes-Benz	Automotiva
	São Paulo	Monsanto	Química
	Juiz de Fora	MRS	Transporte
	Araçatuba	Nestlé	Alimentícia
	Belo Horizonte	MRV	Construção Civil
Brasil	Linhares	Nestlé	Alimentícia
	Diadema	Paranoá	Borracha
	Rio de Janeiro	Pepsico/Coqueiro	Alimentícia
	Porto Real	Peugeot	Automotiva
	Ipatinga	Remo	Energia
	São Paulo	Raizen	Energia
	São Paulo	Riachuelo	Varejo
	São Paulo	Sem Parar	Serviços
	São Paulo	Siemens	Manufatura
	São Paulo	Stone	Serviços
	Guarulhos	Tedrive	Autopeças
	São Caetano do Sul	Via Varejo	Varejo
	Curitiba	WHB	Manufatura
	São Paulo	Xerium/Huyck. Wangner	Papel e Celulose

País	Cidade	Nome da empresa	Atividade
Canadá	Toronto	Nestlé-Häagen-Dazs	Alimentícia
Chile	Santiago	Assa Abloy/La Fonte	Manufatura
	Calama	Codelco	Mineração
	Quilicura	Nestlé	Alimentícia
China	Pequim	Embraco	Manufatura
Colômbia	Bogotá	Colfax/Soldexa	Produtos Metálicos
	Bogotá	Nestlé	Alimentícia
	Valledupar	Nestlé	Alimentícia
Eslováquia	Eslováquia	Embraco	Manufatura
Espanha	Madrid	bioMérieux – Hospital La Paz	Saúde
	Madrid	bioMérieux – Hospital La Paz	Saúde
	Barcelona	bioMérieux/ SCIAS – Hospital	Saúde
	Barcelona	Bunge	Alimentícia
	Cartagena	Bunge	Alimentícia
	Portugalete	Bunge	Alimentícia
	Barcelona	Celsa	Siderurgia
	Pamplona	Graftech	Produtos Metálicos
	Barcelona	Johnson Controls	Manufatura
	Barcelona	Mercedes-Benz	Automotiva
	San Sebastian	Mercedes-Benz	Automotiva
	Madrid	MRO – Aviation	Transporte
	Barcelona	MultiServ Harsco	Siderurgia

País	Cidade	Nome da empresa	Atividade
Espanha	Cornellà	Prats	Manufatura
	Vilanova	Presspart Nemo	Farmacêutica
	Sabadel	WIKA	Autopeças
França	Hambach	Smart	Automotiva
Guatemala	Antígua	Nestlé	Alimentícia
Itália	Ancona	Bunge	Alimentícia
	Marghera	Bunge	Alimentícia
	Ravena	Bunge	Alimentícia
	Veneza	Bunge	Alimentícia
	Turim	Embraco	Manufatura
	Piombino	MultiServ Harsco	Siderurgia
	Livorno	Novaol/Diester	Química
	Terni	ThyssenKrupp	Siderurgia
México	Mariscala	Alpla	Injeção de Plástico
	Bajío	Alpla	Injeção de Plástico
	Cuautitlán	Alpla	Injeção de Plástico
	Querétaro	Alpla	Injeção de Plástico
	Toluca	Alpla	Injeção de Plástico
	Azcapotzalco	Bimbo	Alimentícia
	Cidade do México	Bimbo	Alimentícia
	Guadalajara	Bimbo	Alimentícia
	Toluca	Bimbo	Alimentícia
	Cidade do México	Coca-Cola	Alimentícia
	Apodaca	Embraco	Manufatura
	Ecatepec	Kraft Foods	Alimentícia
	Puebla	Kraft Foods	Alimentícia
	Cidade do México	Nestlé	Alimentícia

País	Cidade	Nome da empresa	Atividade
México	Lagos de Moreno	Nestlé	Alimentícia
	Coatepec	Nestlé	Alimentícia
	Querétaro	Nestlé	Alimentícia
	Veracruz	Nestlé	Alimentícia
	Monterrey	Rockwell	Manufatura
	Tecate	Rockwell	Manufatura
	Tultitlán	Sivalco	Manufatura
	Cidade de Juarez	Sunrise	Alimentícia
	Chihuahua	Superior Industrie	Autopeças
	Monterrey	Trinity Industries	Manufatura
	San Luis Potosí	Vitromex	Cerâmica
Panamá	Nata	Nestlé	Alimentícia
	Panamá	Nestlé	Alimentícia
Paraguai	Assunção	Emkel	Siderurgia
Peru	Arequipa	ISM	Alimentícia
	Lima	Colfax/Soldexa	Produtos Metálicos
	Lima	Nestlé	Alimentícia
	Lima	UCL – Universidade	Serviços
Polônia	Kronel	Colfax/ESAB	Produtos Metálicos
Portugal	Lisboa	bioMérieux – Germano de Sousa	Saúde
	Setúbal	Filtros Mann	Produtos Metálicos
	Guimarães	Lippert-Unipol	Papel e Celulose
Suíça	Vevey	Nestlé	Alimentícia
	Genebra	TBM Consulting Group	Serviços

País	Cidade	Nome da empresa	Atividade
Uruguai	Montevidéu	Commitment – Arca y Norte	Construção Civil
	Montevidéu	Commitment – Dinavi	Construção Civil
	Montevidéu	Commitment – Ebital	Construção Civil
	Montevidéu	Commitment – SACEEM	Construção Civil
USA	Glendale	Nestlé	Alimentícia
	Durham	TBM Consulting Group	Serviços
22 países	**150 cidades**	**200 indústrias**	**600 projetos**

Os papéis utilizados neste livro, certificados por instituições ambientais competentes, são recicláveis, provenientes de fontes renováveis e, portanto, um meio **respons**ável e natural de informação e conhecimento.

Impressão: Reproset
Março/2023